TRAITÉ
DU DOL

ET

DE LA FRAUDE.

TRAITÉ

DU DOL

ET

DE LA FRAUDE,

EN MATIÈRE CIVILE ET COMMERCIALE,

Par M. CHARDON,

CHEVALIER DE L'ORDRE ROYAL DE LA LÉGION D'HONNEUR, PRÉSIDENT
DU TRIBUNAL CIVIL D'AUXERRE, (Yonne).

*Nullum mali genus, quod majorem humanæ societati
Pestem inferat, quàm dolus malus.* Cicer. *de off. lib.* 1

~~~~~~~~~~
TOME I.
~~~~~~~~~~

AVALLON,

CHEZ COMYNET, IMPRIMEUR LIBRAIRE.

1828·

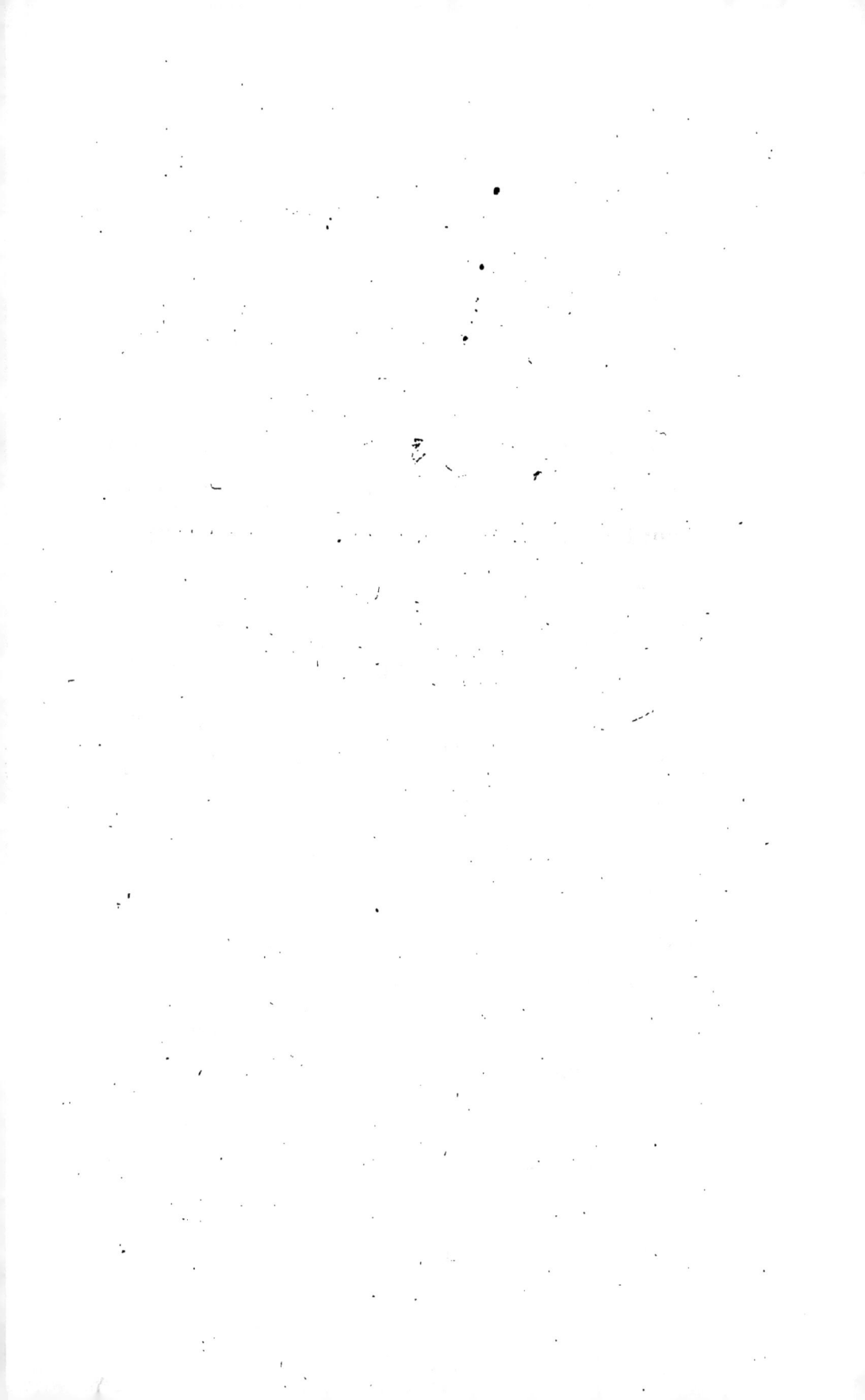

PRÉFACE.

En publiant un *Traité du Dol et de la Fraude*, je n'ai pas la prétention d'offrir beaucoup d'idées neuves sur ces fléaux de la société; nos lois et les écrits des Jurisconsultes contiennent abondamment les règles au moyen desquelles ont peut en obtenir justice. Mais ces règles y sont disséminées, on ne peut les trouver qu'en examinant successivement et comparant les innombrables cas auxquels elles se rattachent; ensorte qu'il faut une étude particulière et difficile pour en apprécier exactement la corrélation.

Mon but principal a donc été de les réunir, et de les ranger dans l'ordre le plus capable de faire sentir ce que chacune d'elles a de général ou d'exceptionnel; d'en faire connaître plus précisément le sens intime et ses conséquences. En un mot, j'ai désiré faire de ces membres épars un corps de science spéciale sur un des plus graves sujet du Droit, et celui de tous, qui le plus fréquemment exerce les talents de l'avocat, et exige les méditations du magistrat.

a.

J'avoue cependant que je ne me suis pas toujours contenu servilement dans les limites de la
jurisprudence ; par fois, j'ai osé les franchir, non
par esprit d'innovation, très-opposé à mon caractère, mais parce qu'en tout nos premiers
guides doivent être la raison et l'équité : il faut,
d'ailleurs, reconnaître que l'état actuel de la législation, la nouvelle organisation des tribunaux,
et ces rapports si rapides, si favorables à l'instruction, dans lesquels le nouvel ordre de choses
a mis les Magistrats et les Jurisconsultes de toutes les parties du Royaume, amènent naturellement une salutaire révision de diverses matières
du Droit, en même temps qu'ils conduisent la
jurisprudence à un degré de perfection, auquel
on tendait dans l'ancien ordre, mais dont on
était, sans cesse, éloigné par d'innombrables
causes.

Chaque province, alors, avait conservé les lois,
les institutions, et les priviléges qu'elle avait du
temps où les grands vassaux, après s'être partagé la France, s'étaient rendus indépendants
entr'eux, s'efforçant même de l'être à l'égard
du souverain. Il en résultait, dans la jurispru-

dence de ces contrées, une divergence telle que, sur les plus importantes questions, l'affirmative et la négative trouvaient également des partisants. Souvent cette contradiction choquante se faisait remarquer dans les parties d'une même province; chaque région avait son Code civil et criminel, sous les noms de *Coutumes*, *Statuts*, *Réglements*, etc.

Cependant nos Rois, tantôt seuls, tantôt avec les États généraux, visaient constamment à effacer ces dissemblances; mais les Parlements, animés de l'esprit exclusif et local de leur province, résistaient souvent, soit en refusant d'enregistrer les Édits, soit en ne les enregistrant qu'avec les restrictions qu'ils jugeaient convenables à leur ressort.

Encore quelque temps néanmoins, encore quelques Ministres ou Magistrats, comme l'Hôpital, Lamoignon, Colbert, Daguessau, etc., et la France aurait obtenu sans secousses et sans douleurs, ce que la grande catastrophe politique l'a brusquement forcée de recevoir. En un instant, les barrières qui séparaient les provinces se sont écroulées; leurs priviléges, leurs lois,

leurs institutions, leurs Parlements même, malgré l'appui inconsidéré qu'ils avaient donné à la
révolution naissante, tout a été écrasé sous le ni-
veau des novateurs; enfin l'autel et le trône ont
été renversés; et c'est de ce chaos qu'est sorti
l'ordre actuel, beaucoup plus régulier que le
premier, et qui doit être bien meilleur, s'il vaut
tout ce qu'il a couté.

Toutefois, à l'égard de la législation et de la
jurisprudence, cette supériorité est incontestable. Indépendamment de la diversité des lois sui-
vies dans les provinces, plusieurs autres causes
retardaient les améliorations. Par une bizarre-
rie que rien n'explique, toutes les sciences avaient
leurs écoles; on distribuait, avec profusion, les
grades pour l'étude des arts, du Droit romain,
du Droit canon; le Droit français n'était compté
pour rien. Les nombreux Edits et Déclarations
de nos Rois, restaient aussi ignorés dans les Uni-
versités de France que dans celles d'Allemagne
et d'Angleterre.

Les décisions des tribunaux n'étaient appuyées
sur aucuns motifs; plus semblables à des ordres
arbitraires qu'à des jugements, il n'en jaillissait

que des lumières fort incertaines. La plupart des Parlements avaient leurs arrêtistes ; mais leurs recueils, fruits de longues années, ne paraissaient souvent que lorsque déjà la jurisprudence n'était plus la même.

Un tribunal, le Conseil du Roi, s'élevait au-dessus des autres, et semblait destiné à les rappeler à l'exécution uniforme des lois générales ; mais son droit, à cet égard, n'était pas universellement reconnu ; aussi n'en usait-il que rarement et avec une timide circonspection, ménageant quelquefois, lui-même, jusqu'aux préjugés des provinces.

Aujourd'hui, parmi les monuments de l'ancien Droit, des hommes d'Etat ont, avec un discernement exquis, choisi ce qui leur a paru convenir le mieux au nouvel ordre de choses et aux mœurs actuelles : de là nos six Codes. Tous les tribunaux leur doivent une égale obéissance, et sont astreints à se justifier, à cet égard, en motivant leurs décisions. S'il leur échappe de fausses applications, ou des interprétations erronées, une Cour centrale redresse leurs infractions. Enfin les arrêts importants des Cours sont, à l'instant même, recueillis et répandus par de nombreux journaux ; ensorte qu'il n'est pas un Magistrat, un Jurisconsulte, un officier ministériel, qui ne puisse et ne doive, chaque jour, s'enrichir de notions fixes et certaines, sur des points qui, jadis, divisaient les Cours et les Docteurs. Dans nos École, c'est le Droit français qui fait l'objet principal des études.

Déjà ces institutions ont produit une amélioration sensible et généralement reconnue : les vingt-quatre années qui se sont écoulées depuis la promulgation du Code civil, ont suffi, avec une population de trente-deux millions d'individus, et les événements extraordinaires qui ont mis leurs intérêts en opposition, pour faire agiter et résoudre, à-peu-près, toutes les questions dont le Droit soit susceptible. Mais aussi les changements sont si considérables, que souvent Domat, Ricard, Lebrun, Pothier, Jousse, etc., ne conduiraient qu'à l'erreur, si, en les consultant, on négligeait les écrits de leur dignes successeurs ; MM. Merlin, Grenier, Chabot, Toullier, Duranthon, etc.

C'est avec tous ces avantages que je me suis

déterminé à traiter la généralité d'un sujet, dont il n'est presque pas une seule partie pour laquelle je n'aie trouvé à m'appuyer, soit sur les décisions des Cours, soit sur le sentiment des auteurs anciens et modernes, et souvent j'ai pu réunir toutes ces autorités. Si, par fois, prévoyant des cas qui ne se sont pas encore réalisés, j'ai offert mon opinion isolée, c'est toujours en la déduisant des principes généraux de morale et de droit auxquels personne ne peut refuser son hommage.

Je n'ai pas pu compléter cette importante théorie, sans me voir entraîné à des questions accessoires, qui, semblent lui être étrangères, et en sont inséparables. C'est ainsi que le moyen le plus facile et le plus familier du dol étant la dénégation mensongère des promesses verbales, j'ai été contraint pour aider à le combattre, de traiter les questions relatives à la *preuve testimoniale*, au *commencement de preuve par écrit*, à l'*aveu judiciaire*, etc. C'est encore cette connexité qui m'a conduit des artifices de la fraude, à *la cause illicite*, objet habituel de ses dissimulations ; de la cause illicite à l'*ordre public* dont elle est la violation, et par suite aux conventions qui éludent *les lois prohibitives*, et offensent les *mœurs*.

Sur chaque matière grave, et particulièrement à l'égard de celles qui ont été des sujets de controverse, j'ai cru nécessaire de l'éclaircir par des notions historiques ; persuadé qu'on ne peut discerner conscientieusement les cas où une règle est applicable, de ceux où elle ne l'est point, si l'on n'est pas parfaitement instruit des causes qui l'ont fait établir, de celles qui l'ont introduite parmi nons, ainsi que des motifs des modifications qu'elle y a subies. C'est sur-tout à l'égard des règles qui nous viennent du Droit romain, que je me suis fait un devoir de remonter à cette source, parce qu'autant il est vrai que, dans les lois positives et arbitraires, il ne convient plus à l'état social actuel, autant il l'est que, dans tout ce qui procède de l'équité naturelle, on y reconnaît cette sagesse profonde qui, depuis des siècles, lui a mérité les suffrages de l'Europe entière, et en fait, encore aujourd'hui, l'autorité la plus imposante et la plus persuasive.

Enfin, je dois prévenir, sur les conséquences de mon ouvrage, une observation critique, qui s'offrira naturellement à quiconque daignera me lire, et d'autant plus que, plusieurs fois, elle m'a frappé moi-même. Réunissant, ainsi que je l'ai fait, les innombrables moyens qu'emploient le dol et la fraude dans toutes les négociations, pour tromper les personnes de bonne foi; souvent mon travail m'a effrayé, et la plume me tombait de la main, sur-tout lorsque j'avais rencontré de ces traits de perfidie tellement rafinée, qu'on refuserait de les croire, si les fastes judiciaires n'en déposaient pas. Je me demandais si mon Traité ne serait pas plus dangereux qu'utile à la société; s'il ne deviendrait pas, un jour, un objet d'étude et d'instruction pour qui voudrait pratiquer l'art odieux que je combats, et que je serais désolé de favoriser?

Plusieurs réflexions m'ont rassuré : ceux, dans l'âme de qui peuvent se former de tels desseins, sont rarement capables d'étudier, et sur-tout des livres de Droit; en fussent-ils capables, ils dédaigneraient cette étude. Chez l'homme dont le cœur est pervers, la science du mal est infuse, et il en sait toujours assez pour ne pas laisser échapper une seule occasion de tromper, sans en profiter. L'homme de bien, au contraire , habitué à vivre sous l'heureux empire de l'honneur et de la vertu, devient d'autant plus facile à tromper, qu'il conçoit à peine comment il pourrait l'être.

C'est principalement à ce dernier que je destine mon ouvrage. J'ai désiré le prémunir contre les embûches qu'à chaque pas on rencontre dans le monde. J'ai voulu aussi lui apprendre à ne jamais donner assistance aux coupables ; car il n'est que trop commun de voir des personnes, fort estimables d'ailleurs , se prêter , par ignorance ou par faiblesse, à des simulations dont elles ne comprennent ni les maux qu'elles doivent occasioner à des tiers , ni ceux qui peuvent en retomber sur elles-mêmes : elles ne voient que les anxiétés, soit d'un parent, soit d'un ami, menacé de déshonneur ou d'infortune, ou qui veut disposer de ses biens d'une manière que la loi réprouve; elles n'aperçoivent pas qu'elles ne peuvent l'aider dans ses dispositions , sans faire à d'autres un mal proportionné ; elles ne voient sur-tout pas qu'un jour peut-être, elles seront contraintes, pour ne pas se parjurer, de s'avouer coupables.

FAUTES A CORRIGER

Page 76 , avant dernière ligne , *habiletés*, lisez *habilités*.

Page 80 , supprimez la dernière ligne.

Page 201 , 19.e ligne art. 1717 , lisez 1716.

Page 233 , 17.e ligne , *ennée*, lisez *en*

Page 236 , 6.e ligne , n°. 134, lisez 133.

Page 237 , 19.e ligne , supprimez *connaître les* et reportez ces mots à la fin de la 21.e ligne.

Page 255 , 12.e ligne , *ci-après* ajoutez *p.* 353.

Page 306 , 21.e ligne , n.° 165, lisez 164.

Page 322 , 19.e ligne , n°. 390 , lisez 396.

Page 324 , 22.e ligne , *dévolu*, lisez *était dévolu*.

Page 325 15.e ligne , *lusis*, lisez *læsis*.

Page 333 , 9.e ligne , *leurs*, lisez *leur*.

Page 334 , 1re. ligne , *fideicommissiorium*, lisez *fidei commissorium*.

Page 336 , 14.e ligne , *deficiat*, lisez *deficiatur*.
  Dernière ligne , *a été fait volontairement*, suprimez *fait*.

Page 360 , 17.e ligne, *virnm*, lisez *virum*; *pes* lisez *per*.
  18.e ligne , *mutata*, lisez *mutatâ*.
  19.e ligne , *placaserat*, lisez *placaverat*.

Page 361 , 1.re ligne , *on se trompe*, lisez *on trompe*.

Page 387 , 2.e ligne , *adversariorium*, lisez *adversariorum*.

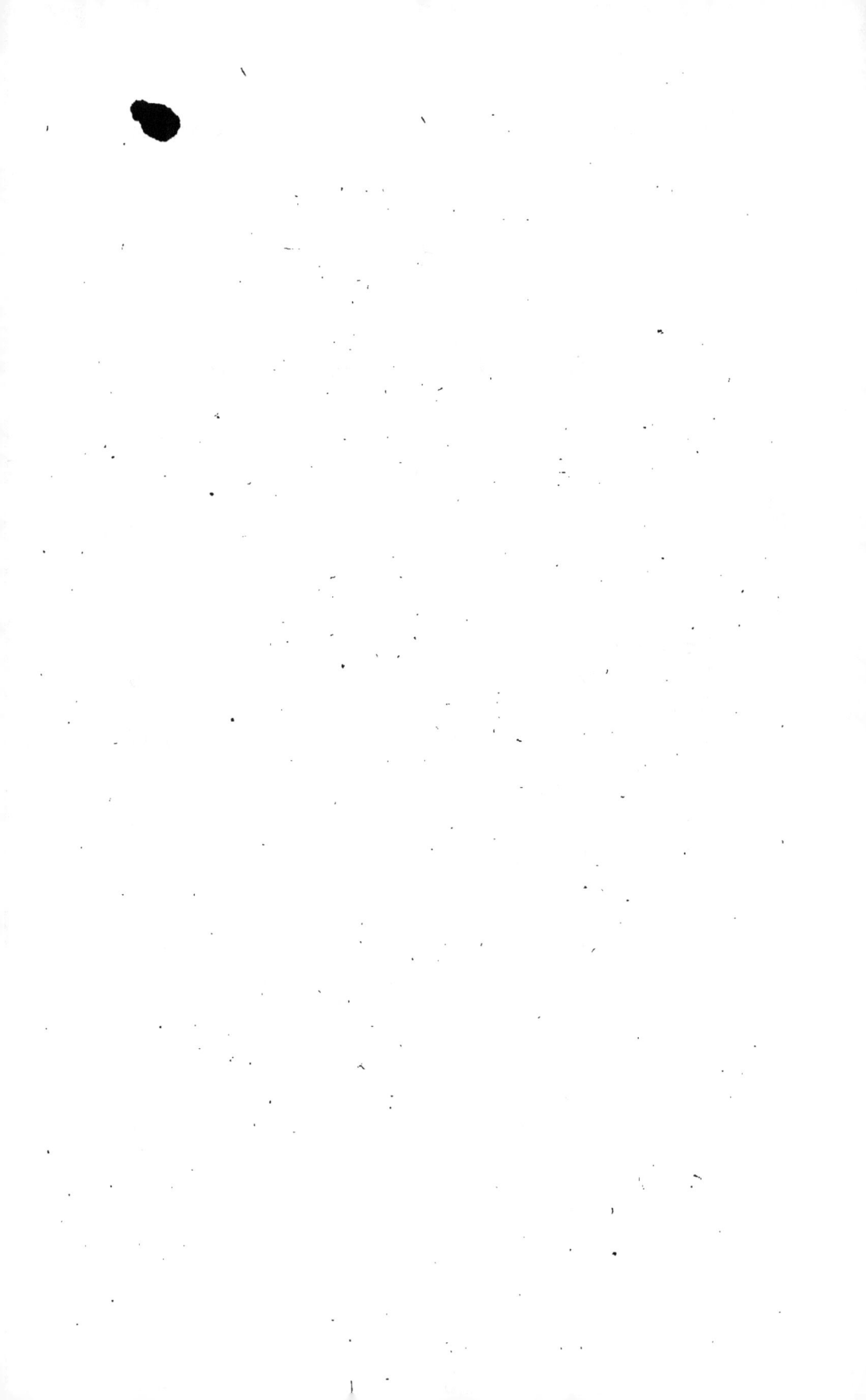

TABLE

DES SECTIONS, CHAPITRES, ARTICLES,

CONTENUS DANS CE VOLUME.

———

Introduction.   *Page* 1.

Première partie, Dol.   5.

Section I. Dol dans les traités.   9.

Chapitre I. Effets du dol dans la formation des traités.   *Ibid.*

§. 1er. Gravité du dol.   11.

§. 2. Dol cause de la convention.   17.

§. 3. Un des contractants auteur du dol.   18.

§. 4. Cas d'exception.   19.

§. 5. Tort important.   20.

§. 6. Dol d'un côté seulement.   21.

Chapitre II. Actions, exceptions et preuves.   *Ibid.*

§. 1er. Objet de l'action en dol et cas principaux dans lesquels elle est admissible.   22.

§. 2. Cas dans lesquels l'annulation n'est pas possible.   26.

§. 3. Cas dans lesquels elle serait contraire aux intérêts de la personne trompée.   41.

§. 4. Règles sur la fixation des dommages et intérêts.   43.

§. 5. Contre quelles personnes l'action eu dol peut être dirigée.   48.

TABLE.

Article I.	Rescision de la convention.	*Ibid.*
Article II.	Revendication.	51.
Article III.	Action en dommages et intérets.	70.
§. 6.	Temps utile pour l'action en dol.	80.
§. 7.	Exceptions qui peuvent résulter du dol.	84.
§. 8.	Fins de non recevoir.	91.
§. 9.	Comment le dol peut être établi.	111.
Article I.	Dol présumé.	112.
	1er. cas, minorité.	113.
	2e. cas, aliénation d'esprit.	138.
	3e. cas, vente de marchandise défectueuse.	152.
Article II.	Dol qui doit être prouvé.	155.
§. 10.	Dol appelé stellionat.	188.
Chapitre II.	Dol dans l'exécution des traités.	195.
§. 1er.	Dénégation frauduleuse.	*Ibid.*
Article I.	Valeur n'excédant pas 150 fr.	197.
Article II.	Conventions nécessitées par une force majeure.	208.
Article III.	Commencement de preuve par écrit.	211.
Article IV.	Conventions commerciales.	236.
Article V.	Rigueur de la prohibition.	245.
Article VI.	Aveu judiciaire.	248.
Article VII.	Serment.	255.
§. 2.	Défaut d'exécution des traités.	276.
§. 3.	Exécution frauduleuse.	278.
Section II.	Dol dans les libéralités.	279.
Chapitre I.	Règles communes aux donations entre vifs et à celles testamentaires.	280.
§. 1er.	Libéralités de celui qui n'est pas sain d'esprit.	281.
§. 2.	Libéralités du mineur à son tuteur.	306.
§. 3.	Libéralités pendant la dernière maladie.	313.
§. 4.	Libéralités déguisées.	322.
Chapitre II.	Règles particulières aux testaments.	323.
§. 1er.	Atteintes à la faculté de tester.	324.
§. 2.	Captation.	356.

TABLE.

Section III. Dol dans les jugements. 375.

Chapitre I. Dol d'une partie envers l'autre. 376.

§. 1er. Dol personnel. 378.

§. 2. Pièces fausses. 399.

§. 3. Pièces décisives retenues par le fait de la partie adverse. 402.

§. 4. Jugements contre lesquels la requête civile est admissible. 407.

§. 5. Délai pour le pourvoi. 412.

§. 6. Preuves admissibles. 413.

Chapitre II. Dol du juge. 416.

FIN DE LA TABLE.

TRAITÉ
DU DOL

ET

DE LA FRAUDE,

EN MATIÈRE

CIVILE ET COMMERCIALE.

INTRODUCTION.

1. L'IMPROBITÉ ne produit pas seulement les crimes et les délits qui, portant la désolation dans les familles et le trouble dans la société, sont l'objet de la surveillance des autorités; elle enfante encore, dans les transactions civiles, d'innombrables injustices, dont il importe d'autant plus d'étudier les moyens de répression, que le soin de les combattre est abandonné à ceux qui sont exposés à en être victimes.

Parmi les hommes, il s'en trouve toujours qui, insensibles au cri de leur conscience, profitent de toutes les occasions de ravir la chose d'autrui;

plusieurs même qui ont le funeste talent de les faire naître. Pour eux, les lois ne sont que des obstacles à éviter. C'est en vain que, pour assurer à chacun ses droits, et en diriger les mutations dans un ordre légitime, elles ont établi des prohibitions, des conditions, des incapacités ; ils rivalisent avec elles, et par divers détours cherchent les moyens de les braver, avec les apparences de la soumission.

De cette lutte naissent ce qu'on appelle en droit *dol, fraude, simulation*, etc.; sujets si fréquents de difficultés judiciaires. Dans ces causes épineuses le magistrat est placé au plus haut degré de ses fonctions : la loi cesse de le diriger ; les règles du droit lui deviennent inutiles ; il est réduit à apprécier des faits équivoques, et des actes astucieusement disposés, ou dus à la bonne foi et rendus suspects par des circonstances fortuites ; il faut enfin qu'il déchire le voile plus ou moins épais qui enveloppe la vérité.

D'une part, on réclame le maintien des traités, sauvegarde de la propriété; de l'autre, on oppose à une convention des indices, des présomptions, moyens qui toujours produisent l'inquiétude et rarement la conviction. Quelquefois même c'est la mauvaise foi qui accuse, et l'innocence qui se défend. En cet état de perplexité, si le magistrat consulte la loi, elle le renvoie à sa conscience, et lui laisse une tâche honorable, mais difficile à remplir.

Elle ne pouvait pas, sur une matière dont les éléments sont aussi variables, poser des règles fixes pour tous les cas : l'âme honnête d'un législateur ne pourra jamais prévoir tout ce que l'imagination perverse d'un homme déloyal lui suggérera. On peut cependant par le développement des principes généraux et l'analyse des règles particulières que la jurisprudence a consacrées sur cette partie importante du droit, en éclaircir la théorie. Tel est le but que nous désirons atteindre.

DIVISION.

2. Le droit romain emploie souvent les mots *dolus, fraus,* mais ils n'y ont pas précisément la même acception que ceux *dol* et *fraude* dans le nôtre. L'action *ex dolo* était infamante, *actio famosa,* et comprenait un grand nombre de machinations qui, par notre code pénal, sont réputées délits et punis comme tels. Le sens du mot *fraus,* au contraire, descendait jusqu'à des cas dans lesquels l'intention n'a rien de coupable, mais qui présentent un dommage par l'événement, ce que les docteurs appelaient *fraus non in consilio sed eventu,* ce sont nos quasi-délits.

Dans notre droit, les mots *dol* et *fraude* sont

souvent réunis ou confondus par les auteurs qui
se servent indifféremment de l'un ou de l'autre,
et quelquefois des deux ensemble, pour signaler
tous les cas non compris au code pénal, dans
lesquels, par des artifices répréhensibles, une
personne a envahi tout ou partie de la fortune
d'une autre.

3. Chacun de ces deux mots a cependant un
sens propre auquel il est convenable de se fixer,
pour concevoir des idées plus saines sur les
questions qui s'y rattachent.

Le dol est l'art de tromper la personne qu'on
dépouille.

La fraude est celui de violer les lois en trompant les magistrats ou les tiers par la forme des
actes.

Dans quelques circonstances il y a dol sans
fraude; dans d'autres, il y a fraude sans dol, et
très-souvent il y a dol et fraude.

Par exemple, il n'y a que dol quand, par des
artifices, un individu est déterminé à donner sa
chose ou à la vendre à vil prix.

Il n'y a que fraude quand l'usurier, de concert
avec l'infortuné qu'il ruine, couvre ses rapines
par une convention légale en apparence.

Il y a dol et fraude lorsqu'un incapable obtient
par des perfidies, non-seulement une libéralité
imméritée, mais encore son déguisement sous la
forme d'un contrat onéreux.

Quoique cette complication du dol et de la fraude soit très-fréquente, néanmoins leurs caractères différents nous ont déterminés à en faire la principale division de ce traité.

Le dol sera l'objet de la première partie, et la fraude, celui de la seconde.

PREMIÈRE PARTIE.

DOL.

4. C'est au dol, réduit à son sens propre, que s'applique parfaitement la définition qu'en donne le droit romain : *omnis calliditas, fallacia, machinatio ad fallendum alterum, aut decipiendum adhibita* l. 1. §. 2. ff. *de dolo.*

Suivant les interprètes, *calliditas* signifie la dissimulation artificieuse, *fallacia*, le langage trompeur, *machinatio*, l'intrigue ourdie pour en imposer. Cette définition embrasse effectivement tous les moyens que l'art de tromper puisse employer.

Cependant une distinction est ici nécessaire. Quand les artifices ont consisté dans *l'usage de faux noms* ou de *fausses qualités*, ou qu'elles ont eu pour effet de *persuader l'existence de fausses entreprises, d'un pouvoir ou d'un crédit*

imaginaire, ou qu'elles ont fait naître *l'espé-
rance ou la crainte d'un succès, d'un accident
ou de tout autre événement chimérique,* le dol
dégénère en délit et prend le caractère de l'escroquerie ainsi qu'elle est définie par l'art. 405
du code pénal. La loi du 19 juillet 1791 la dé-
finissait à-peu-près de même, mais elle commen-
çait par ces mots : « Ceux qui par dol ou à l'aide
de faux noms etc. Cette particule *ou* a coûté
fort cher à ceux qui, la prenant pour ce qu'elle
est, pour une disjonctive, ont cru pouvoir porter
devant les tribunaux correctionnels des plaintes
pour simple dol. La jurisprudence s'est fixée en
la réputant conjonctive, et les plaintes ont été
rejetées. Le Code pénal de 1810 a confirmé la
règle, mais son texte est formel, le dol n'est
plus nommé. L'erreur néanmoins n'a pas été
entièrement dissipée par cette précaution; des
actions en dol, par voie de police correctionnelle,
ont encore été admises par quelques tribunaux,
mais la cour de cassation en a fait sévère justice
par plusieurs arrêts, notamment par celui du 4
janvier 1812. (*Voy. le Journal du Palais tom.* 33,
page 383). Une telle confusion n'est donc plus
possible aujourd'hui. Parmi les œuvres infinies
de la mauvaise foi, la vindicte publique ne voit
l'escroquerie et ne s'en occupe, que lorsque les
moyens employés sont du nombre de ceux énu-
mérés dans l'art. 405. S'ils sont moins graves,

la loi n'y aperçoit que le dol, et laisse à la personne lésée le soin de poursuivre par action civile la réparation des torts qu'elle a éprouvés. Tel est le dol qui fait l'objet de ce traité.

Cet art funeste dont les espérances ne se fondent que sur les piéges qu'il tend à la bonne foi, et qui n'obtient de succès qu'en proportion du plus ou moins de candeur de celui auquel il s'adresse, exerce son influence dans la formation des traités et leur exécution. Il la porte encore sur toutes les autres relations d'intérêts qui s'établissent entre les hommes.

On convient généralement qu'il n'y a pas de conventions valables quand un des contractants est trompé par l'autre, et qu'il faut délier celui qui a été déçu, de toutes les obligations que, dans son erreur, il a contractées;

Que l'abdication d'un droit utile, déterminée par des artifices qui le faisaient voir onéreux, doit cesser de produire ses effets, si ces artifices sont prouvés;

Que l'acceptation d'une qualité plus affectée de charges, qu'elle ne présente d'avantages, due à des menées frauduleuses qui la montraient fort lucrative, doit également être paralysée dans ses conséquences;

Que tout ce que la cupidité a pu extorquer de l'infortuné, dont la raison était obscurcie, doit être rendu à lui ou aux siens;

Que celui dont l'esprit était sain, mais qui, cédant à une suggestion coupable dont il n'a pas aperçu les ressorts, a cru manifester sa volonté, quand il n'exprimait que celle de l'hypocrite qui l'égarait, n'a fait qu'un acte involontaire que la justice doit s'empresser de briser;

Qu'elle doit aussi venger celui qui, par de coupables manœuvres, a été empêché soit de tester, soit de révoquer son testament déjà fait, ou dont le testament a été supprimé;

Que les tribunaux souverains doivent eux-mêmes révoquer leurs décisions, quand le dol a osé les leur surprendre;

En un mot, qu'il faut le poursuivre partout où il a pénétré, et lui arracher sa proie.

Ces notions générales n'éprouvent jamais de contradictions directes, mais les difficultés naissent sur leur application. La forme et les subtilités que par fois elle semble autoriser, prêtent leurs armes; on convient des règles, mais on invoque les exceptions; ne pouvant affronter l'action, on se réfugie dans la fin de non recevoir; la nature des preuves admissibles fournit, sur tout, de nombreuses occasions de controverse, et le point de droit devient problématique.

Pour répandre sur une matière aussi grave, et qui dégénère quelquefois en abstractions, le plus de clarté qu'il nous sera possible, nous l'examinerons, à l'exemple de Dumoulin, sous ces deux rapports, *dolus vel contrahendo, vel de-linquendo.*

Nous le suivrons d'abord dans les traités, puis dans les libéralités, et enfin dans les jugemens.

~~~~~~

SECTION I.

DOL DANS LES TRAITÉS.

5. Ce sujet exige encore une subdivision.

Un premier chapitre sera consacré à reconnaître les effets du dol dans la formation des traités.

Le second comprendra les actions et les exceptions auxquelles il peut donner lieu, ainsi que les preuves nécessaires.

Le troisième aura pour objet le dol dans l'exécution des traités.

CHAPITRE I.

EFFETS DU DOL DANS LA FORMATION DES TRAITÉS.

6. Les notions générales que nous venons de rappeler, sembleraient conduire à décider que

toute espèce de moyens contraires à la bonne foi, et cependant employés pour nouer une convention, devrait en faire prononcer l'annullation; mais il n'en est pas ainsi. La législation civile ne peut être ni aussi pure, ni aussi rigoureuse que la morale, sur la conduite tenue par les contractants entr'eux.

Les Romains étaient à cet égard beaucoup plus sévères que nous, comme on peut le voir dans le traité des offices de Cicéron, liv. 3, et dans la loi 3 ff. *de dolo.* Ils voulaient que, dans aucun cas, la ruse ne pût s'enrichir aux dépens de la simplicité; *ne vel illis malitia sua sit lucrosa, vel illis simplicitas sit damnosa.* La crainte de mettre trop d'entraves aux relations d'intérêts, a fait infiniment modifier les règles de l'ancien droit.

7. Aujourd'hui, pour que le dol puisse être un moyen de nullité d'une convention, il faut la réunion de cinq circonstances :

Il faut, 1º. qu'il ait été grave;

         2º. qu'il ait été la cause déterminante du traité;

         3º. qu'il ait été commis par un des contractants;

         4º. qu'il ait occasionné un tort important;

         5º. qu'il n'y ait eu de dol que de la part d'un des contractants.

§. Ier.

Gravité du dol.

SOMMAIRE.

8. Gravité nécessaire.
9. Exemples de plaintes rejettées,
10. Exemples de plaintes admises.

8. Les faits constituant le dol, doivent être assez graves pour qu'un homme sage et prudent ait pu en être dupe. Si d'une part il y a eu une adresse que l'honneur réprouve, et que de l'autre il y ait eu une confiance aveugle quand facilement on pouvait être éclairé, les tribunaux refusent d'écouter celui qui ne peut pas accuser de déloyauté la personne avec laquelle il a contracté, sans s'accuser lui-même de légèreté et d'imprévoyance.

L'acquéreur d'une maison se plaint de ce que celui qui la lui a vendue, lui a attesté qu'elle était parfaitement solide dans toutes ses parties; qu'en la lui faisant voir, il le tenait long-temps dans les parties non défectueuses, et lui faisait parcourir rapidement celles dans lesquelles, depuis, il a découvert des vices menaçant la maison d'une chûte prochaine. Dans ces procédés blâmables du vendeur, on verrait réunis tous les artifices du dol, éloges mensongers de l'édifice, dissimulation de ses défauts, manœuvres pour empêcher l'acquéreur de s'éclaircir sur son véritable état ; cependant l'imprudence extrême de l'acquéreur qui, en examinant mieux, ou en faisant examiner cette maison par des gens de l'art, avait des moyens nombreux et faciles d'échapper à cette supercherie, détermineraient probablement les magistrats à ne pas voir dans ces faits la gravité nécessaire pour constituer le dol, le vendeur n'ayant usé que de moyens dont une prudence ordinaire se serait garantie.

Mais si le propriétaire d'une maison en péril y faisait faire de ces réparations superficielles qui, sans porter remède au mal, empêchent de l'apercevoir, la vendait dans cet état pour un prix égal à la valeur qu'elle aurait eue étant solide, et, surtout s'il était établi que les réparations n'avaient pas eu pour but de consolider la maison, mais de tromper ceux qui l'examineraient, alors les manœuvres étant conçues de manière à faire illusion même à un homme sage et prudent, auraient la gravité qui constitue le dol, et la vente devrait être annullée.

Domat et Pothier qu'on peut regarder comme les principaux auteurs du Code civil, où, sans cesse, leurs écrits sont retracés, ont enseigné uniformément cette doctrine. (*V. les lois civiles, liv.* 1 *, tit.* 18, *sect.* 3 , *art.* 2 , *le contrat de vente* de Pothier, *n*o. 238, et son *Traité des obliga- tions, n*o. 28 *et suivants.*)

9. Un arrêt de la cour de Paris du 9 thermidor an XII offre un exemple frappant de l'effet de l'imprudence de la part de celui qui se plaint du dol. La dame Preverand avait reçu de son mari une procuration générale à l'effet d'administrer leurs biens communs. Le 30 prairial an x, elle emprunta du sieur Gueblard une somme de 248,000 francs et lui en passa obligation, en vertu, est-il dit dans l'acte, de la procuration générale et spéciale de son mari. Lors de l'échéance, des poursuites devinrent nécessaires ; Preverand et sa femme s'y opposèrent et demandèrent la nullité de l'obligation, en se fondant sur ce que la procuration du mari n'autorisait la femme qu'à administrer et non à emprunter. Le sieur Gueblard vaincu par le texte de la procuration, prétendait trouver dans la conduite de la dame Preverand, dol, stellionat, délit, etc. Tous ses efforts furent inutiles. Le 28 pluviôse an XII, le tribunal de la Seine déclara l'obligation nulle » attendu qu'aux termes de l'article 223 de la » coutume de Paris, la femme sous puissance » du mari ne peut s'engager sans son autorisa- » tion, que la dame Preverand n'était pas auto- » risée à faire l'emprunt dont il s'agit ; que » Gueblard a dû prendre connaissance de sa » procuration ; que dans tous les cas il ne pou- » vait se prévaloir de l'ignorance ni vis-à-vis du » mari, ni même vis-à-vis de la femme. » Il n'a

pas été plus heureux devant la cour d'appel, qui, en adoptant ce motifs, a confirmé le jugement. (*V. le recueil de Sirey , t.* 7. 2. 790, *ou le Journal du Palais, t.* 10 *p.* 238.)

Deux arrêts de la cour de cassation des 28 mai 1808 et 2 août 1811, reconnaissent les mêmes principes. Ils ont, il est vrai, pour objet des accusations d'escroquerie; mais la nature et la force des motifs qui y sont exprimés les rendent applicables *à fortiori* en matière civile. Le dernier surtout est remarquable.

Une femme donne à deux bijoutiers une parure de diamans à vendre moyennant un prix qu'elle détermine. Quelques jours après, des personnes, probablement envoyées par elle, offrent de cette parure un prix plus élevé; les bijoutiers la vendent et reçoivent des arrhes. Ils se décident dès-lors à payer à la personne qui leur avait remis cette parure le prix qu'elle avait demandé, mais ils attendent inutilement le retour des amateurs. Convaincus qu'ils ont été dupes, ils portèrent plainte en escroquerie contre cette femme. Elle leur opposa qu'étant bijoutiers ils n'avaient pas pu être trompés sur l'objet qu'elle leur avait laissé, et qu'ils avaient eu le loisir d'examiner en se faisant aider des plus habiles. Elle fut néanmoins condamnée en première instance et sur appel. L'arrêt a été cassé le 2 août 1811, et le principal motif de cette réformation est, « que

» les plaignants, étant bijoutiers de profession, ont
» dû connaître la valeur commerciale des bijoux
» et parure dont l'achat était proposé, que s'ils
» ont porté ces objets à trop haut prix, c'est
» par l'effet d'une ignorance ou d'une inattention
» pour laquelle *la loi ne leur doit ni protection*
» *ni garantie*, que les faits déclarés ne caracté-
» risent aucune fraude qui ait pu les induire sur
» le prix dans une erreur nécessaire..... que les
» manœuvres pratiquées n'étaient pas de nature
» à tromper la prévoyance ordinaire du commun
» des hommes, et moins encore la prudence et
» la réflexion qui doivent diriger des négociants
» dans les opérations de leur commerce. »

Le rédacteur du Journal du Palais en rapportant cet arrêt, t. 22 p. 80, le ramène au dol en
matière civile par cette réflexion : « Tant que je
» n'ai employé qu'une adresse qui vous a laissé
» la faculté de vous garantir avec le secours de
» la prudence ordinaire, vous devez vous impu-
» ter votre inattention ou votre impéritie; il n'y
» a ni nullité ni encore moins escroquerie. »

10. Il importe de ne pas confondre cette aveugle crédulité qui fait rejeter la plainte, avec cette
confiance raisonnable que se doivent les hommes,
surtout dans les relations commerciales, et dont
l'abus] constitue le dol grave. Un arrêt de la
cour de Bordeaux en fournit l'exemple.

Le 21 ventôse an VI, les propriétaires d'une

barque la font assurer, en déclarant qu'elle n'avait descendu la rivière que depuis quatre à cinq jours. L'assureur apprend ensuite que dès le 10 elle avait descendu la rivière et avait été prise le 11; il demande la nullité de la police d'assurance, et se fonde sur ce qu'il n'avait assuré la barque que par le dol des propriétaires qui lui en avaient imposé sur l'époque de son départ. Ceux-ci soutenaient avoir été de bonne foi, et surtout avoir ignoré la prise; des arbitres ayant vérifié les faits furent d'avis d'annuler le traité. Leur avis fut homologué par le tribunal de commerce, et ce jugement fut confirmé par arrêt du 4 fructidor an VIII. (*V. le recueil de Sirey* I. 2. 693.)

Le dol grave est donc le seul qui puisse fonder une action en nullité: les autres moyens employés pour égarer un contractant sont des actes d'improbité, que la religion condamne; mais, malheureusement, il est une infinité de cas où les lois humaines sont impuissantes, et où le législateur a dû s'arrêter, pour ne pas ouvrir la porte à des abus plus déplorables encore que ceux qu'il aurait essayé de réprimer.

Une des bases principales de l'ordre social est le maintien des conventions; ceux qui contractent doivent sentir toute l'importance d'une promesse, verbale ou écrite; il n'y a pas de différence pour l'honnête homme. Avant de la donner, ils

doivent prendre toutes les précautions que demande leur intérêt; s'ils ne les ont pas prises, la
loi, ainsi que l'a dit la cour de cassation, ne leur
doit ni protection ni garantie : autrement la mauvaise foi elle-même profiterait de cette facilité à
faire rescinder les conventions, pour se refuser
à l'exécution des plus légitimes; marcher entre
deux écueils, est presque toujours la position du
législateur et du magistrat.

§. 2.

Dol cause de la convention.

SOMMAIRE.

11. Cause de nullité du traité.
12. Dol accidentel.
13. Un des contractants auteur du dol.
14. Cas d'exception.
15. Tort important.
16. Dol d'un côté seulement.

11. Pour que le dol puisse faire annuler un
traité, il ne suffit pas qu'il ait été assez grave
pour déconcerter la prudence du commun des
hommes; il faut encore qu'il soit évident que le
dol a déterminé le traité et que, sans ce moyen,
odieux, il n'eût pas été fait. *Article* 1116 *du code.*
Dans l'exemple que nous avons donné au paragraphe précédent, nous avons signalé la réunion de deux circonstances, la dissimulation
frauduleuse des défauts de la maison, et la vente
de cette maison à un prix qui eût été sa valeur,

si ses défauts n'eussent pas existé. Si, au contraire, elle n'était vendue que pour un prix correspondant, à peu près, à son état de dépéris-
sement : malgré les précautions blâmables du
vendeur pour en cacher les défauts, on pourrait
douter que l'acheteur, en les connaissant, ne
l'eût point achetée, dès-lors il ne serait pas évident qu'on ne dût attribuer son consentement
qu'aux manœuvres du vendeur, et c'est cette
évidence qu'exige la loi. Elle commande la punition du dol, mais elle veut aussi que le maintien
des traités ne cède qu'à des causes graves. Quand
cette évidence manque, et que les autres circonstances qui décèlent le dol se rencontrent, le contrat est maintenu, mais la mauvaise foi ne reste
pas impunie. *Voyez ci-après chap.* 2, §. 4, n.° 26.

12. Cette décision a lieu, surtout, lorsque le
dol n'a eu pour objet qu'un des accessoires de la
chose principale de la convention, dol que quelques auteurs appellent *accidentel :* comme si le
cours d'eau qui traversait la propriété que Titius
a acquise, au moment où il l'a visitée, et qu'on
lui a fait entendre la vivifier toute l'année, n'é-
tait qu'un torrent desséché pendant l'été ; dans
ce cas, il n'y aurait à réclamer que des dommages
et intérêts.

§. 3.

Un des contractants auteur du dol.

13. Si le dol par l'illusion duquel une conven-

tion aurait été formée, avait été commis par un
tiers étranger à cette convention, qui, par pure
méchanceté ou par spéculation, l'aurait conçu et
exécuté, sans que la participation d'un des contractans fût prouvée, la convention serait obligatoire pour eux, sauf l'action de la partie lésée
en dommages intérêts contre le coupable de
dol. Cette règle élémentaire de l'ancien droit,
est renouvellée dans l'article 1116 du code que
nous venons de citer. Il n'y est question que
des manœuvres d'un des contractans envers
l'autre.

§. 4.

Cas d'exception.

14. En disant que, dans cette espèce, la convention resterait obligatoire, nous avons seulement entendu qu'elle le serait, sous le rapport
du dol ; car si ce dol avait produit une erreur
de la nature de celles qui vicient les conventions,
la personne trompée par cette erreur en pourrait
demander l'annulation. Par exemple, si une
jeune fille avait été épousée pour une autre,
quoiqu'elle fût de bonne foi et que le dol ne fût
l'œuvre que de ses parens, comme dans le mariage de Jacob, le mariage serait annulé, non
à cause du dol, mais à cause de l'erreur qu'il

aurait fait naître; non par l'article 1116, mais par l'article 1110.

§. 5.

Tort important.

15. Il faut qu'il résulte du traité auquel une partie a été déterminée par des manœuvres frauduleuses, un tort, et que ce tort soit important. On conçoit facilement que s'il ne résultait aucun préjudice du traité; si, par exemple, la chose vendue ne l'avait été que pour un juste prix et à une personne à qui elle pouvait convenir, tout dommage cessant, toute idée de dol s'évanouirait; quand même il serait vrai que des moyens auxquels la délicatesse doit répugner, auraient été mis en œuvre pour amener la convention.

L'action en dol n'est pas infamante comme chez les Romains; néanmoins elle attaque l'honneur de celui qu'elle accuse, elle doit naturellement faire naître la haine entre les parties et le scandale dans les tribunaux. Elle ne doit donc pas être prodiguée, et nous devons adopter cette règle écrite dans la loi 9, §. 5, ff. *de dolo. Merito causæ cognitionem inseruit Prœtor, neque enim passim hæc actio indulgenda est. Nam ecce imprimis si modica summa sit.*

Quand à la mesure de l'importance, elle s'apprécie par la nature des circonstances, et la qualité des parties.

§. 6.

Dol d'un côté seulement.

16. Enfin une cinquième circonstance est requise, il faut qu'il n'y ait eu de dol que de la part d'un des contractants. S'il était prouvé que, de part et d'autre, on a cherché à se tromper, lors même que l'avantage serait resté d'un côté, le juge se refuserait à comparer les résultats de cette méprisable lutte. Une loi romaine a prévu ce cas : *Si duo dolo malo fecerint, invicem de dolo non agent. L.* 36. §. *de dolo.*

CHAPITRE II.

ACTIONS, EXCEPTIONS ET PREUVES.

17. Nous l'avons déjà dit : le dol est le vice le plus notable des conventions ; la loi le poursuit dans toutes celles où l'on peut reconnaître qu'il s'est glissé ; et elle ouvre à la personne trompée une action pour obtenir la réparation de tout le préjudice que déjà elle a souffert, et prévenir ceux auxquels elle est encore exposée.

L'effet naturel et ordinaire de cette action est de soustraire la personne trompée à ses obligations, quand d'autres motifs ne s'y opposent pas.

Les cas principaux dans lesquels l'annulation

peut être prononcée, seront l'objet d'un premier paragraphe.

Ceux dans lesquels elle ne peut pas l'être, feront la matière du second.

Le 3e. comprendra ceux dans lesquels elle serait contraire aux intérêts de celui qui se plaint;

Dans le 4e. nous indiquerons les règles à suivre pour la fixation des dommages intérêts qui sont dûs dans tous les cas;

Dans le 5e. les personnes contre lesquelles l'action peut être dirigée, et la contrainte par corps obtenue;

Dans le 6e. le temps utile pour former l'action;

Dans le 7e. les exceptions que le dol peut autoriser;

Dans le 8e. les fins de non recevoir qu'on peut opposer soit à l'action, soit à l'exception;

Dans le 9e. comment le dol peut être établi;

Dans le 10e. nous traiterons de l'espèce de dol appelée stellionat.

§. 1er.

Objet de l'action en dol et cas principaux dans lesquels elle est admissible.

SOMMAIRE.

18. Affinité de l'action avec celles rédhibitoire et rescisoire.
19. Action rédhibitoire.
20. Action rescisoire.
21. Etendue de l'action en dol.

18. L'action en dol ayant, comme nous l'avons

dit, l'effet de faire annuler les conventions, elle a, avec deux autres actions, quelqu'affinité qu'il importe de remarquer. Ces actions sont celle appelée *rédhibitoire*, et celle en *rescision pour lésion*.

19. L'action rédhibitoire créée par nos anciennes coutumes, et conservée par l'article 1648 du code, n'est établie que dans l'intérêt de l'acheteur, et conduit ce dernier à faire reprendre la chose vendue, par cela seul qu'elle est défectueuse, soit que le vendeur l'ait vendue de bonne foi; soit que, connaissant les vices, il les ait frauduleusement dissimulés. Dans le premier cas, renfermée dans ses limites naturelles, cette action n'opère que l'annulation du traité, sans réparation du préjudice dont il a pu être l'occasion, même directe et immédiate. Dans le second, elle prend le caractère de l'action en dol, et peut faire obtenir une réparation complète.

20. L'action en rescision pour lésion a également l'effet de faire annuler les ventes d'immeubles, quand le vendeur pour qui elle est uniquement instituée, est lésé de plus de sept douzièmes; et les partages de successions, communautés et sociétés, quand un des copartageans est lésé de plus d'un quart. *Articles* 1674 *et* 887.

Rarement ces lésions considérables ont lieu sans que quelques menées artificieuses aient fasciné les yeux de ceux qui les éprouvent; ce-

pendant elles peuvent aussi provenir de cette
impulsion naturelle qui porte les hommes, dans
leurs négociations, à exiger le plus possible,
certains qu'ils sont de trouver de la résistance
dans le sens contraire; ce qui a suggéré aux jurisconsultes romains cet axiôme, trop souvent
mal interprété : *in emptionibus et venditionibus
licet se invicem circumvenire.*

La loi en exigeant, pour l'admission de cette
action, une lésion dont elle a mesuré l'importance, suppose qu'elle ne peut être attribuée
qu'à des causes innocentes et se borne à annuler
le contrat, pour concilier en quelque sorte l'é-
quité naturelle avec la liberté des citoyens dans
les conventions. Mais si le défaut d'équilibre
dans les contingents attribués aux contractants,
peut être imputé à des manœuvres frauduleuses, alors la loi ne mesure plus le préjudice, elle
donne, même pour la vente des immeubles et
les partages des successions, communautés et
sociétés, pour peu que ce préjudice y soit important, l'action en dol. Dans ce cas, ces traités
rentrent dans la catégorie générale des conventions protégées contre le dol par l'article 1116 du
code, qui contient, à ce sujet et pour les partages, une règle spéciale dans les articles 887,
1476 et 1872.

21. Ainsi, à quelques exceptions près,
toutes les conventions commutatives, dans les-

quelles chaque contractant doit recevoir l'équi-
valant de ce qu'il donne , peuvent être soumises
à l'action en dol, quelque soit dans la convention
le rôle de l'individu trompé, qu'il y soit le vendeur ou l'acheteur ; le locateur ou le locataire,
le propriétaire ou l'entrepreneur d'ouvrages, etc.
il y a un droit égal.

Le mariage même, dont l'indissolubilité fait
l'essence, doit être annulé, ainsi qu'il sera plus
amplement expliqué dans le paragraphe suivant,
si, par l'effet d'une supercherie, une personne
avait été épousée pour une autre.

Enfin les transactions si, recommandables d'ailleurs, puisqu'elles ont pour objet de mettre la
paix et la bienveillance à la place de la division
et de la haine, ne sont pas à l'abri de cette action. L'article 2053 du code en contient la disposition expresse. Déjà plusieurs lois romaines
l'avaient ainsi réglé et particulièrement la 9e. , §.
2, ff. *de transactionibus. Qui, per fallaciam co-*
hæredis , ignorans universa quæ in vero erant,
instrumentum transactionis, sine aquiliana sti-
pulatione interposuit, non tam paciscitur quam
decipitur.

§. 2.

Cas dans lesquels l'annulation n'est pas possible.

SOMMAIRE.

22. Mariage.
23. Exception, impuissance manifeste.
24. Transfert de rentes sur l'état.

·22. Presque toujours les mariages sont assortis en considération de la fortune et de l'état de ceux qui veulent s'unir ; et, par fois, des manœuvres sont pratiquées pour faire paraître des richesses ou des titres chimériques qui s'évanouissent le lendemain des noces. En vain toutes les circonstances détaillées dans l'article 1er. de cette section se trouveraient établies, en vain les intrigues les plus odieuses seraient découvertes, si elles n'avaient produit l'erreur que sur les biens ou la qualité de la personne et non sur la *personne même*, le mariage résisterait à l'action en nullité. La sainteté de ce contrat, les conséquences de la cohabitation qui le suit, l'impardonnable imprudence de ceux qui se laissent éblouir par des apparences, dans celle de toutes les conventions qui, par son irrévocabilité, doit faire chercher le plus de certitude, tous ces motifs réunis ont placé cette impérieuse fin de non recevoir et dans l'ancienne et dans la nouvelle législation.

En 1784, un des auteurs du Répertoire de Jurisprudence, au mot *empêchement*, s'exprimait ainsi : « Si mon erreur n'était qu'accidentelle, » c'est-à-dire, si elle ne portait que sur l'état et » la qualité de la personne, le mariage n'en se- » rait pas moins valable. D'où il suit que, si » cette femme que je croyais noble et de bonnes » mœurs, se trouve de basse extraction et plon- » gée dans la débauche, si elle se trouve flétrie » par la justice, le mariage n'en sera pas moins » valable, parce qu'enfin c'est la personne même » de cette femme....., que j'ai voulu épouser et » que j'ai épousée. Ajoutez que quand même il » y aurait eu du dol, pour me cacher l'état et » la qualité de cette personne, et que ce dol fût » venu d'elle, ce moyen serait impuissant pour » faire résoudre ce contrat. »

Le code civil a renfermé dans un chapitre par- ticulier les causes de nullité du mariage et n'y comprend que *l'erreur dans la personne*. Cette restriction des effets de l'erreur à celle dans la personne, est évidemment exclusive de celle qui ne tomberait que sur des points qui dans le mariage ne sont que des accessoires.

Cependant, par un arrêt du 6 décembre 1811, la cour de Colmar a cru devoir décider autre- ment. Le 26 juin de la même année, Catherine Karm fut mariée à Antoine Charpion. Le 3 juillet, elle demanda la nullité de son mariage comme étant le fruit du dol et de l'erreur; Charpion lui ayant laissé ignorer qu'il avait été capucin. Le 13 juillet, le tribunal de Strasbourg rejeta la demande, en se fondant sur ce que la demanderesse ne pouvait pas soutenir qu'il y eût erreur dans la personne du défendeur, d'après le sens de l'article 180 du code ; que c'est Charpion qu'elle a épousé et voulu épouser et non un autre individu ; qu'on ne pouvait dire que, sous ce point de vue, il l'eût induite en erreur, en passant sous silence sa ci-devant qualité de frère-lai capucin, qualité qui n'existe plus, etc... Sur l'appel, la cour de Colmar crut pouvoir annuler le mariage. Les motifs de son arrêt sont : « que » pour contracter mariage, le consentement libre » et mutuel des futurs époux est absolument né- » cessaire, d'après l'article 180 du code ; que le » consentement pour un tel acte, ainsi que pour » toutes les autres conventions civiles et sociales, » doit porter les caractères exprimés en la sec- » tion 1re. du chap. 2, liv. 3, tit. 3 du même » code, c'est-à-dire que, d'après l'article 1109 » il n'y a pas de consentement valable, s'il n'a » été donné que par erreur, ou s'il a été extorqué » par violence ou surpris par dol ; que, dans le » cas particulier, il n'est pas justifié, et l'intimé » n'a pas même posé en fait, que précédemment » à l'acte de mariage, l'appelante savait que l'in- » timé était lié par des vœux incompatibles avec » l'état du mariage : que de là résulte que l'appe-

» lante ; ainsi qu'elle le soutient, n'aurait jamais
» donné son consentement à une telle union, si
› elle en avait eu connaissance ; qu'il en résulte
» donc aussi qu'en célant à l'appelante un fait
» aussi essentiel, l'intimé n'a obtenu son consen-
» tement que par une espèce de dol et de sur-
» prise ; que de cette circonstance il suit que
» l'appelante peut soutenir avec raison qu'il y
» a eu erreur, et que d'après l'article 1110 du
» code, l'erreur est une cause de nullité, lorsque
» la considération de la personne est la cause
» principale de la convention. »

Les grands moyens de considération qui abon-
daient dans cette cause, et surtout ceux que Catherine Karm faisait ressortir de la profanation
faite par Charpion de ses premiers serments, ont
très-probablement entraîné les juges au-delà des
raisons de droit; on en est convaincu surtout
par leur dernier motif, dans lequel ils confondent
évidemment l'erreur sur les qualités de la personne, avec celle sur la personne même. Une
seule réflexion nous paraît suffisante pour réfu-
ter tous les autres motifs : ils ont été tirés des
règles générales sur les conventions; or quand,
sur une espèce particulière, il existe des règles
spéciales, c'est à ces dernières qu'il faut s'arrêter, comme contenant les modifications jugées
nécessaires; c'est ce qu'on trouve dans les articles 180 et suivants du code, qui offrent spécia-

lement les seuls moyens de nullité qui soient
admissibles à l'égard du mariage.

Aussi cet arrêt a-t-il été rapporté par le rédacteur du *Journal du Palais*, t. 32, p. 558, avec
des réflexions étendues qui semblent n'avoir pour
but que de prémunir contre cette décision. Pour
le sentiment contraire nous avons rappelé l'ancienne jurisprudence et le texte du code. Nous
terminerons cet examen par un passage important du discours de M. Portalis au corps l'égis-
latif, en lui présentant la partie du code qui
concerne le mariage : « L'erreur en matière de
» mariage ne s'entend pas d'une simple erreur
» sur les qualités, la fortune ou la condition de
» la personne à laquelle on s'unit, mais d'une er-
» reur qui aurait pour objet la personne même.»

23. Cette erreur se rencontre-t-elle, quand
un des époux s'est rendu coupable du dol le plus
révoltant, en osant se marier sans avoir la puissance de remplir le but naturel et légal du mariage?

Avant le code et depuis plusieurs siècles, la
jurisprudence avait admis en principe que cette
infirmité était une cause de nullité de mariage,
parce qu'en effet on ne peut pas concevoir un
vice plus radical dans une convention que l'impossibilité de l'exécuter. Mais on voulut appliquer ce principe à des cas où la stérilité du
mariage peut avoir une toute autre cause que

l'impuissance ; et l'on se trouva dans cette autre impuissance commune à tous les hommes, celle de franchir les bornes que la Providence a mises à leurs investigations. En vain on imagina des épreuves dont le souvenir révolte encore; elles ne produisirent que la honte de les avoir conçues , et les magistrats ne permirent plus d'y avoir recours.

Les auteurs du code, par suite de cette réprobation, n'ont pas mis textuellement l'impuissance au rang des causes de nullité du mariage, et M. Tronchet l'un d'eux en a donné le motif : *parce qu'il n'est pas de moyen de la reconnaître avec certitude.*

Cependant il en existe une espèce qui n'a rien de conjectural et se manifeste à l'extérieur, particulièrement sur ces victimes immolées en Italie à la mélomanie, et en Asie à d'autres passions. Partout, le même état est produit par des accidents, ou des maladies qui en laissent des traces aussi irrécusables.

Indépendamment de ces cas où la stérilité est certaine, il se rencontre encore, par fois, des êtres dont la conformation primitive ou altérée se refuse à l'acte conjugal. Ce n'est plus l'impuissance; il y a, si l'on veut, puissance, mais elle est enchaînée; et pour s'en assurer, il ne s'agira pas de savoir si le sujet peut ou non posséder en lui-même des germes de reproduction, vaine recherche de physiologistes des siècles passés; il faudra seulement vérifier si l'époux accusé est apte à consommer le mariage.

Un exemple s'en est présenté depuis le code.

En 1806, un jeune homme forma demande contre sa femme en nullité de leur mariage, se fondant sur ce que la conformation naturelle de cette femme était tellement monstrueuse qu'elle rendait la copulation impossible; ce dont il inférait que son consentement au mariage avait été le fruit de l'erreur; et il invoquait les articles 146 et 180 du code. La femme avouait être dans cet état, soutenant seulement qu'elle n'y était tombée que depuis son mariage, et par le fait de son mari. La demande portée devant le tribunal de Cousel y fut rejetée par deux motifs. Le premier que l'erreur ne peut être une cause de nullité de mariage que lorsqu'une personne a été épousée pour une autre; le second que, quand l'infirmité dont se plaignait le mari serait reconnue, il resterait à savoir si elle existait avant le mariage. Ce second motif était surtout irréfléchi; il fallait attendre le rapport des gens de l'art, pour savoir si l'infirmité reconnue leur paraîtrait naturelle ou accidentelle; et dans ce dernier cas, si elle était récente ou ancienne. Sur l'appel, la cour de Trèves, le 27 janvier 1807, ordonna la visite et le 1er. juillet 1808, elle prononça la nullité du mariage: « attendu qu'il résultait du rapport fait par

» les gens de l'art, que l'état physique de la femme
» et sa conformation s'opposaient au but naturel
» et légal du mariage; que cet empêchement
» existait avant le mariage, et qu'il n'était pas
» possible d'y remédier. »

Sur ces décisions de la cour de Trèves, deux
des plus célèbres jurisconsultes actuels ont été
d'avis diamétralement opposés. M. Merlin, dans
le 16e. tome de son *Répertoire* les approuve sans
réserve; tandis que M. Toullier, dans son Cours
de Droit, t. 1, n°. 526, les critique avec rigueur.
Dans cette lutte, où les deux concurrents sont également recommandables par le mérite de leurs
écrits, on pourrait hésiter long-temps, si M. Toullier n'avait pas fourni lui-même des armes avec
lesquelles il nous semble facile de faire triompher
le sentiment qu'il combat.

Lors de la première édition de son Cours de
Droit, la cour de Trèves n'avait encore rendu
que l'arrêt qui ordonne la visite de la femme; et
déjà il le blâmait, le déclarait contraire à l'esprit
du code, et méritant la censure de la cour de cassation. Cependant il ajoute immédiatement après:
« si l'impuissance était accidentelle et manifeste,
» par exemple, si un eunuque avait l'impudence
» de contracter un mariage, en célant son état à
» la future, il semble qu'elle serait recevable à
» faire déclarer le mariage nul.... Il y aurait,
» dans ce cas, non-seulement erreur dans une

» qualité qui rendrait la personne inhabile à con-
» tracter mariage, il y aurait de plus dol de
» la part du mari, qui ne pourrait se prévaloir
» d'un consentement surpris par son dol per-
» sonnel. »

Il résulte de cette proposition que les deux
jurisconsultes sont unanimes sur le point principal ; que tous deux voient dans l'impuissance
manifeste, un motif suffisant pour annuler le
mariage, et qu'ils ne diffèrent qu'en ce que
M. Merlin, comme la cour de Trèves et les gens
de l'art consultés par elle, croient qu'il peut y avoir
une impuissance naturelle aussi manifeste que
celle causée accidentellement, tandis que M. Toulier suppose que cela n'est pas possible.

Dans ce système, le point de droit disparaît et
il ne reste à examiner qu'une question d'histoire
naturelle. Or il suffit de consulter tous les auteurs et les cabinets, pour se convaincre, à l'as-
pect des innombrables monstruosités appelées
par les savans *écarts de la nature,* que les parties sexuelles, comme toutes les autres parties du
corps humain, peuvent subir une conformation
telle qu'elle rende manifestement impossible le
rapprochement sans lequel le mariage reste en
projet.

C'est ce phénomène qui paraît s'être réalisé
dans l'espèce jugée par la cour de Trèves. Le
mari articulait l'inutilité de ses efforts ; la cour

ne l'a pas admis à prouver une impuissance conjecturale, mais celle manifeste dont il se plaignait, et les hommes de l'art ont constaté qu'il
n'avait dit que la vérité. Dans leur rapport, ils en
donnent des détails démonstratifs, mais si dé-
goûtans que M. Merlin a cru devoir les traduire
en anglais.

L'arrêt qui, par suite de cette instruction, a annulé le mariage, eût été déféré à la cour de cassation,
qu'il n'aurait pas pu être cassé sous le rapport
du point de fait, mais tout au plus sous celui du
point de droit; et pour cela il aurait fallu que
cette cour décidât, en thèse générale, que l'impuissance, même quand elle est manifeste, n'est
pas un motif d'erreur dans le mariage; ce qui
serait aussi contraire à l'opinion de M. Toullier
qu'à celle de M. Merlin.

Pour justifier leur doctrine à cet égard, nous
n'ajouterons qu'un mot aux puissants motifs
qu'ils en ont donnés. Ils paraissent gênés par le
texte de l'article 180, et n'argumentent que par
analogie et induction des articles 46, 312 et 313.

Cependant il nous semble que, sans forcer le
sens de l'article 180, on peut et l'on doit l'appliquer à l'espèce, et imputer à l'erreur sur la personne le consentement donné par l'époux trompé.
Dans ce cas, ce n'est pas une qualité qui manque,
c'est le caractère de mari ou de femme; ce n'est
pas un accessoire, mais le principal, puisqu'il

n'y a de mariage que par l'union des deux sexes.
Ni la religion, ni la loi civile ne font le mariage ;
l'une le sanctifie, l'autre en assure la stabilité
par ses formes ; la nature seule peut faire le
nœud, et si elle s'y refuse, les bénédictions et les
formes tombent à faux. Un corps a été uni à une
ombre, il n'y a pas de mariage.

Mais toute cette théorie serait infructueuse, si
la critique que fait M. Toullier des décisions de
la cour de Trèves était fondée. Son improbation
tombe particulièrement sur celle qui a ordonné
la visite ; suivant lui, on ne peut tirer de ces exa-
mens que des conjectures trompeuses, souvent
démenties par les faits. Cette réflexion est tout-à-
fait inutile, puisqu'il ne s'agit plus de deviner
une cause occulte, mais de constater une évidence, et que l'arrêt n'a ordonné la visite que
dans ce sens.

Quant aux autres reproches de M. Toullier
qui ne voit dans les visites, que des *indécences
dont la pudeur et la morale sont offensées*,
M. Merlin lui oppose très-judicieusement l'article 313 du code qui les admet pour le désaveu
de l'enfant. Nous irons plus loin en faisant observer que M. Toullier doit aussi les admettre,
au moins dans le cas où, comme il le craint, un
eunuque aurait l'impudence de se marier ; car
s'il a cette audace, il aura aussi celle de crier à
la calomnie, et il faudra l'en croire ou le faire
visiter.

Nous en appelons également à lui-même sur son dernier argument. Si la femme, dit-il, s'était refusée à la visite, comme elle devait le faire, la cour de Trèves n'aurait pas pu en conclure l'inhabileté de la femme, sans ouvrir aux époux une voie indirecte pour enfreindre l'abolition du divorce par consentement mutuel.

Si cette conséquence est juste, il était fort inutile d'enseigner la nullité du mariage de l'eunuque, puisqu'on l'avertit sur-le-champ qu'il aurait un moyen infaillible contre cette action, en se refusant à la visite.

Il est cependant vrai que M. Merlin s'est rendu à cette objection, et qu'il semble partager ce sentiment que, si l'époux accusé se refusait à la visite, les juges ne devraient pas en conclure son inhabileté; de peur que ce ne fût une procédure frauduleusement concertée entre les deux époux pour divorcer.

Par cette concession, M. Merlin enlève à l'excellente discussion qu'il a donnée tout son mérite. A la première occasion où la question pourra s'élever, les conseils de l'époux accusé ne manqueront pas de s'autoriser de son suffrage, réuni à celui de M. Toullier, pour que, si la visite est ordonnée, au moins elle ne puisse pas être exécutée.

Toutefois voici les motifs qui nous paraissent pouvoir justifier l'opinion contraire. Dans l'hy-

pothèse supposée, les juges n'ont pas à considérer
seulement le danger de favoriser un divorce frauduleusement concerté , en tenant pour vraie
l'inhabileté articulée, si elle est chimérique; mais
encore celui de maintenir un mariage frauduleusement contracté, si, refusant de tenir pour constant le fait articulé, l'accusation est sincère. C'est
dans cette affligeante alternative qu'il faut voir les
juges, pour leur inspirer une décision conforme à
l'équité et à l'ordre public. Ainsi placés, ils doivent
imiter le pilote qui, naviguant entre deux écueils,
évite surtout le plus menaçant; c'est donc contre
la fraude la plus probable et la plus funeste dans
ses conséquences que leur jugement doit se porter. Qui voudrait contester la justesse de cette
proposition?

Or quand l'un des deux époux accusé par l'autre de ne pouvoir consommer le mariage, se
refuse à l'examen, la vérité de l'accusation n'est-
elle pas appuyée par la plus entraînante de toutes
les probabilités? il a fallu une imagination bien
féconde pour apercevoir la possibilité que cet
époux soit très-propre au mariage, et ne s'expose
à être réputé incapable que pour jouir des agré-
mens du divorce. Il est difficile de penser qu'on
trouve jamais un être pétri d'autant de lâcheté et
de bassesse.

On ne prétendra certainement pas que le désir
de contracter un autre mariage peut le porter à

jouer cet ignoble rôle ; il est trop évident que par là, il s'interdirait d'y penser à jamais.

Dira-t-on que la pudeur peut le contraindre à fuir l'examen? non, les vertus sont sœurs et presque toujours inséparables. S'il avait assez de pudeur pour être tenté d'éviter cette visite, pouvant confondre son accusateur, il serait infailliblement retenu par la réflexion que son refus va faire prospérer un horrible mensonge, tromper la justice, profaner le plus saint des contrats et le réputer coupable d'une fraude odieuse ; un tel alliage de pudeur et de fourberie, dans le même cœur, n'est pas possible.

On doit au contraire se persuader que la personne douée de la pudeur la plus ombrageuse aimera mieux se montrer habile au mariage, à quelques personnes sages, choisies par les magistrats, que de passer pour incapable aux yeux du public, et de supporter l'ignominie à laquelle sa condamnation l'exposerait. La pieuse Reine Jeanne de France (béatifiée par l'église), en donna un exemple remarquable, dans le procès en nullité de mariage, intenté contre elle, pour semblable cause, par son époux, Louis XII.

Veut-on ensuite peser les conséquences du jugement à prononcer sur ce refus? on verra qu'en annulant le mariage, si le fait d'incapacité n'est qu'un mensonge, les époux auront, il est vrai, surpris à la justice un divorce, au mépris de la législation actuelle; mais le mal n'ira pas plus loin, que de rendre à la liberté deux êtres se détestant assez pour avoir ourdi une trame aussi dégoûtante, et dont l'union mal assortie ne pouvait être que funeste à la société.

Si, au contraire, on maintient le mariage, et que le fait d'incapacité soit réel, on consacre une monstruosité, on déclare époux ceux qui ne le seront jamais et à qui la nature a défendu de le devenir; on les rend tous deux plus malheureux qu'avant le procès, on prive la société des enfants que l'un deux pourrait lui donner. S'il n'a pas pu supporter, sans se plaindre la privation qu'il a éprouvée, et s'il s'est exposé pour la faire cesser, à l'effet d'une action judiciaire, que deviendra-t-il lorsqu'on aura resserré le lien fatal qui l'attache? Il sera inévitablement martyr ou libertin; et le but du mariage est qu'on ne soit ni l'un ni l'autre.

Après ce parallèle, il nous paraît évident que l'équité, la morale et l'intérêt public commandent également, dans cette hypothèse, comme dans toutes celles où l'une des parties désobéit à justice, de tenir pour vrai le fait dont elle refuse l'examen. Ajoutons encore que, si elle est condamnée injustement, elle ne peut s'en prendre qu'à elle même; tandis que, dans le système contraire, tous les désastreux effets de la décision seraient l'œuvre des magistrats.

24. Le transport d'une rente sur l'état n'est pas susceptible d'être annulé pour dol. Un décret du 8 nivôse an VI déclare inadmissible toute espèce d'opposition sur les rentes ; et le préambule justifie la mesure comme *nécessaire pour que les créanciers de l'état puissent disposer de leurs créances avec autant de promptitude qu'il est possible.*

Indépendamment des cas où la loi elle-même refuse d'accueillir l'action en nullité, il en est beaucoup d'autres, dans lesquels elle n'est pas possible. Ainsi, des matériaux ont été employés, des substances ont été mélangées avec d'autres ; on s'aperçoit ensuite de leur mauvaise qualité, et l'on découvre la ruse à la faveur de laquelle le marchand a su fasciner les yeux de l'acheteur ; celui-ci ne pouvant pas les représenter en nature, la vente qui lui a été faite ne peut pas être annulée ; mais dans cette circonstance, comme dans toutes celles où l'action en nullité n'est pas admissible, celle en dommages et intérêts doit d'autant plus être écoutée favorablement, que le principal effet du dol est indestructible. *Voy. ci-après* n°. 45.

§. 3.

Cas dans lesquels l'action en nullité serait contraire aux intérêts de la personne trompée.

25. Le droit de demander l'annulation d'un

'traité surpris par dol, est purement faculta-
tif, ainsi que tous ceux établis en faveur des
particuliers. Si donc il convenait à la personne
trompée de maintenir le traité et de se contenter
de dommages et intérêts, elle y serait admissible. La nullité du traité n'est accordée à celui qui
se plaint du dol et le prouve, que comme un
mode de réparation du dommage qu'il a éprouvé;
et si, au lieu de ce mode particulier qui lui est
offert par l'article 1116 du code, il préférait s'en
tenir au mode général accordé par les articles
1150 et 1382, on n'écouterait pas l'auteur du
dol; offrant la résolution du traité. A son égard,
le traité a été librement consenti, il est irrévocable; mais il a trompé, il a volontairement fait
un mal; il doit le réparer suivant qu'il convient
à celui qui a été sa dupe, et qui puise son droit
dans la loi même.

Nous donnerons pour exemple cette hypothèse : un particulier acquéreur d'une terre vient
l'habiter avec sa famille. Il s'aperçoit ensuite qu'il
a été trompé et comment il l'a été. Il regrette d'a-
voir fait cette acquisition, mais il a quitté son
ancienne résidence ; il a déjà pris d'autres habitudes; il a d'ailleurs, pour payer son prix, fait dans
sa fortune des revirements sur lesquels il ne peut
pas revenir; il se décide à la conserver, et se borne
à demander des dommages et intérêts. Aucun
motif raisonnable ne peut les lui faire refuser.

§. 4.

Règles sur la fixation des dommages et intérêts.

SOMMAIRE.

26. Réparation du tort.
27. Suite immédiate du dol.
28. Appréciation arbitraire.
29. Base essentielle d'appréciation.

26. Nous avons établi dans le chapitre qui précède, l'effet principal de l'action en dol, qui est de soustraire le contractant lésé à l'exécution du traité ; mais souvent ce n'est pas assez pour réparer tout le tort qui lui a été fait ; et comme la réparation intégrale lui en est due, l'effet secondaire de cette action est d'obtenir des dommages et intérêts proportionnés.

Cette réparation pécuniaire est également due, 1°. lorsque la personne trompée l'a préféréé à l'annulation du traité ;

2°. Lorsque cette annulation n'est pas possible, soit par la nature de la convention, soit parce que son exécution est déjà irrévocablement consommée, soit parce que le dol n'ayant agi que sur les accessoires de l'objet de la convention, tout en réunissant les autres caractères développés dans le chapitre précédent, n'est pas une cause de nullité ;

3° Enfin lorsque le dol ne peut pas être attribué à l'un des contractants. Dans tous ces cas lés dommages et intérêts sont appréciés par les règles suivantes :

27. Ire. Règle. L'indemnité résultante d'une faute involontaire ne comprend que les dommages auxquels celui qui l'a commise est censé s'être soumis, et qu'il a dû prévoir en la commettant. Il n'en est pas ainsi du coupable de dol; il doit dédommager de toutes les pertes qui lui sont imputables, soit qu'il ait pu les prévoir, soit qu'il ne l'ait pas pu. La seule limite à reconnaître, c'est que le dédommagement ne doit pas aller au-delà des pertes qui sont la *suite immédiate et directe* du dol. Cette différence essentielle, que l'ancien droit avait puisée aux sources de l'équité naturelle, se trouve dans les articles 1150 et 1152 du code civil.

On ne peut pas avoir plus sûrement les développements de cette règle importante que dans le *Traité des obligations de Pothier* n°. 159 *et suivants;* ou plutôt, dans celui de Dumoulin *de eo quod interest*, n°. 60, qui a servi de guide à Pothier. Les exemples qu'ils donnent l'un et l'autre, expliquent parfaitement la saine doctrine, à laquelle le code nous a rappelé lui-même.

Un marchand de bestiaux vend une vache qui, *sans qu'il le sache,* est infectée d'une maladie contagieuse; il ne commet qu'une faute involontaire, il ne doit dédommager que de la perte de la vache; c'est la seule garantie à laquelle, dans son ignorance sur la maladie de cet animal, il est réputé s'être soumis.

Un autre en vend une également atteinte de ce mal, *il le sait et le dissimule;* on prouve son dol, c'est-à-dire, cette connaissance qu'il avait de la maladie et des dangers auxquels il livrait l'acheteur; il devra le dédommager de la perte, non-seulement de la vache qu'il a vendue, mais encore de tous les bestiaux avec lesquels le propriétaire l'aura placée, et qui auront contracté la même maladie. Cette perte aura été la suite *immédiate et directe* de son dol.

Cependant la perte de l'acheteur peut s'étendre davantage. Ses bestiaux perdus, il s'est trouvé dans l'impuissance de cultiver ses terres, il n'a point eu de récoltes, etc. Ces derniers maux ne sont qu'une suite *éloignée et indirecte* du dol du marchand qui ne devra pas l'en indemniser. Effectivement, quand les conséquences sont aussi éloignées, elles ne sont plus uniquement l'effet du dol; elles ont encore et nécessairement d'autres causes. Ainsi, dans l'exemple donné, c'est ou parce que le propriétaire a négligé de se procurer d'autres bestiaux, ou parce qu'il n'en a pas eu les moyens, ou enfin parce qu'il n'a pas eu recours aux autres laboureurs du pays. Dumoulin motive cette restriction en ces termes : *et adhuc in doloso intelligitur venire omne detrimentum tunc et proximè secutum, non autem damnum*

postea, succedens ex novo casu, etiam occa-
sione dictœ combustionis, sine quâ non conti-
gisset; quia istud est damnum remotum, quod
non est in consideratione.

La règle peut se réduire ainsi : quand, aux
pertes directes et immédiates du dol, viennent
se joindre des pertes qui ont d'autres causes,
et qui ne se réalisent qu'à l'occasion de ce dol;
ces dernières ne peuvent pas être comptées dans
l'indemnité.

Nous croyons néanmoins cette règle générale
susceptible d'une modification importante. Si
ces pertes secondaires, dont le dol a été, sinon
la cause, au moins l'occasion, ont eu lieu sans
que la personne trompée ait affecté de les laisser
venir pour accroître son indemnité; si, au contraire, elle a fait tout ce qui était en son pouvoir
pour les éviter; on ne pourra pas les comprendre
en entier dans le dédommagement, mais elles
devront y entrer pour beaucoup. Aussi Pothier
observe-t-il très-judicieusement que, dans certains cas, elles ne doivent pas être complètement
rejetées.

28. IIe. RÈGLE. Dans diverses circonstances, la
perte n'est pas appréciable, ou l'est difficilement.
Par exemple : un armurier vend *sciemment* un
fusil défectueux, qui, se brisant dans les mains
du jeune homme à qui il l'a vendu, enlève à un
père l'espoir de sa vieillesse; dans ce cas, et

autres semblables, la perte pécuniaire n'est rien, ou est la moindre; les dommages et intérêts ne l'ont plus pour base, et cependant ils doivent être considérables; alors ils sont moins le dédommagement de la victime, que la punition des coupables; et c'est à la conscience des juges à la proportionner à la gravité des faits et à la fortune des parties.

29. IIIᵉ. Règle. Enfin, quelles que soient les espèces dans lesquelles des dommages et intérêts doivent être accordés par suite d'un dol, on ne doit pas perdre de vue cette invariable règle, que la faveur est pour celui qui a été trompé, et la rigueur pour celui qui a fait taire dans son cœur ces sentimens de charité et d'honneur que la providence a donnés à tous les hommes, et qui ne leur manquent jamais quand ils veulent les consulter.

Dans le calcul singulier, où il faut, par des combinaisons presque toutes morales, arriver à un résultat numérique, le point mathématique est introuvable; le juge est donc nécessairement placé entre la crainte d'être trop sévère et celle de ne l'être pas assez : c'est à cette dernière que, dans son incertitude, il doit céder. C'est encore une différence entre cette espèce de dommages et intérêts et ceux dus pour la faute involontaire. Dans celle-ci, la modération doit faire utilement entendre ses conseils; qui, dans la première,

doivent être repoussés, « parce que, dit Pothier,
» quiconque commet un dol, s'oblige indistinc-
» tement, *velit, nolit,* à la réparation du tort
» que son dol causera. « Il finit néanmoins par
dire, il est vrai, qu'il est laissé à la prudence du
juge, même en cas de dol, d'user de quelqu'in-
dulgence sur la taxation des dommages et intérêts.

§. V.

Contre quelles personnes l'action en dol peut être
dirigée.

3o. Cette action doit être examinée sous les
trois rapports qui lui conviennent, comme tendant ou à la rescision de la convention, ou à la
revendication de la chose ravie, ou seulement
à des dommages et intérêts.

ARTICLE Ier Rescision de la convention.

31. Que la chose ravie soit encore en la possession de celui qui a commis le dol, ou qu'elle
soit passée dans les mains d'un tiers, l'action en
rescision de la convention ne peut être réguliè-
ment formée et jugée, que contre l'auteur du
dol, par deux motifs :

1°. Sans être infamante, comme chez les Romains, cette action n'en contient pas moins une
accusation grave, dont la justice ne peut se saisir,

qu'autant qu'on lui signale les faits dont on veut faire résulter le dol, les preuves qu'on se dispose à fournir, et surtout la personne qu'on accuse. Nous ne devons pas oublier ces règles de sagesse et de prudence tracées dans l'ancien droit.

In hâc actione designari opportet cujus dolo factum sit, quamvis in metu non sit necesse. L. 16, §. ult. ff. de dolo malo.

Item exigit Prætor ut comprehendatur quid de dolo malo factum sit, scire enim debet actor in quâ re circumscriptus sit, nec in tanto crimine divagari. Ead. l.

Le prévenu de dol est donc, dans tous les cas, la partie principale et nécessaire. Seul, il peut expliquer des faits équivoques présentés sous un faux jour, offrir des renseignements contraires et justificatifs; seul enfin, dans cette lutte qui lui est personnelle, il peut combattre ou fléchir. C'est dans ce sens qu'il faut entendre ce que dit Pothier dans ses *Pandectes, liv. 4, tit. 3, art. 2, not. 23. Regulariter hæc actio non datur nisi in eum qui dolum admisit.*

2º. C'est par une convention que la chose réclamée a cessé d'appartenir à celui qui se plaint; il faut, avant tout, qu'elle soit rescindée. La nullité pour dol est radicale, mais elle n'est pas de plein droit. Le code civil, art. 1117, exige une action dont la durée est limitée par l'article 1304; et la convention ne peut être détruite, sans celui avec lequel elle a été formée.

S'il n'existe plus, c'est avec ceux qui le représentent à titre universel, que cette action doit être intentée.

La demande, pour avoir été portée directement contre le possesseur de la chose, ne devrait cependant pas être rejetée. Le demandeur réclame ce qu'il prétend lui appartenir, on lui oppose le traité qui l'en dépouille, il attaque le titre par exception; il ne s'agit donc que d'appeler en cause et à ses risques, celui à qui il impute de le lui avoir surpris. Seulement, et il importe de le remarquer, cette première procédure ne serait pas interruptive de la prescription de dix ans qui éteint l'action en rescision.

L'action peut également être donnée contre la personne accusée de dol, quoiqu'elle n'ait plus la chose, sans appeler le détenteur; il en résultera seulement que, lorsqu'elle sera donnée contre ce détenteur, celui-ci pourra, de son chef, opposer de nouveau moyens, et même, dans certains cas, être reçu tiers opposant au jugement qui aurait prononcé la rescision. *Voy. Infra*, 2e. *partie*, 61. Nous ferons aussi observer que cette première procédure ne serait pas interruptive de la prescription particulière que peut opposer le tiers détenteur. *Voy. ci-après n°. 36.*

La procédure la plus régulière et la plus sûre

est celle de l'action simultanément donnée contre le prévenu de dol et le possesseur, l'un pour entendre prononcer la rescision, et l'autre, pour qu'il ait à se désister de la chose dérobée : mais il peut arriver que la personne dépouillée ignore le titre qui lui a été surpris, ou que la chose ne soit plus en la possession de celui qui la lui a soustraite; dans ce cas, son action sera utilement dirigée contre le détenteur, sauf à appeler ensuite dans la cause, celui ou ceux de qui ce dernier déclarera la tenir.

ARTICLE 2.

Revendication.

SOMMAIRE.

32. Possesseur de bonne foi.
33. Conditions de la restitution.
34. Titre lucratif.
35. Titre onéreux.
36. Exceptions du possesseur.
37. Concours de deux acquéreurs.
38. Meubles.
39. Meubles corporels.
40. Possession vaut titre.
41. Examen d'un arrêt de la cour de Paris.
42. Exceptions du possesseur.
43. Meubles incorporels.
44. Effets publics et de commerce.

32. En principe général, lorsqu'il est reconnu que le traité écrit ou verbal qui a enlevé la chose à son légitime propriétaire, a été l'œuvre du

dol, celui-ci peut la revendiquer de celui qui la possède, même de bonne foi.

Il peut paraître, d'abord, injuste d'en dépouiller ce dernier, surtout quand il l'a achetée et payée : on se dit que le propriétaire originaire en a investi celui qui l'a revendue; que, s'il a été trompé, il n'est pas moins vrai que, par son fait, il a donné à celui qui l'a trompé l'occasion d'être regardé comme propriétaire, et de traiter comme tel.

Cette première réflexion doit promptement être suivie d'une autre. Le même individu en a trompé deux, en achetant de l'un par dol, et en vendant à l'autre ce que sa déloyauté lui a procuré. Ces deux personnes trompées ont un droit égal à l'intérêt et à la protection de la justice; comment se décider dans cette perplexité? par les règles sévères sur le droit de propriété.

Ce droit, principale condition du pacte social, a pour fondement la règle invariable que nul ne peut cesser d'être propriétaire que de son consentement, ou dans les cas et suivant les formes indiquées par les lois. Or, les lois refusent de voir un consentement dans la convention passée sous l'influence du dol, art. 1116 du code, et donnent l'action en rescision, art. 1117..

La convention qui a dépouillé le propriétaire étant rescindée, il est réputé n'avoir jamais cessé de l'être; quiconque a reçu, à quelque titre

que ce soit, du ravisseur, la chose ravie, l'a toujours possédée illégalement; et s'il la possède
encore, il doit la rendre à son maître. *Voy. ci-
après n*°. 35.

33. Plusieurs conditions sont communes aux
divers cas où cette restitution peut avoir lieu.

1°. Le possesseur de bonne foi conserve tous
les fruits, arrérages ou intérêts qu'il a perçus
jusqu'au jour où on lui a fait connaître l'illégiti-
mité de son titre. La sagesse même semble avoir
dicté cette règle aux hommes. Ce possesseur re-
cueillait et consommait ses revenus avec la sécurité du propriétaire le plus légitime; son droit
créé par l'erreur était pour lui la vérité. *Bona
fides tantumdem possidenti præstat quantùm
veritas. L.* 136, ff. *de Reg. jur. Art.* 549 *du code*

2°. Si, pour la conservation de la chose, il a
fait des dépenses utiles, elles doivent lui être
remboursées. Art. 1388 du code civil.

3°. S'il l'a améliorée, on doit également l'en
rendre indemne : la première de toutes les lois,
l'équité, le prescrit.

4°. Si elle est détériorée sans sa faute, il n'en
est pas responsable. Art. 1379.

5°. Si elle est périe sans sa faute, toute action
cesse contre lui. Même article.

6°. S'il en a disposé sans qu'on puisse en
suivre les traces, comme il peut arriver d'un
meuble corporel, il ne doit rendre que le prix
qu'il en a reçu. Art. 1380.

7°. Enfin, si la chose est de nature à être consommée par l'usage, comme sont les commestibles, et qu'il l'ait consommée en tout ou en partie, il doit en rendre la valeur.

Ces six dernières règles s'appliquent à tous les possesseurs; mais pour présenter avec plus de méthode celles dont l'action en revendication est encore susceptible, nous rappellerons d'abord celles qui concernent les possesseurs à titre purement lucratif, puis celles relatives aux possesseurs à titre onéreux. A l'égard de ceux-ci nous aurons encore à distinguer entre les revendications d'immeubles et celles d'effets mobiliers.

34. Tous ceux qui, sans avoir participé au dol, en recueillent les effets et une augmentation de fortune, à titre purement lucratif, doivent, aussitôt qu'il leur est prouvé que le dol est la source impure d'où leur vient ce bien-être, restituer à celui qui a été trompé tout ce dont leur fortune s'en est accrue; suivant cette règle de droit : *Nemo debet ex damno alterius lucrari.* (*Ex lege* 2:6, ff. *de reg jar.*)

Si donc un tuteur a, pendant son administration, enrichi son pupille par des voies illicites; devenu maître de ses droits, le pupille doit rendre les choses ou les valeurs que ces procédés ont mises dans sa fortune. *Ex dolo tutoris si factus est locupletior, puto in eum dandam actionem,sicut exceptio datur. L.*15 ff. *de dolo malo.*

La cour de Grenoble a fait une heureuse application de ce principe par arrêt du 2 mars 1825. (*Voy. le recueil de M. Dalloz, 2ᵉ. partie, p. 191.*)

La même décision s'appliquerait aux communautés d'habitants ou établissements publics, si ceux qui administrent leurs biens, employaient des manœuvres frauduleuses pour les faire prospérer. *Si quid ad eos pervenit ex dolo eorum, qui res administrant, puto dandam. Eâdem leg. §. 1.*

Elle s'applique également à tous ceux dont les intérêts ont été confiés à des mandataires. *Si quid ex dolo procuratoris ad dominum pervenit, datur in dominum actio in quantum ad eum pervenit: nam procurator ex dolo suo procul dubio tenetur. Eâdem leg. §. 2.*

Dans tous ces cas, les personnes enrichies par le dol, sans le savoir, ne sont tenues d'aucuns dommages et intérêts; mais aussi elles doivent restituer tout ce qui, par ce dol, est venu grossir leur fortune. Il ne faut pas dès-lors les confondre avec les autres possesseurs de bonne foi, qui conservent les fruits par eux recueillis; la mesure de ce qu'ils ont à restituer est dans ces mots : *Si factus est locupletior, in quantum ad eum pervenit.* Ils ne doivent rendre que ce dont ils sont devenus plus riches; donc ils doivent rendre tout ce dont ils sont devenus plus riches.

La raison de cette règle est facile à apercevoir:

ils ne sont pas tenus des dommages et intérêts,
parce qu'ils sont innocents d'un dol qu'ils n'ont
pas connu, et que l'équité les garantit de toute
répression par cet axiôme si judicieux : *Facto
alterius nemo tenetur.* Mais il n'en est pas moins
constant que ce dol a été commis pour eux,
puisqu'il l'a été dans leur intérêt et par leurs
mandataires; qu'ils représentent ces derniers
pour toutes les restitutions à faire. Les possesseurs de bonne foi qui conservent les fruits,
sont ceux qui ont un titre particulier à la chose,
et non ceux qui y ont succédé à titre purement
lucratif.

35. A l'égard des acquéreurs, et, d'abord, de
ceux qui ont acheté des immeubles, c'est surtout
à leur égard que la revendication en est appuyée
sur des textes formels. Le titre qu'opposent ces
acquéreurs est celui que le ravisseur leur a fait,
c'est-à-dire la vente de la chose d'autrui; dont
l'article 1599 du code prononce la nullité, et
d'une manière si absolue, que par la même disposition, l'acquéreur n'est recevable à demander
des dommages et intérêts à son vendeur, que
lorsqu'il a ignoré que la chose appartenait à un
autre : ce qui implicitement, mais très-positivement, ne donne à l'acheteur de bonne foi que
l'action en indemnité contre son vendeur.

La loi protége si efficacement le propriétaire
d'immeubles dépouillé par dol, qu'elle lui rend

son héritage libre de tous priviléges et hypothèques dont le ravisseur a pu l'affecter, et qu'elle
déclare l'hypothèque donnée aux tiers sujette à
la même rescision que le droit de celui qui l'a
constituée. Article 2125 du code.

36. Il est cependant deux cas où l'acquéreur
de l'immeuble peut repousser l'action en revendication, quoique celle en dol soit recevable
contre celui qui l'a commis.

1°. Si, le dol, n'étant que tardivement découvert
la vente faite par l'auteur de ce dol avait été
déjà suivie de dix ans de possession à compter
de la transcription de l'acte. Art. 2180 et 2265
du code.

L'auteur du dol ne peut échapper à l'action
personnelle qui en résulte, que par dix années
de silence depuis la découverte du dol : mais
cette espèce de prescription et la condition qui
la suspend tandis que le dol reste inconnu, ne
concernent que les deux contractants; le tiers
acquéreur de bonne foi trouve dans les articles
cités une prescription tout-à-fait différente de la
première, une prescription qui lui donne à la chose par lui acquise un droit de propriété, que la loi
lui rend personnel et indépendant de celui de
son vendeur. Il ne reste, dans ce cas, à la personne
dépouillée, que l'action en dommages et intérêts.

37. 2°. Il en serait de même si, après la vente
par acte privé, ou verbale, et avant que sa date

eût été rendue certaine, la même personne vendait le même héritage à un second acquéreur qui assurerait la date de son acquisition. Ce dol du vendeur donnerait au premier acquéreur contre lui l'action en dommages et intérêts, mais il n'aurait pas celle en revendication contre le second acquéreur, qui serait réputé le premier, parce qu'il aurait pour lui l'antériorité légale.

Autrefois la plupart des parlements suivaient, dans le concours de deux acquéreurs, la loi *Quoties duobus;* et la préférence était donnée à celui qui le premier avait pris possession de la chose vendue. Aujourd'hui la préférence est due à celui qui a la preuve légale de la priorité. Ce changement de législation est établi par l'article 1583 du code, qui déclare la vente parfaite entre le vendeur et l'acheteur, dès qu'ils sont convenus de la chose et du prix; par l'article 1599, qui déclare nulle la vente de la chose d'autrui; et plus disertement encore par l'article 1141, qui ne donne la préférence à celui des deux acquéreurs qui a été mis le premier en possession, que quand la chose vendue est *purement mobilière.*

Si cependant on parvenait à prouver que le second acquéreur de l'immeuble avait connaissance de la première vente, il serait réputé complice du dol du vendeur, et la revendication du premier acquéreur devrait être admise.

38. Relativement aux biens mobiliers, il faut

les diviser en deux classes, qui très-dissemblables par la nature des objets que chacune d'elles comprend, doivent être soumises à des règles différentes. Ces biens sont corporels ou incorporels.

39. La circulation rapide, et presque toujours sans écrit, des meubles corporels, a rendu leur revendication fort difficile. La règle que leur *possession vaut titre*, est une loi de nécessité, que l'ancienne jurisprudence avait établie, et que l'article 2279 du code civil a renouvelée, mais pour en saisir le véritable sens, il ne faut pas la séparer de son exception à l'égard des meubles qui ont été *perdus* ou *volés*.

De l'ensemble de la disposition, il résulte que le possesseur d'un meuble n'a point à justifier de sa propriété, et que celui qui veut la lui contester, doit prouver non-seulement qu'il a possédé lui-même ce meuble antérieurement, mais encore qu'il n'a cessé de le posséder, que parce qu'il l'a *perdu*, ou qu'il lui a été *volé;* à la différence du possesseur d'immeubles, qui peut bien aussi se prévaloir de sa possession sans justifier de son droit, tant qu'on n'établit pas une propriété antérieure, mais qui, à l'instant où cette justification est faite, est tenu de prouver par quel moyen légal la propriété lui a été transmise.

40. Ainsi la règle qu'*en fait, de meubles la possession vaut titre*, n'a pas d'autre vertu que de fonder en faveur du possesseur une présomp-

tion légale de propriété, présomption qui se dissipe devant la preuve que le propriétaire n'a pas été dépossédé par un moyen licite, et que sa chose a été perdue, ou qu'elle lui a été volée.

41. Nous avons cru devoir présenter ces développements comme préliminaires essentiels aux observations que nous avons à faire sur un arrêt de la cour de Paris du 5 avril 1813. S'il devait fixer la jurisprudence, il donnerait au droit de revendiquer la chose volée une interprétation qui, suivant nous, laisserait trop souvent le dol jouir impunément du fruit de ses déprédations. Voici l'espèce.

Le sieur Basili prétendait avoir confié au sieur A... trente schals de Cachemire qu'il appréciait 30,000 fr., et les revendiquait sur les frères Gay, à qui le sieur A... les avait livrés. Ceux-ci prétendaient les avoir achetés, et représentaient une facture de 21,550 fr. quittancée. Mais Basili leur opposait que le sieur A... n'avait pu les vendre que par un abus de confiance, en violant le dépôt qu'il lui en avait fait. Il invoquait les dispositions du code sur la nullité de la vente de la chose d'autrui, et le droit de revendiquer la chose volée; subsidiairement il offrait de prouver qu'une connivence avait existé entre le sieur A... et les frères Gay pour lui ravir les trente schals. Le tribunal de commerce de Paris les avait condamnés solidairement à restituer ces schals au sieur

Basili, sinon à lui payer 3o,oo fr. pour leur valeur. Mais ce jugement fut réformé par la cour
qui rejeta, et la preuve offerte par le sieur Basili,
et sa demande.

Telle est la décision qui nous paraît s'éloigner
du sens exact de l'article 2279. Nous allons en
examiner les motifs.

Par le premier, cet article est réputé inappli-
cable, *l'abus de confiance de la part d'un dépositaire volontaire, quoique très-répréhensible,
et punissable suivant la loi, n'étant pas ce que
la loi qualifie de vol.*

Ainsi une chose ne pourrait être revendiquée,
qu'autant qu'elle aurait été dérobée par un vol
qualifié tel par le code pénal, et toutes celles
soustraites à leurs maîtres par de *sinples larcins,
filouteries, escroqueries, abus de confiance* et
manœuvres frauduleuses, seraient irrévocablement perdues pour eux! Voilà la doctrine que
cet arrêt semble autoriser, et qu'infailliblement
la cour royale désavouerait elle-même, si la question se présentait de nouveau devant elle.

Les rédacteurs du code civil n'envisageant le
vol que dans l'intérêt des personnes qui l'éprouvent, ont dû se borner à ce terme générique qui
comprend toutes les espèces. Le code pénal, au
contraire, ayant à punir ceux qui le commettent
et à graduer les peines suivant le plus ou moins
de gravité des moyens employés, il a fallu dési-

gner les espèces par les termes spécifiques de *larcins, filouteries, etc.* que l'usage a consacrés.

Il est facile de se convaincre de la justesse de cet aperçu. Qu'on consulte le procès-verbal des conférences qui ont préparé le code civil, et les discours des orateurs lors de la discussion, on y verra qu'on n'a pas entendu, par l'article 2279, donner à la France une nouvelle loi, mais seulement adopter la jurisprudence subsistante.

Or les seize coutumes citées dans le *Répertoire de Jurisprudence* au mot *Prescription*, ainsi que les auteurs, notamment, *Duplessis sur la Coutume de Paris*, p. 230, *Bourjon*, tom. 1er., p. 911 et *Pothier dans son introduction au tit.* 15 *de la Coutume d'Orléans*, en parlant de la revendication des choses mobilières, appellent chose furtive, *res furtiva*, ce que nous appelons aujourd'hui *chose volée;* et ces auteurs pour le sens de ces mots *res furtiva*, se réfèrent aux instituts de Justinien.

Remontant enfin à cette source, tous les doutes se dissipent; les choses volées sont toutes celles soustraites à leurs maîtres de quelque manière que ce soit. *Furtum fit non solùm cum quis intercipiendi causâ rem alienam amovet, sed generaliter cum quis alienam rem invito domino contrectat,* lib. 4, tit. 1., n°. 6. La vente de la chose d'autrui est particulièrement désignée comme vol. *Qui siens alienam rem vendiderit,*

aut aliâ causâ tradiderit, furtum ejus commisit,
lib. 1, tit. 6, et 3. La violation du dépôt l'est
également. *Itaque sive creditor pignore, sive
is apud quem res deposita est, eâ re utatur, sive
is qui rem utendam accepit, in alium usum
eam transferat, quam cujus gratia ei data est,
furtum committit. Lib.* 4, *tit.* 1, n°. 16.

Et comment pourrait-on supposer à nos législateurs modernes des intentions moins favorables aux propriétaires, quand, dans la disposition
même qui nous occupe, ils ont mis la chose *perdue* sur le même rang que la chose volée? Certes,
de toutes les soustractions, la moins coupable est
celle qui consiste à succomber à la tentation de
disposer d'un objet trouvé.

Le second motif de l'arrêt ne nous semble pas
plus déterminant. Il suppose que l'article 1599
du code civil *n'annule la vente de la chose d'autrui, qu'en ce qu'elle n'oblige pas le vendeur à
la livrer.*

Nous croyons d'abord qu'en restreignant ainsi
le sens de la disposition, on commet une erreur.
Nous voyons dans son texte deux propositions
très distinctes; la première pose le principe ;
La vente de la chose d'autrui est nulle. La seconde est l'application de ce principe à l'acheteur;
il peut réclamer des dommages et intérêts, lorsqu'il a ignoré que la chose n'appartenait pas au
vendeur.

Fût-il vrai qu'on dût entendre cette disposition comme elle, est dans l'arrêt, on ne voudrait sans doute pas lorsqu'elle dispense celui qui a vendu la chose d'autrui d'exécuter cette vente, qu'elle soit plus obligatoire pour le propriétaire qui en a été dépouillé. Il faudrait au moins reconnaître que la nullité à l'égard du propriétaire est signalée dans une foule d'autres articles du code; dans les articles 544 et 545, qui ne font céder le droit inviolable du propriétaire que devant l'utilité publique; dans les articles 711 et suivants, qui fixent les seuls moyens licites par lesquels la transmission de la propriété puisse s'opérer; dans l'article 1165, qui veut que les conventions n'aient d'effet qu'entre les parties contractantes, etc., etc.

De toutes ces prémisses nous croyons pouvoir conclure que le sieur Basili, en prouvant que le sieur A.... n'avait ses schals que comme dépositaire, et ne les avait livrés aux frères Gay que par un abus de confiance, avait droit à la restitution de ces schals. Nous en concluons encore que les meubles corporels ravis à leurs maîtres, non-seulement par des *larcins, filouteries, escroqueries,* et *abus de confiance,* mais encore par les manœuvres frauduleuses qui constituent le dol, peuvent être revendiqués sur les tiers à qui ils ont été transmis, même de bonne foi. Dans ce dernier cas, comme dans les autres, il y a ce qu'en droit civil on doit réputer vol. *Furtum fit,*

*non solùm cum quis intercipiendi causâ rem
alienam amovet, sed generaliter cum quis alienam rem, invito domino, contrectat.*

42. Au surplus cette action contre les tiers
subit, dans certains cas, plusieurs modifications
qu'il importe d'observer.

1°. C'est dans les trois années du jour où le
larcin a été commis, que la revendication doit
être faite. En cela l'article 2279 a fait une innovation. Suivant les institutes et la jurisprudence
française, la prescription de trois ans avait lieu
pour les meubles, mais à l'exception de la *chose
furtive*, qui, pendant trente ans, pouvait être réclamée du possesseur. La circonstance que les
transactions commerciales sont aujourd'hui beaucoup plus multipliées ont probablement conseillé
ce changement.

2°. Si le possesseur a acheté la chose revendiquée dans une foire, dans un marché, dans une
vente publique, ou d'un marchand dont le commerce est d'en vendre de pareilles, il n'est obligé
de la remettre qu'autant qu'il est remboursé du
prix qu'elle lui a coûté; *Article* 2280. Il faut comprendre dans le prix toutes les dépenses utiles
qu'il a faites pour la conservation de la chose, et
dont il n'a pas été dédommagé par son usage.
L'esprit évident de cette disposition, est de concilier la protection due à la propriété, avec l'intérêt général, qui exige une parfaite sécurité dans

les lieux où se font les opérations habituelles du commerce. Ce but est rempli quand le propriétaire recouvre sa chose, et que l'acheteur dont la bonne-foi ne peut pas être soupçonnée, est raisonnablement indemnisé.

3º. Tout autre achat est suspect. En effet, lorsqu'une vente est proposée soit par un inconnu, soit par un homme connu qui n'est pas marchand, ou par un marchand qui ne l'est pas de la marchandise qu'il offre, quelle confiance peut-on concevoir? Acheter dans cette occurrence, est manquer de délicatesse ou de prudence; et l'on a perdu le droit de se plaindre de la perte à laquelle on s'est exposé.

4º. Le marchand auprès duquel la loi veut qu'on ait acheté pour avoir droit au remboursement du prix, doit s'entendre de celui qui exerce publiquement et habituellement son négoce dans la commune ou la contrée où il est connu et résidant. On ne peut pas regarder comme tels, les colporteurs et brocanteurs, voyageant sans cesse et ne se fixant jamais; la plupart cherchant toujours des pays où ils ne soient pas connus pour y vendre, acheter et revendre toute espèce de marchandises; il faut, avec le commun des hommes, voir dans ces êtres errants les suppôts naturels et ordinaires des voleurs, chargés de vendre ce qu'ils ont dérobé.

5º. Quand le possesseur obtient la restitution

de son prix, parce qu'il justifie avoir acheté la chose d'un marchand, le propriétaire a action en remboursement du prix, contre le marchand; à moins que ce dernier ne soit lui-même dans un des cas d'exception qu'exprime l'article 2280. Avant la vente qu'il en a faite, il était passible de l'action directe donnée contre le possesseur, il aurait été contraint de rendre la chose même : la vente qu'il en a faite ne le libére pas, il doit représenter la valeur qu'il a reçue.

6°. C'est au possesseur qui, pour exiger la remise du prix, allégue être dans un des cas d'exception, à le prouver, suivant la règle générale. *reus excipiendo fit actor.*

7°. Ces prétentions exceptionnelles doivent être jugées avec sévérité. Celui qui les oppose n'a intérêt à réussir que lorsqu'il a acheté d'un inconnu ou d'un insolvable, puisque la loi lui donne un recours contre son vendeur. Ainsi, plus il insiste sur la remise de son prix auprès du propriétaire, sans lui indiquer le vendeur de qui il tient la chose, plus il prouve que, quand il a acheté, sa conduite a été coupable ou irréfléchie, et moins il a droit à la protection de la justice. C'est dans ce sens que s'exprime la loi 5 *cod. de furt. et serv. corrupt. Civile est, quod à te adversarius tuus exigit, ut rei quam apud te fuisse fateris, exhibeas venditorem. Nam à transeunte et ignoto te emisse, dicere non convenit, volenti evitare alienam bono viro suspicionem.*

43. Aucune de ces règles n'est applicable aux meubles incorporels, tels que sont les rentes sur particuliers, les créances, les droits successifs, etc.

S'ils ont été le fruit d'une convention surprise par dol, l'action en revendication contre le tiers possesseur ne peut être éteinte ni par la prescription de trois ans, établie par l'article 2279, ni par celle de dix années instituée par l'art. 2265.

La première n'a pour objet que les meubles corporels, puisqu'elle se fonde sur l'axiôme *la possession vaut titre*, et que les meubles incorporels, n'étant pas susceptibles d'une détention matérielle, ne sont mis en la possession du cessionnaire que par la notification de son titre à ceux qui doivent le connaître. *Article* 1690.

La seconde n'affecte que les immeubles, c'est ce que la loi prononce littéralement.

Cette espèce de biens meubles est donc celle dont la revendication sur les tiers peut être plus long-temps exercée; tant que l'action en rescision du traité qui les a mis hors des mains du propriétaire n'est pas prescrite, et que le tiers acquéreur n'a pas lui-même acquis la prescription de trente ans, la chose peut être utilement revendiquée. Voyez ci-après pour la prescription de l'action en dol n°. 52.

44. Il en est cependant qu'il faut exceptér, et que l'action en revendication ne peut jamais at-

teindre. Ce sont les effets de commerce et les effets publics.

Dans les effets de commerce, celui qui les souscrit, endosse ou accepte, s'oblige moins au profit de la personne qui les reçoit, que de celle qui en sera propriétaire à l'échéance. La rescision de son obligation ne pourra donc être admise que contre celui qui l'a trompé, et ne préjudiciera pas à ces tiers, qui, sur la foi de sa signature et postérieurement au dol, ont négocié les effets. Ce point de droit commercial a été récemment proclamé.

Gaujac était porteur de traites souscrites au profit de Corroy et acceptées par Bigot. En vain ce dernier à l'échéance opposa l'exception de dol; elle fut rejetée par le tribunal de commerce de la Seine, dont le jugement fut confirmé par arrêt du 8 décembre 1806. Il ne fut pas plus heureux dans son pourvoi en cassation : il le fondait sur ce que, son acceptation étant le fruit du dol, les articles 1109, 1116 et 1117 du Code en prononçaient la nullité. L'arrêt de rejet est très-laconique. « Attendu que la cour d'appel a rendu hommage » aux principes consacrés par les articles invo- » qués, mais qu'elle a jugé et dû juger que ces » articles étaient inapplicables à Gaujac, reconnu » porteur de bonne-foi, rejette etc. » Cet arrêt est du 6 août 1807. (*Voy. le recueil de Sirey* 1807, *partie* 1re., *p.* 432.)

Quant aux actions et effets publics, les régle-
mens qui fixent le mode de leur transmission,
mettent les possesseurs à l'abri de toutes recherches de la part des propriétaires antérieurs.

ARTICLE III. Action en dommages et intérêts.

SOMMAIRE.

45. Action.
46. Dol reversé sur une autre personne.
47. Solidarité.
48. Femmes.
49. Mineurs.
50. Contrainte par corps.
51. Héritiers.

45. Dans toutes les hypothèses ce que la personne trompée par dol ne peut obtenir des possesseurs de la chose, elle doit le retrouver, à titre
de dommages et intérêts, contre l'auteur du dol.
Par exemple (comme nous l'avons dit n°. 23),
les transferts de rentes sur l'état dépouillent irrévocablement le vendeur, aussitôt que par lui-
même ou par un fondé de pouvoir, il a fait sa
déclaration de vente à la trésorerie, et qu'aux
termes de la loi du 28 floréal an VII, l'extrait de
son inscription par lui rapporté, a été biffé en
sa présence et celle de l'agent de change certi-
fiant son identité; l'État n'a plus d'autre créancier que la personne désignée par le vendeur,
et tous les efforts de ce dernier pour faire an-

nuler la vente seraient inutiles. Si cependant
il venait à découvrir et à prouver qu'il n'a été
porté à cette démarche que par des manœuvres
frauduleuses, son action en dol n'en serait pas
moins admissible, non pour recouvrer sa rente,
mais pour obtenir des dommages et intérêts pro-
portionnels.

Les règles particulières au grand livre de la
dette publique, comme toutes les lois d'exception, ne dérogent qu'à celles qui leur sont contraires, et dont les effets seraient inconciliables
avec ceux qu'elles veulent produire. Or cette
action subsidiaire en dommages et intérêts ne
détourne en aucune façon du but qu'on a désiré
atteindre, pour la mutation des rentes sur l'état.
On a voulu, dans l'intérêt général des rentiers,
que la circulation des ces rentes fût affranchie
de tous les obstacles qui retardent celle des
autres droits incorporels, mais on n'a point entendu assurer l'impunité de ceux qui sauraient
s'en procurer par des moyens réprouvés. Ainsi
très-certainement celui qui, ayant volé ou trouvé
par aventure la procuration du propriétaire
d'une rente, en aura profité pour se la faire
vendre, sera passible, et de la peine publique, et
des réparations civiles qu'il aura méritées, nonobstant l'irrévocabilité de la vente. Il en serait
de même de l'escroc qui, à la faveur d'un crédit
imaginaire ou de craintes chimériques, aurait

dérobé, puis vendu, de ces rentes. Personne, sans doute, ne s'élevera contre ces propositions; les mêmes motifs entraînent à reconnaître que la soustraction commise par le simple dol, ne doit pas plus que les autres, trouver grâce dans les tribunaux. Toutes les lois seront satisfaites, la rente ne cessera pas d'être à l'acquéreur, puisque la loi spéciale l'ordonne; mais une indemnité complète sera due par lui, puisque la loi générale, article 1382, veut que tout fait qui cause à autrui un dommage soit réparé par celui qui en est l'auteur.

46. Le dol éprouvé par une personne peut être innocemment reversé par elle sur une autre. Par exemple, elle achète une marchandise défectueuse, et sans s'apercevoir du vice, elle la cède à une autre. Ce dernier n'a d'action que contre celui qui la lui a cédée, puisqu'il n'a pas contracté avec le premier vendeur; eût-il une action contre lui, elle lui serait inutile, s'il ne le connaît pas.

Suivant les principes de l'action rédhibitoire, l'individu lésé ne peut réclamer de son vendeur que la restitution du prix, et la réparation des pertes qu'il a éprouvées, article 1166 du Code. Cependant s'il peut prouver que son vendeur connaît celui avec lequel il a traité, et ne feint de l'ignorer que par suite d'un concert, dont le but est de faire échapper le coupable aux dommages et intérêts qu'il doit, il sera bien fondé à les réclamer de ce second vendeur, dont la dissimulation est un véritable dol. En effet, si ce dernier, connaissant son vendeur et le dol dont il a usé envers lui, ou la qualité qui fait présumer le dol, *(voy. ci-après* §. 9, *)* en fait la déclaration, celui sur qui la perte du dol est tombée en définitive pourra appeler en cause ce premier vendeur, et obtenir contre lui ses dommages et intérêts. Tel est le vœu de l'équité. C'est le sentiment de Dumoulin dans son traité *de eo quod Interest,* n°. 53, et de Pothier dans celui *du Contrat de Vente,* n°. 216.

47. Tous ceux qui sciemment ont participé aux faits qui ont produit le dol, sont tenus solidairement de la réparation entière. Dans une mauvaise, comme dans une bonne action, le fait est indivisible; la proportion de ce dont chacun y a contribué ne peut être soumise à aucune supputation, et l'intention de chacun d'eux y a été pour le tout. C'est encore dans Dumoulin *de dividuo et individuo,* p. 3, n°. 201 et suivans, et Pothier *du Contrat de Vente,* n°. 240, que nous puisons cette doctrine ; elle vient d'être adoptée par la cour de Caën et celle de cassation.

Bisson, voulant faire à ses deux fils un avantage au préjudice de ses filles, fit une vente simulée au sieur Couture de plusieurs héritages. Après le décès de Bisson, Couture revendit à ces fils ces

mêmes héritages, dont, d'ailleurs, ils avaient toujours joui depuis la vente faite par leur père. Il
ne fut pas difficile de prouver le dol et la fraude
de cette transmission de propriété. Le 9 février
1816, par jugement du tribunal de Pont-Aude-
mer, les deux actes de vente de Bisson à Couture
et de Couture aux fils de Bisson furent annullés ;
les deux frères Bisson furent aussi condamnés
solidairement à la restitution des fruits envers
leurs sœurs.

Sur l'appel devant la cour de Caën, ce jugement fut confirmé le 20 novembre 1816.

La cour de cassation saisie du pourvoi, le rejeta en donnant pour motifs « que les demandeurs,
» ayant joui des fruits contentieux par l'effet du
» dol et de la fraude dont ils se sont rendus com-
» plices, et ayant, par-là, causé du dommage à
» leurs sœurs, l'arrêt s'est conformé aux prin-
» cipes en prononçant une condamnation soli-
» daire. » L'arrêt est du 21 février 1818. (*Voy. le
recueil de Sirey, année* 1819, *partie* 1re., *p.* 139.)

Parmi ceux contre lesquels l'action en dol peut
être dirigée, il faut considérer particulièrement
les femmes et les mineurs qui, dans diverses circonstances, ont droit à une exception.

48. La femme non mariée, qui est convaincue
d'avoir commis le dol ou d'y avoir participé, ne
trouve dans les lois aucun moyen d'impunité. Il
en est de même,

1º. De celle qui, mariée, est séparée de biens, pour tout ce qui concerne son administration;

2º. De celle qui, quoiqu'en communauté avec son mari, possède des biens dont elle s'est réservé la libre jouissance, pour les engagements relatifs à ces biens;

3º. De celle qui est marchande publique, pour toutes les opérations de son négoce.

Quant à la femme dont toute la fortune est placée sous le gouvernement du mari, il faut distinguer : ou elle a dissimulé son état en contractant, ou elle l'a fait suffisamment apercevoir. Si elle l'a célé, cette dissimulation ne fait qu'agraver le dol qu'elle a commis; elle doit succomber à toutes les condamnations par elle encourues; en observant néanmoins que, pour l'exécution de ces condamnations, on est contraint de se conformer aux dispositions de l'article 1424 du Code civil.

Si elle n'a pas fait mystère de son état, et qu'elle ait contracté sans l'autorisation de son mari valablement justifiée, il ne résulte aucune obligation du traité qu'elle a fait. On peut dire qu'il ne peut y avoir de dol, puisque celui qui, connaissant son état, n'a pas pris les précautions convenables, ne peut imputer qu'à sa légèreté ou à son ignorance le tort qu'il éprouve. C'est l'espèce de l'arrêt du 9 thermidor an XII, que nous avons rapporté ci-dessus §. 1er., nª. 9.

Enfin, lorsque la femme mariée a contracté con-

jointement avec son mari, par quelque dol que
le traité ait été provoqué et consommé, elle ne
peut pas en être réputée complice; à moins qu'il
ne soit parfaitement prouvé qu'elle y a contribué
volontairement, et sans qu'on puisse excuser sa
conduite par l'empire que la loi et la nature donnent au mari sur sa femme et particulièrement
quand il y a communauté entr'eux sans exception.
Dans les crimes mêmes cette subordination de la
femme fait que rarement on est convaincu de sa
culpabilité. D'une part, le mari a sur elle un pouvoir d'autant plus pesant qu'il a des mœurs plus
dépravées; l'attachement qu'elle lui doit la contraint à des démarches qui semblent la présenter
comme coupable, quand peut-être elle n'a que
le malheur d'appartenir à un malhonnête homme,
et d'en gémir.

49. Les enfants mineurs avant leur émancipation, étant incapables de toute espèce de conventions, ne peuvent être exposés à aucune action
en dol; mais du moment où, par l'émancipation,
ils sont admis aux divers actes d'administration
que leur accorde l'article 481 du Code civil, si,
dans ces actes, ils commettent le dol, l'action en
réparation les atteint indubitablement. Il faut
en dire autant pour leurs négociations commerciales, si, par suite de l'article 2 du Code de
Commerce, ils y ont été habiletés.

Ils trouvent dans la loi une protection particulière pour qu'il ne soyent pas victimes du dol et non pour qu'ils puissent eux-mêmes le pratiquer inpunément. « Le mineur n'est pas res- » tituable contre les obligations résultant de son » délit ou quasi délit, » article 130. Cette disposition n'est que l'abrégé de la loi 9 ff. *de minor. usq. quinq. ann. Nunc videndum minoribus utrum in contractibus captis duntaxat subveniatur, an etiàm delinquentibus, ut puta : Dolo aliquis minor fecit in re depositâ vel commodatâ vel alias in contractu, an ei subveniatur si nihil ad eum pervenit? et placet in delictis minoribus non subveniri; nec itaque subvenietur.*

Pour ce qui excéde les bornes dans lesquelles les mineurs émancipés ou commerçants peuvent contracter, ils restent dans l'état d'incapacité où ils étaient auparavant. Ils ne peuvent dès-lors être poursuivis pour dol, qu'autant qu'ils se sont fait regarder comme majeurs. Nous renvoyons à traiter ce sujet au §. 9, n°. 78.

50. L'action en dol serait souvent inutile et dérisoire, si, pour le payement des dommages et intérêts, la contrainte par corps ne pouvait pas être exercée. L'improbité étant ordinairement accompagnée d'autres vices, si les fripons deviennent riches, ils ne le sont pas long-temps; ou si l'avarice se mêle à leurs autres passions, ils sont experts dans l'art de rendre vaines les condamnations civiles. Lors de la rédaction du

code, on n'était pas encore revenu entièrement de cette fausse philantropie qui, pendant la révolution, protégeait les méchans aux dépens des bons. Dans ce temps de désastre où la liberté et la vie des citoyens étaient sacrifiées sans mesure à des théories politiques, des législateurs, populaires par spéculation, avaient totalement aboli la contrainte par corps en matière civile.

En germinal an VI, la raison commençant à reprendre son empire, on rétablit cette contrainte pour les intérêts commerciaux et pour quelques autres cas. Les rédacteurs du Code civil l'étendirent davantage; mais de toutes les espèces de dol, le stellionat fut la seule à laquelle on osa l'appliquer. Il était réservé à la commission chargée du code de procédure, de la rétablir à-peu-près complètement.

Par l'article 126, indépendamment de plusieurs cas nouveaux auxquels elle est rattachée, » il est laissé à la prudence des juges de la pro- » noncer pour dommages et intérêts au-dessus » de la somme de 300 fr.»

Ainsi les tribunaux peuvent, en usant de cette faculté, assurer davantage la repression du dol; sauf cependant les exceptions que le Code civil, articles 2064 et 2066, a établies en faveur des mineurs et des femmes mariées, pour le cas de stellionat. Si, pour ce dol infiniment grave, la contrainte par corps est interdite à leur égard, ils ne doivent pas éprouver plus de sévérité pour les autres. Au surplus, la loi confie à la prudence des juges l'exercice de ce pouvoir; c'est à eux qu'il appartient de s'en abstenir ou d'en faire usage suivant les circonstances; et si un fait de dol avait, à leurs yeux, un caractère plus odieux et des circonstances plus révoltantes que le stellionat, et qu'ils prononçassent cette contrainte, l'article 126 du Code de procédure contenant une disposition illimitée, leurs décisions seraient à l'abri de la censure de la cour de cassation.

51. Dans le droit romain, l'héritier de celui qui avait commis un dol était mis sur la même ligne que le tiers possesseur de la chose ravie, et n'était tenu de restituer que ce dont la succession était devenue meilleure. Plusieurs textes sont précis à cet égard, et notamment celui de la loi 17 ff. *de dolo malo. Hæc actio in hæredem et cæteros successores datur, duntaxat de eo quod ad eos pervenit.* La rigueur de l'action en dol, qui, à Rome, était infamante, avait fait adopter cette règle; mais elle ne convient plus à notre législation. Parmi nous, celui qui a commis une action réprouvée, et même un crime, répond de ses effets appréciables sur sa fortune entière; sa mort éteint pour les crimes et les délits, l'action publique; celle civile survit « L'action publique » pour l'application de la peine s'éteint par la » mort du prévenu; l'action civile pour la répa-

» ration du dommage' peut être exercée contre
» le prévenu et ses représentants; » *article 2 du
Code d'instruction criminelle.* La réparation intégrale du dol fait donc partie des dettes de celui
qui l'a commis; et quiconque lui succède à titre
universel, en est tenu comme des autres dettes.

§. 6.

Temps utile pour former l'action en dol.

SOMMAIRE.

52. Prescription.
53. Découverte du dol.
54. Dommages et intérêts.
55. Vice rédhibitoire et dol.

52. Lorsque l'action a pour objet de faire annuler le traité, et pour motif un consentement
surpris par de coupables manœuvres, elle doit
être formée dans les dix ans du jour où le dol a
été découvert. *Article* 1304 *du Code.*

53. Sur la fixation de l'époque de cette découverte, la déclaration de celui qui se plaint doit
être suivie, à moins que le défendeur n'entre-
prenne de justifier qu'elle remonte à plus de dix
ans. Le moyen de prescription est une exception
opposée à l'action; or il est de règle invariable
que le défendeur, en ce cas devient demandeur :
reus excipiendo fit actor.

reus excipiendo fit actor; et que c'est à lui à prouver ce qui sert de fondement à son exception. Cette opinion nous paraît d'autant mieux fondée, que, lorsque la loi a voulu que celui qui se plaint du dol prouvât le moment où il l'a découvert, elle l'a déclaré. *Voy. l'article* 488 *du Code de procédure.*

54. Si l'action ne tendait qu'aux dommages et intérêts résultants du dol, pourrait-elle être utilement formée après les dix années de la découverte? L'affirmative nous semble devoir être adoptée; la règle générale pour les prescriptions, est celle que contient l'article 2262 du Code, qui fixe à trente ans la durée de toutes les actions réelles et personnelles. Toutes les prescriptions acquises par un laps de temps moins considérable, ne sont que des exceptions à cette règle; et, comme toutes les exceptions, elles doivent être soigneusement restreintes aux cas pour lesquels elles sont spécifiquement établies. Or, l'article 1304 n'établit la prescription de dix ans qu'à l'égard de l'action en nullité de la convention.

Cependant il faut convenir qu'un trop long silence mettrait l'action en péril, pour peu qu'il s'y réunît d'autres circonstances pouvant faire présumer la remise de l'action. Mais après trente ans, lors même que le dol n'aurait été découvert que récemment, toute action serait prescrite. Dans tous les temps, pour mettre un terme aux causes de division, entre les citoyens, on a cru pouvoir poser cette barrière, et la rendre inexpugnable, sous quelque prétexte que ce soit. Le Code l'a confirmée par l'article 2262. « Toutes » les actions, tant réelles que personnelles, sont » prescrites par trente ans, sans que celui qui » allégue cette prescription, soit obligé de rapporter un titre, ou qu'on puisse lui opposer » l'*exception déduite de la mauvaise foi.*

À l'égard de la prescription du tiers acquéreur. *Voy. ci-dessus,* n°. 36.

55. Dans le cas où l'action en nullité serait fondée sur un vice rédhibitoire quoiqu'en même temps on articulât la connaissance qu'en avait le vendeur, et conséquemment sa mauvaise foi, le dol, n'étant dans cette action que l'accessoire du vice radical de la convention, et n'ayant pas pour objet de faire annuler le traité, déjà nul par ce vice, mais d'obtenir des dommages et intérêts; l'action devrait être formée dans le délai prescrit aux actions rédhibitoires. Le Code, dans son article 1648, n'a pas fixé ce délai, et a renvoyé à ce sujet à l'usage du lieu où la vente a été faite.

Il paraît, d'après Denisart, qu'au Châtelet de Paris, l'usage avait fixé ce délai, pour les chevaux, à neuf jours; et qu'un arrêt du Parlement de Paris, du 14 juin 1721, rendu en forme de réglement, l'avait porté, à l'égard des vaches laitières, à quarante jours. Ce délai était le même pour les ventes de chevaux, bœufs et vaches, dans le ressort du Châtelet d'Orléans, ainsi que le rapporte Pothier (*Contrat de Vente, n°. 231*). Même usage dans le Bailliage d'Auxerre, constaté par un acte de notorité de ce Bailliage du 30 mars 1691; dans celui de Péronne, suivant un acte de notoriété du 23 janvier 1683, et dans le ressort que régissait la coutume de Cambrai, conformément au texte de cette coutume, *tit. 21, art. 5.* En Normandie, le parlement de Rouen, par un arrêt en forme de réglement, a fixé ce délai à 30 jours; la coutume du Bourbonnais l'avait borné à huit jours. *Art. 87.*

Cette règle néanmoins devrait souffrir exception suivant les circonstances du dol, surtout si l'artifice avait eu pour but de retarder la découverte de la fraude. C'est ce qui a été jugé par un arrêt du Parlement de Paris du 25 janvier 1731 : (*Nouveau Denisart, au mot Garantie, t. 9, p.* 154) Un particulier avait acheté un cheval, que le vendeur lui avait garanti exempt de tous vices. Après un voyage, pendant lequel ce cheval n'avait pas boité, il lui fit prendre du repos, et s'aperçut ensuite qu'il était boiteux, mais que ce défaut disparaissait quand il était échauffé. La demande n'avait été formée que près d'un mois après la vente, et fut cependant accueillie quoique l'action à Paris, ainsi que nous l'avons dit, ne fût reçue pour les ventes de chevaux, que pendant neuf jours.

§. 7.

Exceptions qui peuvent résulter du dol.

SOMMAIRE

56. Exception fondée sur le dol.
57. Titre anthentique.
58. Titre privé.
59. Arrêt.

56. Le dol ne donne pas seulement à celui qui en a été victime, une action pour en faire dispa-raître les fatales conséquences; il en résulte aussi une exception, qu'il peut opposer à l'exécution du titre que la ruse a su lui surprendre. Cette exception peut être considérée à la forme et au fond.

A la forme, elle est du nombre de celles appe-lées *péremptoires*, parce qu'elles suspendent l'effet du titre qu'elles attaquent, nonobstant la règle générale qui veut que l'exécution soit due au titre. Dans ce cas surtout, la justice ne peut pas souffrir que, même par provision, on con-somme un traité qu'une des parties articule n'être que le résultat d'un odieux stratagême.

Cette question s'est présentée devant la cour d'Angers. Dubois avait assigné Cador devant le tribunal de commerce du Mans, en payement d'un billet à ordre de 5,000 fr., et avait obtenu contre lui un jugement par défaut. Cador, sur l'opposition, articula des faits de fraude et de violence contre le billet, demanda à être renvoyé devant les juges compétents, pour en faire prononcer la nullité, il fut débouté de son opposition. Sur l'appel, par arrêt du 23 janvier 1813, « Attendu que les faits articulés devant le tribu- » nal de commerce...... formaient une exception » qui faisait sortir la cause de sa compétence, etc.» la Cour renvoya les parties à se pourvoir devant le tribunal de 1re. instance du Mans, sur les faits articulés. (*Voy. le journal du palais*, t. 2, de 1814, *p.* 393.)

57. Il en serait de même quand le titre serait exécutoire : avant tout il faut écouter la plainte. A la vérité, une personne de mauvaise foi peut abuser de ce procédé pour suspendre l'exécution du titre le plus légitime. Mais qui pourrait balancer entre l'inconvénient de retarder le recouvrement d'une créance sérieuse, et celui de faire exécuter provisoirement une créance frauduleuse? D'ailleurs, des dommages et intérêts puniraient en définitive l'audacieux qui aurait fait un usage abusif d'une règle uniquement instituée pour protéger la bonne foi.

Au fond, cette exception n'est ordinairement que l'action elle-même formée incidemment à la demande en exécution du titre; et comme elle, elle est soumise à toutes les règles déjà exposées, et à celles qui vont suivre.

58. Cependant elle prend un caractère particulier, quand l'acte qu'il s'agit de combattre,
n'est que sous signature privée. Ce moyen est le
plus familier de ceux qui pratiquent le dol. Pour
obtenir un acte notarié, il leur faudrait, ou tromper le notaire, ce qui est difficile, ou l'avoir pour
complice, ce qui heureusement est fort rare : mais
le Barreau offre, chaque jour, de nouveaux exemples des diverses ruses employées par le dol pour
se procurer des actes privés.

Presque toujours la personne menacée par une
de ces œuvres d'iniquité, convaincue qu'elle
a été trompée, ignore par quelles voies on y
est parvenu : elle ne sait, si c'est une imitation
de son écriture, ou l'altération d'un écrit sincère,
ou l'effet d'une surprise. Dans ce cas, la vérification ne doit pas se borner à l'opération matérielle des experts; on convient généralement
qu'il ne peut résulter de leur décision qu'une
probabilité, puisque, comme Balde l'a judicieusement observé, ils ne peuvent reconnaître
qu'une *ressemblance* ou une *dissemblance*..Une
garantie aussi équivoque peut difficilement donner au magistrat la sécurité dont il a besoin
pour reconnaître dans un citoyen le débiteur
d'un autre.

Les anciennes Ordonnances n'indiquaient,
comme moyens de vérification, que les experts
et les témoins; encore les auteurs semblaient-ils

restreindre le suffrage des témoins à deux cas; lorsqu'ils avaient vu signer l'acte contesté, ou lorsque, connaissant l'écriture de celui à qui on l'attribuait, ils pouvaient, comme les experts, donner leur opinion sur l'écrit.

Cependant, depuis long-temps la jurisprudence avait admis la vérification *par titres;* c'est-à-dire par d'autres documents écrits, pouvant prouver la vérité ou la fausseté de celui contesté; elle avait également admis les témoins pouvant déposer de faits propres à éclairer la justice. Ces règles sont confirmées par le Code actuel de procédure, *art.* 195 et 211. Ce dernier est ainsi conçu : « Pourront être entendus comme témoins » ceux qui auront vu écrire ou signer l'écrit en » question, ou *qui auront connaissance de faits* » *pouvant servir à la découverte de la vérité.* »

Celui donc contre lequel on est armé d'un écrit supposé, doit trembler d'abandonner la solution du problème à des experts, qu'une imitation plus ou moins parfaite peut induire en erreur. Il doit, au contraire, se hâter de recueillir tous les renseignements écrits et tous les témoins de faits pouvant manifester le dol commis à son égard, afin qu'ils soient articulés et admis en preuve par le jugement même qui ordonnera la vérification; plus tard ses documents écrits seraient admis, mais ses témoins le seraient difficilement.

Alors l'exception de dol, ainsi opposée à l'écrit privé, dont le porteur est tenu de faire faire la vérification, peut s'appuyer sur tous les moyens dont, par suite, nous verrons qu'on peut faire usage, au soutien de l'action en dol; il n'est plus question seulement de vérifier une écriture, mais la sincérité de l'écrit.

59. Ce point de droit important est consacré, d'une manière trés-remarquable, par un arrêt de la cour de Paris du 21 juillet 1806. (*Voy. journal du palais, tom.* 3 1812, *p.* 241.)

Giguet, propriétaire de deux maisons à Paris, et d'un mobilier important, étant sans enfans, avait fait au profit de sa femme une donation universelle en propriété; et trop affecté d'une paralysie pour administrer ses affaires, il lui avait donné une procuration générale. Son frère qui habitait la province, et auquel il avait vendu ses droits dans les successions de leurs père et mère, vint passer quelques jours avec lui, et s'en retourna.

Après le décès de Giguet, ce frère se présenta avec la copie notariée d'un acte sous signature privée, par lequel Giguet semblait lui avoir vendu, lors de sa dernière visite, ses deux maisons et son mobilier moyennant un prix payé comptant.

La dame Giguet demanda d'abord la vérification de la signature, et les experts crurent

qu'elle était contrefaite; elle soutint en outre,
que, si elle était celle de son mari, elle ne pouvait être que le fruit de la surprise et du dol;
le tribunal de la Seine, sans s'arrêter, ni à l'avis
des experts, ni aux moyens de dol, accueillit la
demande de Giguet.

La Cour, au contraire, déclara l'écrit nul et
frauduleux. Ses motifs sont : « Que tout porteur
» d'écrit sous signatures privées, en cas de déné-
» gation, doit faire la preuve de leur sincérité,
» et que Giguet n'a pas fait la preuve à sa charge;
» que lorsqu'à l'appui d'une méconnaissance d'é-
» criture, sont articulés des faits graves desquels
» résultent des présomptions précises et concor-
» dantes de dol et de fraude, tout autre moyen
» de preuve de sincérité ou fausseté de l'écrit
» devient surabondant; que le 20 décembre 1808,
» il a été passé entre les sieurs Giguet un acte
» privé contenant vente par Noël à Claude de
» droits successifs; que l'acte produit par Claude,
» du 27 décembre, contient la même vente du 20,
» et en outre, par des clauses intermédiaires, la
» vente de la nue propriété de deux maisons et de
» tout le mobilier, linge, argenterie, ustensiles de
» ménage existants dans les deux maisons, moyen-
» nant 50,000 fr., dont le payement est énoncé
» avoir été fait par Claude, tant ci-devant, que
» présentement; que l'acte sous la date préten-
» due du 27, écrit, comme celui du 20, sur le

» *recto*, et sur partie du *verso*, contient le même
» contexte que celui du 20; qu'il est établi que
» postérieurement au prétendu acte du 27, et
» par un acte devant notaire du 17 octobre 1809,
» Noël Giguet fit un emprunt et hypothéqua une
» des maisons qu'il serait censé avoir vendues
» précédemment à Claude, ce qui l'aurait con-
» stitué stellionataire; que l'état justifié de la
» fortune de Claude, démontre qu'il n'avait pas
» à sa disposition la somme de 50,000 fr.

» Que, soit de ces circonstances et de toutes
» les autres, soit de l'état matériel de l'acte du 27
» rapproché de celui du 20, il résulte la preuve
» que Claude Giguet, par manœuvres, dol et
» fraude, a surpris la signature de son frère, au
» bas d'un acte contenant vente de deux maisons
» et d'effets mobiliers, en substituant un écrit à
» un autre, et abusant de la confiance de Noël
» Giguet, et de l'opinion dans laquelle il était et
» devait être qu'il signait le double de l'acte du 20
» décembre 1808, contenant seulement le renou-
» vellement de la vente de ses droits successifs,
» déjà effectuée par des actes de l'an 10 et de
» l'an 12, etc.

Des motifs très-judicieux exprimés dans cet
arrêt, il faut tirer la conséquence qu'il y a une
différence essentielle à remarquer entre le cas
où l'exception de dol est opposée à un acte privé
dont l'existence est méconnue, et celui où elle

l'est, soit à un écrit privé reconnu quant à sa
forme extérieure, soit à un acte authentique
qu'on n'argue pas de faux. Dans cette dernière
hypothèse, là preuve du dol doit être complète,
puisqu'il s'agit d'annuler un acte valable dans
sa forme; dans l'autre, c'est au porteur de l'acte
à justifier par titres, experts ou témoins, de sa
sincérité : s'il n'a pour lui que l'opinion conjecturale des experts, il n'a qu'une probabilité, qui
suffira pourvu qu'elle ne soit pas balancée par
une probabilité contraire. Mais dans le conflit
des probabilités, ne vît-on naître qu'un doute
raisonnable, c'en serait assez pour que le porteur de l'acte n'eût pas établi sa demande.

§. 8.

Fins de non recevoir.

SOMMAIRE

60. Chose jugée.
61. Faux incident.
62. Faux principal.
63. Arrêt Caperan.
64. Arrêt Michel.
65. Éxécution.
66. Circonstances qui éteignent l'action.

60. Les faits qu'on oppose ordinairement à
une action pour la faire déclarer non recevable,
sont ceux dont il résulterait que le traité a été
exécuté par celui qui l'attaque. Mais l'exécution
du traité n'entraîne la déchéance de l'action en
dol, que lorsqu'il est constant que le dol était

connu auparavant; si ce n'est dans le cas où elle
a été ordonnée par un jugement, ayant acquis
le caractère de *chose jugée*. Alors la règle de
droit public, *Res judicata pro veritate habetur*,
rend le traité irrévocable, non par lui-même,
mais par le jugement qui l'a, en quelque sorte,
consacré. Il y a des voies particulières pour faire
réformer les décisions des tribunaux; si ces voies
sont fermées, tout ce que les jugements déclarent
valable, est réputé l'être, et pour toujours.

61. Si, sur la présentation d'un acte surpris
par dol, celui qui en serait menacé, ignorant
par quel artifice on se l'est procuré, s'inscrivait
en faux incident, et voyait son inscription rejetée; tant que le jugement sur le fond ne serait
pas rendu, il pourrait encore, découvrant la
ruse employée à son égard, offrir et faire admettre ses moyens de dol. Le faux et le dol n'ont
rien de commun, si ce n'est dans les coupables
intentions qui les suggèrent; et le rejet de l'un
n'opère pas de fin de non recevoir à l'égard de
l'autre; mais après le jugement du fond, la créance
est réputée légitime, et la plainte en dol ne serait
pas admissible.

62. Les mêmes motifs conduisent à décider
qu'un jugement d'absolution sur une accusation
de faux, ne serait pas davantage une garantie
suffisante de l'action ou de l'exception de dol;
aujourd'hui, surtout, que le pouvoir judiciaire

criminel est indépendant du civil, que l'accusation de faux doit être jugée par des jurés, que l'action en dol doit l'être par les tribunaux civils, la question ne devrait plus inspirer de doute.

Le respect pour la *chose jugée* est sans contredit une des bases du repos de la société; mais il ne faut pas l'exagérer et en dépasser aveuglément les bornes. Or, qu'ont décidé les jurés en rejetant une accusation de faux? Qu'il n'est pas constant que l'acte soit faux. L'institution qui les a créés ne leur a pas donné de pouvoir au-delà; ce serait donc se complaire dans l'erreur, que de vouloir que la pièce qui leur a été soumise, se trouvât purgée de tous autres vices, dont on ne leur a ni parlé, ni pu parler.

Loin que le faux et le dol puissent être assimilés, ils ne peuvent pas subsister ensemble; si l'on a eu recours au dol, pour obtenir un acte, la personne trompée y a participé, il n'y a pas de faux. Si, au contraire, l'acte est faux, il a été fait à l'insu de la personne trompée, il n'y a pas de dol.

Ainsi la décision négative des jurés sur le faux laisse entière la question de dol; l'acte, tout étant vrai, peut avoir été ourdi par le dol. Une partie de ces propositions est justifiée par un arrêt de la cour de Toulouse du 12 avril 1812. (*Voy. le journal du palais, tom.* 45, *p.* 70). En voici l'espèce.

63. En 1791, P. Caperan, ouvrier du sieur Roux, se rend adjudicataire d'un domaine national moyennant 45,000 fr., et déclare que l'acquisition est pour le compte du sieur Roux, qui accepte sa déclaration. Ce dernier prend possession du domaine, en paie le prix, et en jouit paisiblement jusqu'à son décès. En 1793, ses héritiers comprennent ce domaine dans leur partage. Cinq ans après ils sont contraints d'assigner Caperan en payement d'un billet de 1,000 fr., par lui souscrit, en papier monnaie, au profit du sieur Roux; il en demande la réduction et le paie.

En 1810, 19 ans après l'acquisition, il cède à son fils les droits qu'il prétend faire résulter d'un acte sous signature privée du 25 décembre 1791, par lequel le sieur Roux lui aurait promis de payer le domaine, d'en jouir en bon père de famille, et de le rendre à lui ou à sa famille, lorsque le remboursement en serait fait.

Caperan fils assigne les héritiers Roux pour qu'ils aient à lui remettre le domaine, en leur offrant le remboursement du prix. Ceux-ci déclarent ne pas reconnaître l'écriture de leur père, et des experts déclarent que la signature est fausse. Caperan ne notifiant pas leur rapport, sa demande est rejetée par le tribunal civil de Toulouse, qui ordonne, en outre, le renvoi de l'acte soupçonné au juge d'instruction. Ce Magistrat poursuit Caperan père et son fils, comme prévenus de faux. Le père meurt en prison, et le 9 juin 1812, le fils est acquitté par la cour d'assises de la Haute-Garonne sur la déclaration favorable des jurés.

Pendant l'instruction de ce procès, il avait appelé du jugement de Iere. instance; et devenu libre, il poursuit sur son appel, en concluant au rejet de la dénégation de la signature; subsidiairement il demande une nouvelle vérification par experts, et à faire entendre des témoins qui, suivant lui, devaient jeter un grand jour sur la sincérité de la pièce produite.

Les héritiers Roux se prévalent de ce qu'ils n'ont pris aucune part au procès criminel, et soutiennent la preuve inadmissible; ajoutant enfin que la signature Roux fût-elle vraie, il résultait de tous les faits de la cause, qu'elle avait été surprise par des manœuvres frauduleuses.

C'est à ce dernier moyen que la cour de Toulouse s'est attachée pour confirmer le jugement des premiers juges. Parmi ces motifs, nous ferons remarquer ceux-ci. « On objecterait vaine- » ment qu'en n'ayant aucun égard à la déclara- » tion du jury, on court le risque d'une contra- » riété d'arrêts.

» Que résulterait-il de la déclaration du jury? » rien autre chose, si ce n'est qu'il n'était pas

» assez démontré que la pièce fût fausse; que ré-
» sulterait-il de l'arrêt qui rejetterait cette pièce?
» seulement qu'Antoine Caperan, demandeur en
» vérification, tenu de prouver la vérité de son
» titre, n'a point établi cette vérité; dès-lors la
» fin de non recevoir ne peut avoir aucun fon-
» dement.

» Considérant enfin que, d'après la relation
» des experts, d'après l'inspection de la pièce,
» de son état matériel et des pièces de compa-
» raison, d'après les circonstances de la cause, et
» les débats sur les faits qui ont eu lieu à l'au-
» dience, la cour s'est convaincue que cette dé-
» claration n'était ni ne pouvait être de Roux; il
» est inutile de recourir à de nouveaux éclaircis-
» sements, lorsque ceux que la cour a déjà, dé-
» montrent que cette déclaration ne saurait être
» attribuée à feu Roux; ils lui ont paru suffisants
» pour se convaincre de la nécessité du rejet de
» cette pièce, indépendamment du dol et de la
» fraude dont elle serait entachée, et dont la cour
» n'aurait pu s'empêcher de trouver la preuve
» dans la nombreuse série des faits reconnus con-
» stants et propres à démontrer le dol. »

Il est vrai qu'un des moyens sur lesquels s'appuyaient les héritiers Roux, et dont la cour de
Toulouse a cru devoir fortifier sa décision, était
qu'ils n'étaient pas parties dans le procès criminel; mais lors même que la personne lésée

serait intervenue sur la plainte en faux, lès principes d'ordre public resteraient les mêmes ; la puissance des jurés se bornerait toujours à l'unique question de faux, tout-à-fait indépendante du dol ; c'est ce qu'on va voir solennellement reconnu et proclamé dans la célèbre affaire Regnier et Michel.

64. Regnier était porteur d'un acte sous seing privé du 20 janvier 1806, par lequel Michel lui vendait 200,000 fr. de rentes (tiers consolidé) à 64 pour cent, faisant 2,560,000 fr. : sur laquelle somme Michel recevait comptant 400,000 fr. et devait recevoir le surplus en livrant les rentes, le 5 octobre 1812. A cette époque, le cours moyen de la rente se trouva de 81 f. 40 c., et produisait pour Regnier un bénéfice de 696,000 fr.; ce qui réuni aux 400,000 fr. déclarés avoir été reçus comptant, donnait à la réclamation de Regnier un intérêt de 1,096,000 fr.

Il en forma demande devant le tribunal de commerce de Paris, mais Michel l'accusa d'avoir de complicité avec Boissière et Gide, fabriqué ce traité, qu'il soutenait faux dans sa substance matérielle. La Cour d'assises, ayant été saisie de l'accusation, les jurés déclarèrent que le fait de faux n'était pas constant, et les accusés furent acquittés ; néanmoins la Cour, en reconnaissant que la décision des jurés, purement négative sur le fait de l'accusation, ne suffisait pas pour réputer l'accusation calomnieuse, leur refusa les immenses dommages et intérêts qu'ils avaient réclamés.

Regnier reprit ensuite sa demande devant le tribunal de commerce. Michel persista à nier la vérité du marché, et reproduisit tous les moyens qu'il avait fait valoir sur le faux, demandant même une nouvelle vérification par experts; Regnier le soutint non recevable, en prétendant qu'il y avait entr'eux chose jugée.

Cette fin de non recevoir ne fut point accueillie par le tribunal de commerce, qui, dans les faits présentés par Michel comme prouvant le faux, vit la preuve que des manœuvres frauduleuses avaient créé le traité dont abusait Regnier; et, le 27 novembre 1813, rejeta toutes les demandes de ce dernier. Les vrais principes sur la question qui nous occupe, sont si disertement développés dans le jugement, les circonstances révélant le dol, sont si habilement saisies, que nous avons cru devoir en rapporter le texte entier.

« Considérant qu'avant de statuer sur la de-
» mande de Regnier contre Michel, en exécution
» de l'écrit du 20 janvier 1806, il y a lieu d'exa-
» miner si l'arrêt rendu par la cour d'assises,
» d'après la déclaration du juri, reconnaît la
» sincérité de ce titre, d'une manière assez pé-
» remptoire, pour qu'il y ait sur ce point autorité
» de chose jugée, et qu'en conséquence le tri-

» bunal n'ait plus à s'occuper de cette question.

» Considérant, à cet égard, que la déclaration
» du jury, en proclamant la non culpabilité des
» accusés, ne s'est pas expliquée sur la véracité du
» titre en lui-même, et qu'on ne peut conclure
» de ce silence que les pièces qui faisaient la ma-
» tière du procès par-devant la cour d'assises,
» soient reconnues pour vraies; que le fait reste
» donc indécis, et que conséquemment le tribunal
» a le droit de rejeter l'exception que Regnier
» prétend tirer de l'autorité de la chose jugée;

» Considérant ensuite que si l'article 247 du
» Code de procédure civile, prononce que, si
» une pièce produite est méconnue, déniée ou
» arguée de faux, et que la partie persiste à s'en
» servir, le tribunal de commerce renverra de-
» vant les juges qui en doivent connaître, et qu'il
» sera sursis au jugement de la demande princi-
» pale (disposition à laquelle le tribunal a satisfait
» par le renvoi qu'il a fait le 31 novembre 1812),
» les articles 195 et 323 du même Code démon-
» trent suffisamment que cette obligation n'est
» point impérative, et qu'elle n'est, au contrai-
» re, imposée aux juges que dans le cas où ils
» n'auraient pas d'ailleurs une conviction telle
» qu'ils puissent prononcer sur la contestation
» portée devant eux, sans qu'il soit besoin de
» vérification d'écritures ou d'audition de té-
» moins;

» Considérant donc, qu'il résulte de l'écrit
» du 20 janvier 1806, et de l'audition des parties
» lors de l'introduction de l'instance, et des mé-
» moires respectivement produits par elles, que
» l'acte n'est pas obligatoire pour Michel ;

　» 1°. Parce qu'il est impossible de supposer
» que, de deux individus également accoutumés à
» combiner le résultat des opérations auxquelles
» ils se livrent, l'un consente à ne courir que des
« chances de perte, lorsque l'autre seul se serait
» réservé celles de bénéfice; »

　» 2°. Parce que Regnier ne prouve en façon
» quelconque le payement qu'il prétend avoir
» fait de 400,000 fr., à valoir sur le marché;
» preuve qu'il avait lui-même offert de faire lors
» de ses réponses catégoriques, et que la loi lui
» ordonnait expressément de faire par ses livres,
» puisqu'elle lui imposait l'obligation d'en tenir,
» eu égard à la nature des opérations multipliées
» auxquelles il se livrait, et qui le rendaient jus-
» ticiable du tribunal ; »

　» 3°. Qu'ayant eu, dès le mois de mars 1806,
» et depuis, des débats d'intérêts avec Michel,
» qui ont donné lieu à une transaction du 26 fé-
» vrier 1811, et même, sur son payement, ayant
» poursuivi Michel, par des jugements et des
» exécutions, il n'a cependant jamais fait état du
» marché du 20 janvier 1806, et n'a pris aucune
« mesure pour assurer son exécution, lors même

» que les difficultés éprouvées sur l'exécution de
» la transaction, devaient en faire présager de plus
» grandes pour l'accomplissement d'un traité qui
» aurait été bien plus fatal à Michel;

» 4°. Que Regnier n'a pas même cherché à
» s'assurer si Michel possédait et gardait fidèle-
» ment les rentes qu'il aurait vendues, et qu'aux
» termes de l'article 4 du marché, il devait con-
» server au profit de Regnier, pour compte de
» qui il reconnaît, dès à présent, est-il dit, les
» tenir comme chose à lui appartenante; défaut de
» prudence qui, de la part de Regnier, serait d'au-
» tant plus remarquable, que, dans son interroga-
» toire, il dit, qu'en faisant ce marché, il avait le
» double objet de spéculer sur le temps, et de favo-
» riser son opération, en immobilisant 200,000 fr.
» de rentes, qu'il obligeait Michel de garder en nan-
» tissement; et que cependant ce double but au-
» rait été manqué, si Michel, livré à ses propres
» calculs, n'avait donné aucune garantie, et n'é-
» tait pas même surveillé pour la conservation
» du nantissement;

» 5°. Parce que Regnier lui-même atteste dans
» le mémoire justificatif publié par lui, en octo-
» bre 1809, intitulé *Principes du sieur Regnier,*
» qu'il ne lui restait aucune ressource pour opérer
» sa libération envers ses créanciers; et que si le
» marché eût été sérieux, il était dès-lors coupa-
» ble de cacher un des moyens dont il pouvait se
» servir pour l'acquittement de ses dettes,

» 6°. Parce qu'il est également impossible de
» croire qu'étant en droit, comme l'écrit le sup-
» pose, de se faire payer par Michel des intérêts
» annuels de 200,000 f. sur le capital de 400,000 f.
» il ait négligé ou de s'en faire reconnaître pro-
» priétaire dans un temps où cette somme lui
» était nécessaire, ou d'en faire compensation
» avec celles qu'il devait lui-même à Michel.

» 7°. Attendu que l'article 1353 du Code civil
» abandonne aux lumières et à la prudence du
» magistrat, le jugement des présomptions gra-
» ves, précises et concordantes, et que le tribu-
» nal trouve la réunion de tous ces caractères dans
» la cause dont il s'agit. »

Regnier interjeta inutilement appel de ce jugement. La Cour de Paris, par arrêt du 28 février 1815, le confirma. Nous croyons devoir
également faire connaître tous les motifs dont la
cour a fortifié la solution des grandes questions
que présentait ce procès.

« Considérant que la loi d'institution du jury
» ne lui confère de pouvoir que relativement à
» l'action publique et à la personne de l'accusé ;
» que la déclaration de non culpabilité pouvant
» être le résultat de l'insuffisance des preuves à
» l'appui de l'accusation, ne peut produire
» comme conséquence nécessaire la démonstra-
» tion de la faiblesse des faits, soit de la plainte,
» soit de la dénonciation au ministère public ;

» que toutes dispositions ultérieures dans l'in-
» térêt privé des parties, et sur toutes demandes
» à fins civiles, sont de la compétence exclusive
» des juges; qu'ainsi il est reconnu en droit, et
» il a été jugé entre les parties, que la question
» de dommages et intérêts en faveur de l'accusé
» acquitté, était toute entière à l'arbitrage des
» juges;

» Considérant que la réponse des jurés dans
» les termes déterminés par la loi, devant être la
» même, soit parce que le crime ne leur paraî-
» trait pas constant, soit parce que l'accusé ne
» leur paraîtrait point en être convaincu; l'ac-
» quittement ne peut établir comme vérité judi-
» ciaire que le crime n'a pas été commis; que
» notamment en matière de faux, où les ques-
» tions principales déterminées par le Code pré-
» sentent la même alternative, la déclaration de
» la non culpabilité par le jury laisse nécessai-
» rement incertaine l'existence ou la non exis-
» tence du faux, et plus encore toutes les autres
» questions de fait et de droit relatives aux pièces
» arguées de faux; qu'ainsi il est reconnu en
» droit, comme conséquence nécessaire de la
» législation actuelle en matière criminelle, que
» les ordonnances d'acquittement n'ont l'autorité
» de la chose jugée que dans ce sens unique, que
» l'accusé acquitté ne peut être soumis de nou-
» veau à une instruction criminelle, pour le fait

» à raison duquel il a été acquitté; que les prin-
» cipes de la jurisprudence ancienne sont sans
» application sous la législation actuelle, la raison
» de cette jurisprudence dérivant de la plénitude,
» de la puissance qu'avaient alors les juges, de
» juger tout-à-la fois le procès fait à l'accusé et
» le procès fait aux pièces, de statuer civilement
» et criminellement sur l'intérêt public et l'in-
» térêt privé de toutes les parties;

» Considérant que l'ordonnance d'acquitte-
» ment de Regnier ne pouvant avoir la force de
» la chose jugée dans le procès civil né avant
» l'accusation de faux, toutes exceptions de fait
» et de droit peuvent être opposées contre le
» traité du 20 janvier 1806; que, si les faits, qui
» peuvent paraître dès à présent constants, suf-
» fisent pour détruire la foi invoquée pour ce
» traité, toute instruction ultérieure laissée à
» l'arbitrage des juges serait surabondante et
» frustratoire;

» Considérant que l'état matériel du traité dont
» il s'agit, démontre comme constant en fait,
» qu'il énonçait originairement *la rue Cisalpine,*
» n°. 4, comme lieu de domicile de Regnier ; que
» depuis la demande, ce mot Cisalpine a été sur-
» chargé du mot *Courselle*, et que du nombre 4
» il a été fait le nombre 14 ;

» Considérant que Regnier n'a demeuré rue
» Courselle, n°. 14, que postérieurement à 1806;

» qu'ainsi l'énonciation primitive de ce domicile
» prouve que la date du 20 janvier 1806 a été
» supposée; que de cette première circonstance
» résulte la preuve de la supposition d'un paie-
» ment de 400,000 fr. fait à cette époque;
    » Considérant que l'état matériel du traité pré-
» tendu du 20 janvier 1806, fait reconnaître que
» l'approbation de l'écriture et de la signature Mi-
» chel, étaient apposées avant que fussent écrits
» les huit articles composant cet acte; que la
» première feuille, au *recto* et au *verso*, offre des
» lignes plus reserrées, et la deuxième des lignes
» plus espacées, pour aboutir à la signature et
» aux mots qui la précèdent;
    » Considérant enfin, que de cet état matériel
» de l'écrit et de la réunion des faits, pièces et
» circonstances de la cause, il résulte des pré-
» somptions graves, précises et concordantes,
» de la supposition totale du traité sous la date
» du 20 janvier 1806, et qu'il est l'œuvre du dol
» et de la fraude, etc. »
    Enfin cette cause, sur le pourvoi de Regnier,
fut déférée à la Cour de cassation : là, M. Mourre,
procureur général, adopta complètement le système favorable à Regnier. Suivant lui, l'absolution prononcée sur une accusation de faux, est
un monument indestructible, non-seulement
pour la non culpabilité du prévenu, mais encore pour la sincérité des pièces arguées de faux.

En vain soutint-il cette opinion par toutes les ressources de l'art oratoire et de la dialectique, elle ne fit aucune impression sur la Cour, qui, par son arrêt du 17 mars 1817, termina cet immense procès. Le texte de cette décision n'est pas moins précieux à connaître que celui des autres, il est le complément de leur saine doctrine.

« Attendu, sur le premier moyen, que les tri-
» bunaux de commerce sont compétents pour ap-
» précier la validité ou la nullité des conventions
» commerciales; que les tribunaux sont tenus de
» renvoyer devant les juges civils pour la vérifi-
» cation des écritures et signatures, lorsque le
» sort de la contestation tient à cette vérification;
» qu'il n'en est pas de même lorsque, indépen-
» damment et abstraction faite de toute vérifica-
» tion, l'instruction de la cause démontre les
» vices essentiels et les nullités des traités; que,
» dans l'espèce, le tribunal de commerce n'a
» fondé sa décision sur aucun motif qui s'appli-
» que au faux; que tous les motifs de ce juge-
» ment ont, au contraire, pour unique base
» les présomptions qui s'élèvent contre ce traité,
» toutes indépendantes du faux; qu'en décidant,
» dans ces circonstances, que la vérification de la
» signature était inutile, le tribunal de commerce
» et la cour de Paris, loin d'avoir violé les règles
» de compétence prescrites par la loi, s'y sont
» exactement conformés, »

» Attendu sur les autres moyens, que le juge-
» ment du tribunal de commerce, loin d'avoir
» déclaré le traité faux, l'a tenu au contraire pour
» véritable, puisqu'il ne l'a déclaré non obliga-
» toire et ne l'a annulé que par des motifs tirés
» du vice intrinsèque qui s'y attache; que ce
» tribunal n'a déclaré en effet Regnier non re-
» cevable dans sa demande en exécution dudit
» traité, et n'en a prononcé la nullité, qu'en se
» fondant sur des faits, et une foule de présomp-
» tions graves, précises et concordantes; que ces
» présomptions totalement indépendantes du faux,
» ont été tirées des clauses mêmes du traité, des
» déclarations faites par les parties, des mé-
» moires respectivement produits, de la conduite
» extraordinaire de Regnier, du défaut de repré-
» sentation de registres, et d'autres circonstances
» également graves, qui démontrent l'impossi-
» bilité de supposer que ce traité ait été obliga-
» toire; que bien loin d'improuver aucun des
» motifs de ce jugement, la Cour de Paris l'a
» confirmé, et en a ordonné la pleine et entière
» exécution. »

» Attendu, en outre, que cette Cour, en con-
» firmant ce jugement, a déclaré elle-même for-
» mellement dans les motifs de l'arrêt, que ce
» traité était l'œuvre du dol et de la fraude; qu'il
» résulte conséquemment de cet arrêt, qu'en
» supposant que le traité ne soit pas faux, il est

» au moins infecté d'un vice essentiel qui en
» opère la nullité, qu'il est l'œuvre du dol et de
» la fraude; que, par ce motif, il est non obli-
» gatoire et doit être bâtonné; que peu importe
» que dans plusieurs des motifs de cet arrêt, la
» Cour ait aussi considéré comme faux le traité;
» qu'il suffit que par son dispositif le jugement
» de première instance ait été confirmé, et que
» ladite Cour ait elle-même formellement déclaré
» que ce traité était l'œuvre du dol et de la
» fraude, pour que la demande en cassation n'ait
» aucun fondement; qu'il est inutile et sans ob-
» jet, sous ce rapport, d'examiner, soit le mé-
» rite des motifs de l'arrêt relatifs au faux, soit
» l'effet que doit produire sur une pièce sous
» signature privée, arguée de faux, une décision
» du jury qui déclare la non culpabilité de l'ac-
» cusé. »

On voit, par ce dernier motif, que la Cour de
cassation n'a pas voulu paraître décider directement la question relative à l'effet d'une absolution de crime de faux, sur le mérite de la pièce
qui a été l'objet de l'accusation. Néanmoins, lorsqu'on considère que les conseils de Regnier
fondaient leurs principales espérances sur la fin
de non recevoir qu'ils faisaient résulter de l'absolution de Regnier; que tous les raisonnements
de M. Mourre tendaient à faire accueillir ce système; et que la cour n'en a pas moins donné

une approbation entière aux bases de décision des premiers juges, il n'est plus permis de rester indécis, il faut regarder la jurisprudence comme fixée sur ce point : que l'action et l'exception de dol ne reçoivent aucune atteinte des jugemens sur le faux principal, ou incident, tant qu'un jugement civil n'a pas ordonné l'exécution de l'acte argué de faux.

65. Il peut se trouver d'autres circonstances qui, par leur nature et leur concours, établissent une exécution si complète d'un traité, qu'il ne soit plus possible de l'attaquer pour dol.

66. Mais pour donner un si grand avantage au prévenu de dol, trois conditions sont nécessaires.

Il faut 1°. que les faits ou actes, dont il tire ses conséquences, soient indubitablement postérieurs à la connaissance du dol;

2°. Que ces faits soient volontaires et qu'aucune nécessité n'y ait contraint;

3°. Qu'ils soient positifs, et ne puissent pas avoir d'autre sens que celui de maintenir la convention.

Ainsi, celui qui, par dol, aurait été entraîné à accepter une succession onéreuse, et à qui on n'opposerait que des actes d'administration, comme d'avoir récolté des fruits en maturité, fait des actes conservatoires, formé même des actions possessoires, ou renouvelé des baux prêts à expirer; repousserait facilement de semblables moyens; parce que chargé par le fait d'administrer la succession, il a été de sa délicatesse et de son devoir, d'en surveiller les droits, jusqu'à ce que la chose fût passée dans d'autres mains. Il en serait autrement, s'il aliénait quelques objets de la succession, si même, il renouvelait des baux long-temps avant leur expiration, en un mot, s'il faisait de ces opérations qu'aucun motif raisonnable ne le contraignait de faire sur le champ.

Celui, encore, qui séduit dans un traité frauduleux, aurait réduit une créance légitime à un taux inférieur à sa juste valeur, et qui, même après la découverte du dol, aurait reçu des à-comptes sur la somme promise, n'en serait pas moins recevable à attaquer l'acte; parce que ce qu'il a reçu lui appartenait, soit qu'il ne dût recevoir que la somme fixée par le traité, soit qu'il dût recevoir davantage.

Celui, au contraire, qui a vendu une chose et a été, par dol, déterminé à la céder à vil prix, ne peut pas, après que les manœuvres dont il a été dupe, lui ont été révélées, recevoir la moindre portion du prix, sans compromettre son action en dol; la reserve de recouvrer la chose étant incompatible avec la réception du prix.

Une partie de ces principes a été reconnue par la cour de Trèves dans un arrêt du 11 avril 1806. (*Voy. Recueil de Sirey, tom.* 6, *p.* 348).

Deux frères étant en minorité font, avec l'autorisation et par l'entremise de leurs curateurs,
en 1788, une transaction par laquelle l'un d'eux
cède à l'autre tous ses droits, moyennant une
obligation de 24,000 fr., dont il reçoit une partie
en minorité, et le surplus après sa majorité. En
1793, il accusa le curateur de son frère, de l'a-
voir circonvenu, et conclut contre lui, pour
réparation des torts que ce dol lui avait fait
éprouver, en 78,904 fr. florins de Hollande. Le
curateur, entre autres moyens, opposait comme
fin de non recevoir, à cette demande, les paiemens faits au créancier, depuis sa majorité. La
cour de Trèves ordanna une plus ample instruction sur le fond, et rejeta la fin de non recevoir;
son principal motif est « qu'il est de principe
» que l'exécution d'un acte susceptible d'être res-
» cindé pour cause de dol ou autrement, n'o-
» père de fin de non recevoir, que lorsqu'elle a
» eu lieu en connaissance de cause; d'où il s'in-
» fère qu'on ne peut opposer à l'intimé l'accep-
» tation qu'il a faite dans sa majorité des sommes
» stipulées par la transaction, comme pouvant
» produire l'effet d'une ratification. »

§. 9.

Comment le dol peut être établi.

67. On dit souvent au Barreau, *le dol ne se*

présume pas, il doit être prouvé. La proposition ainsi généralisée est une erreur. Dans un grand nombre de cas, la loi présume le dol, et celui qui s'en plaint n'a besoin que de justifier la circonstance d'où nait la présomption légale; hors ces cas, il est vrai, quiconque prétend avoir été trompé doit le prouver.

Pour le moment, nous ne nous occuperons que des trois principales circonstances auxquelles est attachée la présomption de dol; elles seront l'objet d'un premier article; les autres trouveront place dans les divisions subséquentes.

Dans le second article, nous verrons comment le dol non présumé peut être établi.

ARTICLE I. Dol présumé.

68. La loi présume le dol, 1°. lorsqu'un des contractants encore adolescent marche déjà à travers les écueils sans nombre qu'on rencontre dans la société des hommes;

2°. Lorsqu'un des contractants, qui a passé cet âge, ne jouit pas de la plénitude de raison nécessaire pour éviter les mêmes écueils;

3°. Lorsque la chose défectueuse a été vendue par un fabricant ou par un marchand.

I.er CAS DU DOL PRÉSUMÉ.

Minorité.

SOMMAIRE.

69. Protection graduelle.
70. Actes permis aux mineurs émancipés.
71. Actes qui leur sont interdits.
72. Traité avant le compte de tutelle.
73. Traité avec les héritiers du tuteur.
74. La nullité n'est que dans l'intérêt du mineur.
75. Cas où elle profite au tuteur.
76. Actes permis, sujets à restitution.
77. Limites de la présomption de dol.
78. Mineur se faisant passer pour majeur.
79. Exécution n'est pas toujours ratification.

69. La loi qui a fait du mineur enfant l'objet d'une protection particulière, ne l'abandonne pas tout-à-fait à lui-même dans l'adolescence, et même, quand devenu majeur, il peut disposer seul et à son gré de sa fortune, elle le surveille encore dans ses premières actions. Sans cela, il ne pourrait pas échapper à tous les pièges dont souvent la sagesse et l'expérience ne peuvent pas se garantir. *Cum inter omnes constet fragile esse et infirmum hujus modi ætatum consilium et multis captionibus suppositum, multorum insidiis expositum, auxilium eis Prætor pollicitus est. L. 1, ff. de minoribus.*

Avant son émancipation, le mineur est dans un état d'incapacité absolue, toute espèce de traité fait avec lui est présumé l'effet du dol de celui avec lequel il a contracté; et sans autre examen que celui de son âge, la justice, s'il le demande, le délie de ses obligations.

Quand il est émancipé, il commence à jouir de certains droits, mais ils sont circonscrits; et pour bien apprécier sa position dans le monde, il faut ranger ses actes en trois classes; ce qu'il peut faire sans espoir de restitution; ce qu'il lui est interdit de faire sans remplir certaines formalités; ce qu'il peut faire comme le majeur, pourvu qu'il ne soit pas lésé.

70. La loi lui permet de louer ses héritages, de recevoir ses revenus, de vendre ses récoltes, et de faire tout ce qui est convenable pour administrer ses biens; à cet égard, ce qu'il fait est irrévocable, lors même qu'il serait lésé, il ne peut être restitué que dans les cas où le majeur pourrait l'être; en cela, les auteurs du Code ont été plus rigoureux que l'ancienne jurisprudence; elle restituait le mineur dans tous les cas où il éprouvait quelque tort, sans qu'il fût besoin de prouver le dol; et s'appuyait, pour cette faveur sans bornes, sur la loi 5 *cod. de in integ. rest. min. Minoribus in integrum restitutio in quibus se captos probare possunt, et si dolus adversarii non probetur, competit.* Aujourd'hui, dans tout ce qui n'excède pas les bornes de sa capacité, il est sur la même ligne que le majeur; le texte des articles 481 et 1305 est formel.

71. Il ne peut ni recevoir , ni employer ses capitaux, sans les conseils de son curateur.

Sans l'avis de sa famille et l'autorité de la justice, il ne peut faire d'emprunt ni aliéner ses immeubles.

Des formalités indispensables sont prescrites pour qu'en recevant et arrêtant le compte de son tuteur, il ait une connaissance parfaite de la gestion; la majorité du pupille n'en dispense pas le tuteur.

Dans toutes ces circonstances, comme pour les traités antérieurs à l'émancipation, le mineur réclamant le bénéfice de restitution, dans les dix années de sa majorité, ce qu'il a fait est annulé, sans qu'il soit besoin de prouver la moindre lésion; parce qu'on la voit chaque fois que le fonds capital de sa fortune subit un changement; suivant l'ancienne maxime : *minor alienando lœditur. Articles* 472 , 483 *et* 484.

72. L'article 472, prononçant la nullité de tout traité intervenu entre le tuteur et son pupille devenu majeur , s'il n'a été précédé du compte de tutelle; on a agité la question de savoir, si, par ces expressions *tout traité*, il fallait entendre même ceux étrangers à la gestion?

Déjà plusieurs jurisconsultes, et particulièrement MM. de Malleville, Grenier, Toullier et le rédacteur du Journal du Palais, se sont prononcés contre cette extension, que la généralité du texte peut suggérer un instant, mais que la réflexion semble devoir faire rejeter. La Cour de Nismes, dans un arrêt du 18 mars 1816, l'a très-positivement condamnée ; celle de cassation, dans un arrêt du 14 octobre 1818, sans avoir prononcé explicitement sur la question, paraît néanmoins fort opposée à ce système ; mais celle de Paris, après l'avoir également rejeté le 5 janvier 1820, vient de l'admettre en termes précis, le 2 août 1821.

Dans le premier de ces deux arrêts rendus par la même chambre, on lit : *L'article 472, n'est relatif qu'aux traités qui interviendraient sur un compte de tutelle.* Dans le second, au contraire : *L'article 472 conforme aux principes éternels, et à toutes les lois antérieures, porte que tout traité qui pourra intervenir etc. Tout traité, cette disposition est générale, et non relative uniquement aux actes concernant la tutelle.*

C'est à l'opinion consacrée par la première de ces deux décisions, que nous croyons devoir nous attacher.

D'abord, c'est par erreur que, dans la seconde, on a invoqué *les lois antérieures* : c'est un point historique facile à vérifier, et très-certainement il n'existe aucune loi romaine ou française, qui puisse autoriser cette assertion. Les Ordonnances de 1539 et de 1549, ainsi que la coutume de Paris, n'annulent que les dispositions, *à titre gratuit,* faites dans ce cas; et cette prohibition particulière conduit naturellement à une conséquence contraire.

A-t-on voulu parler de la jurisprudence? tous les auteurs et les arrêts sont unanimes; c'est à l'égard de la gestion du tuteur, et seulement pour cette gestion, que dans tous on lit, la nullité du traité intervenu entre le tuteur et le mineur, *non visis tabulis nec dispunctis rationibus.* Déjà les auteurs que nous avons indiqués, ont cité *Basnage et Argou.* On peut consulter encore *Loüet, lettre T, som.* 3., et *Brodeau* son commentateur; *Henrys, tom.* 2, *liv.* 4, question 74, et *Bretonnier* son annotateur. Partout on verra la règle ainsi spécialisée, et nulle part on ne la verra rendue commune à toute espèce de traité.

Que la nouvelle rédaction du principe fasse hésiter, soit; mais si on veut l'interpréter par la jurisprudence antérieure, c'est un point sur lequel aucun doute n'est possible; elle n'annulait que les traités par lesquels le pupille réglait aveuglément, et sans être suffisamment instruit, le compte de son tuteur : *Quippe,* disent les docteurs, *cum tutor author in rem suam esse non possit,*

Cet examen de l'ancien droit répand une grande lumière sur la question : il faut au moins en conclure que, si l'article 472 contient une prohibition absolue, c'est une innovation que les auteurs du Code auront faite, et ils ont eu la sagesse de reconnaître en général que notre jurisprudence était arrivée à un degré de perfection qui ne laissait à faire que de légers changemens, et avec beaucoup de réserve et de circonspection. Aussi en ont-ils fait très-peu, et ceux qu'ils ont faits, ont été annoncés et justifiés par leurs orateurs ; ils les ont d'ailleurs écrits dans ce Code, de manière à éviter toute controverse.

En est-il ainsi de l'innovation aperçue ?

Le procès-verbal des conférences n'en fait pas la moindre mention ; l'article qui nous occupe n'était pas même dans le projet, il fut ajouté lors de la rédaction définitive, et adopté sans discussion.

MM. Berlier, Huguet et Leroi n'en ont pas dit un mot au corps législatif et au tribunat, en y présentant cette partie du Code. M. Huguet y a exprimé hautement le sentiment contraire ; voici ses expressions : « Ce n'est point une législation » nouvelle qui vous est soumise, ce n'est point » un système nouveau qui vous est présenté, » c'est un choix de préceptes, de maximes et de » règles, déjà éprouvés par l'expérience des siè- » cles, et que la raison a justifiés depuis long- » temps ; c'est un choix fait, soit dans le droit » écrit, soit dans le droit coutumier, des meil- » leures institutions sur cette matière. »

M. de Malleville, l'un des rédacteurs, dans son analyse, ne fait qu'une seule observation sur l'article 472; c'est qu'il est relatif aux traités faits , *non visis tabulis neque dispunctis rationibus.*

Il est donc hors de doute que cet article ne fait que renouveler l'ancien principe.

Si de ces premiers documens on passe à son texte et à sa place dans le Code, on voit qu'il fait partie d'une section, dont l'objet est annoncé par la rubrique *des comptes de tutelle*, qui est le quatrième de cette section. La probabilité est donc qu'il n'est lui-même relatif qu'aux comptes de tutelle. En effet, on règle par le 471e comment il sera pourvu aux frais du compte; par le 472e, comment on pourra l'arrêter à l'amiable ; et par le 473e, comment, s'il s'élève des contestations, elles seront jugées.

Cette probabilité s'accroit quand on remarque que cet article 472 annule le traité qui interviendra, s'il *n'est précédé* du compte de tutelle; et que ce mot *précédé*, dans son sens propre, suppose une étroite analogie entre ce qui *précède* et ce qui suit. L'article 907 voulant que le tuteur ne puisse recevoir de libéralités de son pupille qu'après avoir rendu son compte, ne dit pas que la libéralité sera précédée du compte de tutelle; mais que les libéralités ne pourront avoir lieu si le compte *n'a été préalablement rendu.*

La différence de ces deux locutions mérite d'être observée ; puisque le traité qui fait l'objet de l'article doit être précédé du compte, il y a entre eux une corrélation intime, le traité est celui qui doit clore le compte et opérer la décharge du tuteur.

Et comment se persuader qu'on ait voulu par cet article proscrire toute espèce de traité, puisque la prohibition est renouvelée à l'égard des donations, art. 907, et pour les transactions, art. 2045? Vainement les partisans de la généralité ont-ils répondu qu'il ne fallait attribuer ces répétitions qu'à un excès de précaution ; la frivolité de cette réponse ne fait que mieux sentir la force de l'objection. Un des mérites de notre Code est de renfermer toutes les règles essentielles du droit dans le cadre le plus étroit qu'il fût possible de se tracer; et c'est en méconnaître un des plus grands mérites, que d'y supposer des redites inutiles.

A la vérité, le texte porte *tout traité*; ce qui semble ne pas supposer d'exceptions ; et c'est le seul moyen qu'on fasse valoir à l'appui du système que nous combattons : mais on a très-judicieusement répondu que, quelque généraux, que soient ces termes, leur sens se concentre naturellement dans le sujet dont traite cette partie de la loi.

On peut appliquer aux lois, qui ne sont que le

développement du contrat social, les règles d'interprétation des contrats ; et nous lisons dans
l'article 1163 : « Quelque généraux que soient
» les termes dans lesquels une convention est
» conçue, elle ne comprend que les choses sur
» lesquelles il paraît que les parties se sont pro-
» posé de contracter. »

On a dit *tout traité*, parce que, s'il n'y a qu'une
manière de rendre et d'apurer un compte, il y
en a mille pour traiter sur son résultat ; et il im-
portait de proclamer que, quelleque fût la nature
de ce traité, il devait être précédé du compte.

Enfin, ceux qui conservent des doutes doivent
chercher à s'en éclaircir, en se pénétrant de l'esprit de la disposition.

Le traité sur la tutelle doit être précédé du
compte, parce qu'une convention n'est équita-
blement formée que quand les deux contractants
en connaissent également tous les éléments ; parce
que le tuteur parfaitement au fait de sa gestion,
serait justement soupçonné de dol, si, sans mettre
son pupille à portée d'en connaître comme lui
tous les détails, il obtenait de lui une libération
complète. Ce tuteur, dit énergiquement Louet,
au lieu de rendre compte, *mettrait sa partie en*
ténèbres, et en lieu où lui seul verrait clair.

Il faut en dire autant de l'acte libératif qui ne
comprendrait qu'une partie de la gestion, parce
qu'elle doit être examinée et justifiée dans toutes

ses parties; mais par quels motifs raisonnables exigerait-on cet examen préalable du compte de tutelle, si le traité était tout-à-fait indépendant de la gestion, et lui était tellement étranger, que son résultat ne pût, en aucune manière, influer sur la détermination du pupille ?

Par exemple, si ce dernier épousait la fille de son tuteur, qui constituerait pour sa fille une dot dont les conditions seraient acceptées par le gendre; dira-t-on que ce traité serait nul pour n'avoir pas été précédé du compte? Si le tuteur, sans lui donner sa fille en mariage, l'associait à son commerce, ou le lui cédait en totalité, ou s'il lui vendait une maison, louait une ferme, etc., ou si le pupille, depuis sa majorité, avait recueilli une succession et traité de quelques objets en provenant avec son tuteur; dans tous ces cas, l'apurement du compte serait fort indifférent; ce serait un arbitraire inexcusable, que d'annuler ces actes, sous le frivole prétexte que le compte de tutelle devait être préalablement rendu.

Nous pensons donc que l'art. 472 doit être entendu ainsi : Tant que le tuteur n'a pas fait régulièrement apurer son compte, tout traité concernant en tout ou en partie les objets qu'il a administrés ou dû administrer, est illégal et nul : c'est dans ce sens qu'ont été rendus les arrêts, de la Cour de Nîmes du 15 mars 1816, de celle de cassation du 14 décembre suivant, et de celle de Paris du 5 janvier 1820.

Celui même du 2 août 1821, n'est contraire à cette théorie que dans le premier de ses motifs, au fond la décision s'y trouve conforme.

Dupré, marié en secondes noces, avait fait, le 19 janvier 1808, avec ses enfans du premier lit, la liquidation de sa première communauté : un de ses enfants, mineur lors de ce traité, l'avait ratifié depuis; et ce n'était que postérieurement à ces deux actes que Dupré s'était occupé de rendre son compte. Cependant le tribunal de la Seine avait rejeté la demande du fils en nullité de ces deux actes; ce jugement devait être réformé; les droits des enfans dans la communauté faisaient un des objets importans de l'administration tutélaire; ils devaient, comme le surplus, être soumis à l'examen exigé par l'article 472 : cet arrêt ne peut donc inspirer d'autres regrets que celui d'y trouver la proposition générale qui y a été placée.

73. De la saine interprétation de l'article 472 sortent plusieurs conséquences importantes ; 1º. son unique but étant de régler la forme du compte tutélaire, pour opérer la décharge du tuteur, il est applicable aux héritiers de ce dernier, s'ils traitaient à forfait et sans détail avec le pupille, la même présomption de dol les atteindrait, le traité serait annulé.

74. 2°. L'action en nullité n'appartient qu'au pupille ; elle n'est instituée que dans son intérêt et pour la garantie du dol : s'il se taît, le tuteur, ni ses héritiers ne peuvent réclamer.

75. 3°. Si, sur la demande du pupille, le compte ordonné et rendu a un résultat moins avantageux pour lui que celui du traité, il ne pourra pas se désister de sa demande. Le jugement, en ordonnant le compte, a annulé le traité, qui ne peut revivre sans un nouveau consentement du tuteur ; et ce que celui-ci se trouvera avoir ajouté à la dette, peut être repris par lui comme payé par erreur : dans l'ancien droit l'action *indebiti soluti*, et dans le nouveau, l'article 1377, fondent le succès de sa revendication.

76. 4°. Le mineur peut faire seul toutes les autres négociations ordinaires ; mais pour peu qu'on mette à profit sa candeur et ses passions naissantes, et qu'il soit lésé, sa plainte sera écoutée et ses obligations réduites, « en prenant en » considération sa fortune, la bonne ou mauvaise » foi des personnes qui ont contracté avec lui, » l'utilité ou l'inutilité des dépenses. » *Art.* 484.

On en voit un exemple dans un arrêt du parlement de Paris, du 9 avril 1630, rapporté dans le tome 1er. du Journal des audiences. Le baron de Chantal, nommé à une lieutenance de cavalerie, avait acheté du baron du Roger un cheval moyennant 1,500 fr., somme alors fort importante, et était mort sans l'avoir payée. Ses héritiers poursuivis se prévalurent de sa minorité et de l'excès du prix de cet achat. La somme fut réduite à 1,000 fr. , sans intérêts, quoique l'achat remontât alors à six années.

Du principe consacré par l'article 484, que les obligations, imprudemment contractées par les mineurs, sont réductibles de tout ce dont ils sont lésés, sort la conséquence inévitable que, si l'engagement est tellement préjudiciable au mineur, que pour faire cesser le préjudice il faille le résoudre entièrement, cette restitution totale sera prononcée.

Telle était l'ancienne jurisprudence : *Brodeau sur Louet, lettre C, som.* 37 , *n°.* 8, rapporte un arrêt du 17 mars 1621, qui restitue en entier un mineur contre une adjudication qui lui avait été faite en justice. La même espèce a été présentée depuis le Code à la cour de Rouen, qui l'a jugée de la même manière. Le mineur Couchaux, ayant pour toute fortune une rente viagère de 1,200 fr. , et voyant les immeubles de Tixier son beau-père saisis et mis en vente, céda aux insidieuses prières de celui-ci , et s'en rendit adjudicataire moyennant 30,000 fr. Devant le tribunal du Hâvre, sur sa déclaration qu'il était mineur, le tribunal ordonna qu'il ferait approuver l'acquisition qu'il venait de faire par le conseil de famille, ce qui fut effectué ; mais bientôt il éprouva les plus vives poursuites, et les immeubles furent revendus à sa folle enchère. Alors il demanda l'annulation de son adjudication, et à être déchargé d'obligations qu'il lui était impossible de remplir : sa demande fut rejetée par le tribunal du Hâvre. Sur son appel, par arrêt du 24 juin, la cour de Rouen, déterminée par les diverses circonstances de la cause, et particulièrement sur ce que, n'ayant qu'une rente de 1,200 fr., il s'était obligé à payer sans délai un capital de 30,000 fr., réforma le jugement, et le déchargea de toutes les condamnations qu'il avait encourues.

Le Répertoire de jurisprudence, au mot *Mineur*, p. 225, donne les détails d'un pareil arrêt rendu par le parlement de Grenoble, le 12 août 1777; par lequel un mineur qui avait pris à bail une terre moyennant un prix excessif, fut restitué contre cet engagement, et admis à compter de clerc à maître pour le passé.

Enfin, l'article 114 du Code de commerce annule les lettres de change qu'un mineur non commerçant peut souscrire.

77. Cependant cette faveur a ses bornes : instituée pour garantir le mineur des atteintes du dol, elle lui est retirée aussitôt que la présomption qui le protège s'évanouit, et qu'il est reconnu déloyal, en refusant d'exécuter des obligations raisonnablement contractées.

On a vu que les tribunaux doivent considérer *l'utilité* ou *l'inutilité des dépenses*, d'après la fortune du mineur (*Art.* 484). Ils doivent aussi le contraindre à faire état des valeurs qui ont tourné à son profit (*Art.* 1312); il ne faut pas restreindre le sens de ces expressions, *utilité*, *profit*, à celui qu'elles ont ordinairement sous le rapport pécuniaire ; mais on doit l'élever jusqu'aux obligations qui intéressent son honneur et le rang qu'il tient dans la société, par sa naissance et sa fortune. On doit encore apprécier cette *utilité* et ce *profit*, par les conjonctures dans lesquelles les obligations ont été contractées.

Ainsi, des prêts faits à des mineurs en pays étrangers ont été déclarés valables, comme ayant été commandés par la nécessité : arrêts du parlement de Provence, des 14 février 1644 et 10 février 1661. (*Voyez Boniface, tom.* 1, *part.* 1re., *liv.* 4, *tit.* 7, *chap* 3.)

L'obligation d'un mineur, qui s'était rendu gardien des meubles saisis chez son père, a été maintenue avec la contrainte par corps qu'elle entraîne, par arrêt du Parlement de Paris, du 10 novembre 1686. (*Voy. Brodeau, lettre A, n°.* 9.)

La dame de Rosny, qui par le contrat de mariage d'une des filles de son service, lui avait fait une donation rénumératoire, fit une tentative inutile pour se dispenser de l'exécuter. Le Parlement rejeta sa demande le 27 février 1626; cet arrêt est dans le recueil de Bardet, liv. 2, chap .2.

En 1786, le sieur de Dommangeville, mineur émancipé, passa, au profit de la dame de Serilly sa sœur, une obligation de 42,000 fr., qu'il reconnut lui avoir été avancée par elle pour payer des lettres de change, des billets d'honneur et des frais d'équipement. Il mourut victime de la révolution, huit ans après sa majorité, sans avoir réclamé. Ses créanciers, aidés de ses héritiers, demandèrent la rescision de cette obligation; ils en furent déboutés par le tribunal de la Seine ; dont le jugement a été confirmé par arrêt de la cour de Paris, du 3 avril 1811. Les motifs sont, « qu'il était suffisamment prouvé que la somme » portée en l'obligation avait tourné au profit » du mineur, en servant à éteindre des engage- » mens qui pouvaient compromettre son état, sa » liberté et son honneur. » (*Voy. le journal du palais,* 2e. *semestre* 1811, *p.* 167.)

78. La présomption de dol devrait-elle cesser, si le mineur avait contracté comme majeur ? Les motifs qui ont placé cette présomption dans toutes les législations civiles, sont si graves, que, suivant l'article 1307, « la simple déclaration de » majorité faite par le mineur ne fait point obs- » tacle à sa restitution. » Cette expression, *simple*

déclaration, fait assez voir que la présomption ne résisterait pas à la preuve que le mineur a réellement dissimulé son âge, et que, par des artifices capables d'en imposer à un homme prudent, se faisant regarder comme majeur, il a obtenu de contracter; mais il faut cette preuve du dol du mineur; et jusqu'à ce que celui qui s'en prévaut l'ait fournie, la présomption est que le dol est tout entier de son côté; que par une perfidie rafinée, pour dépouiller le mineur, et en même temps rendre ses plaintes inutiles, on a exigé de lui, et obtenu de sa faiblesse, de se donner toutes les apparences de la mauvaise foi.

Une ancienne loi romaine, *la* 2e. *cod. si minor majorem se dixerit,* ne prévoyant, dans ce cas, que le dol du mineur, lui refusait la restitution. *Si is qui minorem nunc se esse asseverat, fallaci majoris ætatis mendacio te deceperit; cum juxtà statuta juris, errantibus non etiam fallentibus minoribus publica jura subveniant, in integrum restitui non debet.*

Mais chaque fois qu'en flattant les passions d'un jeune homme, on voulait lui ravir une partie de sa fortune, et le priver du bénéfice de cette loi, on le faisait se déclarer majeur; il fallut, par un rescrit postérieur, admettre les mineurs à prouver que cette déclaration leur avait été dictée par leurs spoliateurs : *Quod si per inju-*

*riam vel circumventionem adversarii hoc fue-
rit factum, durabit beneficium quo minoribus
causá cognitá subveniri solet, l. 3, ibid.* Cette
loi ne préparait encore, pour les mineurs, qu'un
secours illusoire ; elle mettait à leur charge une
preuve toujours difficile et souvent impossible ;
et d'ailleurs, en paraissant fermer une porte à
l'abus, elle lui en ouvrait une autre ; elle voulait
que, si le mineur avait, par serment, affirmé qu'il
était majeur, on rejetât sa demande. Cette loi
irréfléchie ne faisait qu'ajouter au mal, en expo-
sant les mineurs à faire les parjures qu'on exigeait d'eux.

Aussi notre jurisprudence ne l'avait-elle pas
adoptée; et l'on ne comptait pour rien la déclaration
de majorité, lors-même qu'elle avait été accompagnée du serment du mineur. Le 55e arrêt de
Levest, de l'an 1552, le prononce ainsi, en faveur
d'une femme mineure, qui, en vendant avec son
mari une terre appartenant à celui-ci, s'était, par
serment, déclarée majeure. Brodeau, *lettre M*,
som. 7, en rapporte un du 4 février 1610, qui
a également restitué de Laffemas contre le cau-
tionnement par lui fourni pour son père, sur
ce qu'il paraissait, dit l'arrêtiste, « que le mi-
» neur n'avait tiré aucun profit de l'obligation;
» que long-temps auparavant toute la somme
» avait été touchée par le père ; que le mineur
» n'avait rien apporté que sa fidéjussion, à quoi

» il avait été vraisemblablement porté par son
» père, et induit par le créancier, qui voulait
» assurer sa dette ; que le serment prêté par le
» mineur n'était pas considérable, *quia jura-*
» *mentum non est vinculum iniquitatis.* »

Enfin, pour prévenir ces abus, le parlement
de Paris, en jugeant des causes de cette nature,
par ses arrêts des 6 mars 1620, et 26 mars 1624,
rendus en forme de réglement, fit *défenses aux
notaires d'insérer dans les contrats et obligations conçues pour prêt, les déclarations de majorité et extraits baptistaires, sous peine de nullité des contrats, et d'en répondre en leur propre
et privé nom.*

Tout l'essentiel de ces statuts successifs a été
recueilli dans l'article 1307 : il résulte effectivement de sa disposition très-laconique, 1º. que,
lorsqu'il n'y a contre le mineur que sa déclaration dans l'acte qui l'oblige, elle ne prouve pas
qu'il a trompé, ayant pu y être contraint par
celui-là même au profit duquel il l'a faite; idée
que suggère naturellement cette déclaration inu-
sitée dans les contrats ; que cependant, s'il est
avéré qu'il a trompé, il s'est rendu indigne de
la faveur de la loi.

Cette dernière proposition est conforme à la
loi 3, au code *si minor majorem se dixerit,*
déjà citée : *si alterius circumveniendi causâ, minor ætate majorem te probare aspectu laboraveris,*

cum malitia suppleat œtatem, restitutionis auxilium tam sacris constitutionibus, quam rescriptorum autoritate, denegari statutum est.

Si, par exemple, il était prouvé qu'un mineur, pour persuader de sa majorité, s'est servi d'un faux acte de naissance ; coupable du crime de faux, exposé à la peine publique, à plus forte raison le serait-il aux obligations civiles ; tel a été le sort de Baillon, qui, pour contracter, avait antidaté son acte baptistaire. L'arrêt est du 29 mars 1599. *Voy. Louet, lettre·M, som.* 7.

Mornac sur la loi 4, ff, *quod cum eo qui in alien. potest.*, rapporte un arrêt à-peu-près semblable : Un jeune homme avait écrit sur les tablettes de sa profession, qu'il était né en 1583. Devenu majeur, il voulut se faire restituer contre les actes, qu'à la faveur de cette supercherie, il avait passés ; mais en vain il prouva qu'il n'était né qu'en 1586, et qu'il avait été admis à sa profession trois ans trop tôt ; en haine de son mensonge, dit Mornac, la restitution lui fut refusée, par arrêt du 　　février 1613.

Un autre avait imaginé de se faire peindre, et de faire inscrire au bas de son portrait : *anno œtatis* 25. Par ce procédé, d'autant plus perfide qu'il était simple et ingénieux ; ceux qui le visitaient, traitaient avec lui sans le moindre soupçon. Il voulut aussi revenir contre ses engagements, mais sa demande n'eut pas plus de succès, et

fut repoussée avec indignation par un arrêt de
1575, conservé par Brodeau sur Louet, dans le
sommaire déjà cité.

Sans faire usage de moyens aussi odieux,
le mineur qui se bornerait à dissimuler son
âge, mais qui par sa constitution physique et
sa conduite habituelle, donnerait à penser
qu'il est capable de contracter, ne pourrait
pas davantage recourir à l'action en restitution : on peut tirer argument, à ce sujet, de la
loi 3, ff. *n. de maced.* Le senatus consulte ma-
cédonien défendait de prêter aux fils de famille,
sous peine de n'être pas remboursé, même après
le décès de leur père; néanmoins, cette faveur
était retirée à celui qui, lors de l'emprunt, avait,
par ses rapports dans le monde, fait croire qu'il
était père de famille : *Si quis patrem familiâs
esse crediderit, non vanâ simplicitate deceptus
nec juris ignorantiâ, sed quia publicè pater
familiâs plerisque videbatur, sic agebat, sic
contrahebat, sic numeribus fungebatur; cessa-
bit senatus consultum.*

Un cas qui mérite de n'être pas confondu avec
les autres, c'est celui où le mineur contracte, conjointement avec un majeur, et ne retire personnellement aucun avantage du traité; comme dans
les espèces jugées par les arrêts de 1552 et 1610
ci-dessus rappelés, où une femme avait vendu,
avec son mari, une terre appartenant à ce der-

nier; et un fils avait accédé, par solidarité, à l'obligation de son père. Dans de telles circonstances, tout le profit du dol étant pour le majeur, on doit croire que le mineur n'est coupable que d'une aveugle docilité; et l'on ne pourrait lui faire supporter de condamnations personnelles, qu'autant qu'il serait évident qu'il a librement et volontairement participé au dol.

Au surplus, quelle qu'ait été la nature des traités faits par les mineurs, soit avant, soit depuis leur émancipation, s'ils les ont ratifiés en majorité, toute présomption de dol s'évanouit et le traité demeure inébranlable.

79. L'exécution volontaire, en majorité, est une ratification de fait, dont la conséquence est la même. *Voy. ci-dessus*, n°. 65.

Cependant si le traité, fait en minorité, comprenait plusieurs parties tout-à-fait indépendantes les unes des autres, et que les faits d'exécution n'appartinssent qu'à quelques-unes, la restitution pourrait encore être demandée pour les autres.

Un mineur devenu majeur, qui vend un seul des objets compris au lot qui lui est échu dans un partage fait en minorité, est réputé approuver le partage ; parce qu'il n'a pas d'autre titre pour disposer de ces objets ; qu'il se met dans l'impossibilité de représenter son lot intégral, et que ce lot, à l'égard de ses copartageants , est un tout indivisible. Mais si, dans le même acte qui contient le partage , se trouvaient d'autres conventions qui pûssent en être séparées , elles ne seraient pas ratifiées par la vente d'une partie du lot. Cette modification au principe de la ratification tacite, a été admise dans la cause importante de la dame de Cabarus , contre le sieur Devin de Fontenay., son premier mari.

A l'âge de vingt ans , contrainte de faire prononcer sa séparation de biens, elle transigea avec le sieur de Fontenay, par acte du 28 ventôse an II. Pour effectuer le paiement de ses reprises, liquidées à 400,000 fr., il lui céda une prairie , deux maisons à Paris, une créance et le domaine de d'Estimauville. Chacune de ces choses reçut son évaluation particulière; et le domaine estimé 290,000 fr. fut chargé d'une rente au capital de 200,000 fr., dont la dame de Cabarus s'obligea de faire le service à l'avenir.

Après sa majorité , elle vendit la prairie , dénatura les deux maisons; et néanmoins, parvenue à l'âge de vingt-neuf ans , elle demanda la rescision de cet acte, se plaignant surtout qu'on lui eût fait faire l'acquisition du domaine pour 290,000 francs, avec l'obligation d'en payer 200,000 fr. Le sieur de Fontenay lui opposa les faits d'exécution relatifs à la prairie, et aux maisons de Paris.

Le 14 fructidor an XII, le tribunal de Paris, rendit un jugement dont tous les motifs sont remarquables : « considérant que, suivant les prin-
» cipes généralement observés, et depuis adoptés
» par le Code civil, le mineur émancipé, quoi-
» qu'assisté d'un curateur légalement nommé, était
» incapable par le seul fait de sa minorité, à
» moins qu'il n'ait été spécialement autorisé par
» la justice, de contracter aucun engagement,
» emportant hypothèque sur ses immeubles, de
» recevoir et disposer de l'universalité d'un mo-
» bilier composant la plus forte partie de sa for-
» tune ; enfin qu'il était restituable pour la plus
» légère lésion qu'il aurait éprouvée comme mi-
» neur, relativement à des droits immobiliers;

» Considérant, dans l'espèce de la cause, relati-
» vement à la dation en payement des trente-un
» arpens de pré, que la dame de Cabarus les ayant
» aliénés depuis sa majorité, elle a, par cette
» vente, formellement ratifié et l'abandon, et l'ac-
» ceptation par elle faites, de cette propriété;

» A l'égard des deux maisons sises à Paris :
» considérant qu'elle a également, depuis sa ma-
» jorité, dénaturé lesdits bâtiments en les appro-
» priant à son usage ; qu'elle en a usé comme
» d'une chose lui appartenant ; en sorte que, dans
» la position où elle s'est placée à cet égard, sa
» réclamation n'est plus admissible ;

» Le tribunal déclare la dame de Cabarus non

» recevable dans sa demande en restitution pour
» cause de lésion, relativement à l'abandon qui
» lui a été fait des trente-un arpens de pré, et des
» deux maisons dont-il s'agit;

» En ce qui touche le domaine d'Estimauville :
» considérant, d'un côté, que cet abandon a été
» fait séparément et distinctement des autres ob-
» jets et pour un prix particulier; que les choses
» sont encore entières, et que depuis la dame
» de Cabarus n'a souscrit aucun acte dont on
» puisse induire qu'elle ait ratifié celui du 28 ven-
» tôse an 11;

» Considérant, d'un autre côté, que la dame
» de Cabarus, quoiqu'émancipée et assistée d'un
» curateur, n'a pu, sans une autorisation spé-
» ciale et judiciaire, accepter en payement de sa
» dot un immeuble important, évalué arbitraire-
» ment à la somme de 290,000 fr., et contracter,
» en outre, une obligation personnelle d'acquitter
» une rente perpétuelle de 10,000 fr., par an-
» née, et son principal de 200,000 fr.; et par
» suite, donner aux créanciers de cette rente, et
» audit Devin Defontenay, une hypothèque sur
» ses biens, qui emporte l'aliénation de leur pro-
» priété;

» Considérant enfin que la dame de Cabarus,
» indépendamment de la nullité de cet abandon,
» à cause du seul fait de sa minorité, éprouve-
» rait une lésion énorme qui donne lieu à la res-
» titution;

» Le tribunal déclare nul l'abandon qui lui a
» été fait par l'acte du 28 ventôse an 11, de la
» terre d'Estimauville, et la décharge, etc. »(*Voy.*
le Journal du Palais, t. 13 , *p.* 58.)

II.ᵉ CAS DU DOL PRÉSUMÉ·

Aliénation d'esprit.

SOMMAIRE.

80. Effet de la démence.
81. Actes dont la date n'est pas certaine.
82. Actes antérieurs.
83. Personne morte sans avoir été interdite.
84. Libéralités.
85. Libéralités déguisées.
86. Dol prouvé.
87. Acte contenant preuve de démence.
88. Ivresse.
89. Arrêt.
90. Vente de marchandises défectueuses.

80. Lorsque l'altération des facultés morales
de l'homme est parvenue au degré où il ne peut
plus discerner ce qui est contraire à son bien-
être, de ce qui lui est favorable, quiconque traite
avec lui, est présumé l'avoir trompé, et l'équité
réclame l'annulation du contract ; mais comme
ce degré, est un point pour ainsi dire impercep-
tible, il a fallu, pour ne pas livrer les traités à
un dangereux arbitraire, tracer à l'action des règles qui pûssent concilier tous les intérêts : le
Code les a réduites à trois principales.

Iʳᵉ. RÈGLE. Du moment où la démence est reconnue et l'interdiction prononcée, tout traité fait avec l'interdit est *nul* de plein droit, *article* 502. Aucune circonstance ne peut faire fléchir cette règle, que les auteurs du Code ont pris soin de répéter dans l'article 1124.

81. Cette nullité peut-elle s'étendre jusque sur les actes sous seings-privés, dont la date antérieure à l'interdiction, n'aurait pas été rendue certaine?

L'affirmative doit être notre première réponse. Si on ne l'adoptait pas, la juste sollicitude de la loi serait illusoire, et sa prohibition serait impunément violée par tous ceux qui, approchant de l'insensé, pourraient lui surprendre une signature. Dira-t-on que le curateur de l'interdit le représente, pour tout ce qui a précédé sa gestion, et que l'article 1322 veut que l'acte sous seing-privé fasse foi de sa date, contre ceux qui l'ont souscrit et leurs ayant-cause? Le but unique de cette disposition est de faire que celui qui a souscrit un acte privé ne soit pas admis à en désavouer la date, fût-elle mensongère, personne ne pouvant alléguer sa turpitude : fin de non recevoir également victorieuse contre ses héritiers et ayant cause, qui ne peuvent exercer les droits qu'il leur a transmis, que dans l'état où il les a mis par des actes sincères ou frauduleux. Il ne peut pas en être ainsi ni du curateur, ni de l'héritier de l'interdit; l'un et l'autre recueillent ses droits tels qu'ils étaient avant son interdiction ; ils peuvent donc désavouer la date de ses actes privés, parceque, ces actes pouvant avoir été faits depuis la cessation de sa capacité, ce serait une faute involontaire, dont il ne seraient pas plus tenus, qu'il ne pourrait l'être lui-même.

A ce motif déjà déterminant, nous ajouterons que toute prohibition s'étend, nécessairement, sur ce qui pourrait indirectement la braver ; sans quoi, suivant l'heureuse idée du Chancelier d'Aguesseau, *la loi se désarmerait elle-même.* Aussi, la question s'étant élevée à l'occasion d'un conseil judiciaire, a-t-elle été résolue de cette manière ; et l'on conçoit que, sous ce rapport, il y a analogie parfaite entre les effets de l'interdiction, et ceux de la dation de conseil.

La famille du sieur Lenoir lui avait fait donner un conseil le 17 avril 1810. En 1811, le sieur Goursant demanda le paiement d'un billet de 3,000 fr., daté du 26 novembre 1809. On lui opposa que ce billet, n'ayant pas de date certaine avant la dation de conseil, devait rester sans effet ; il prétendit que l'article 1328 n'était applicable qu'aux tiers ; que le curateur de Lenoir était son mandataire, son représentant ; et dèslors, qu'aux termes de l'article 1322, ce billet faisait foi de sa date, comme de l'obligation qu'il contenait ; mais le tribunal civil et la cour d'Angers repoussèrent ce système, et le pourvoi en cassation éprouva le même sort. Voici les termes de l'arrêt, qui est du 9 juillet 1816.

« Vu les articles 503 et 1328 du code civil;
» considérant que les créances réclamées par le
» sieur Goursant n'ont pas de date certaine, an-
» térieure au jugement du 17 avril 1810, qui a
», pourvu le sieur Lenoir d'un conseil judiciaire;
» que si le paiement de ces créances eût été or-
» donné, il en serait résulté que le sieur Lenoir
» eût pu, contre la teneur de ce jugement, em-
» prunter, sans l'assistance du conseil judiciaire,
» en antidatant les obligations : d'où il suit qu'en
» refusant d'ordonner le paiement des créances
» réclamées par le sieur Goursant, l'arrêt atta-
» qué, loin de violer la loi, en a fait la plus juste
» application. »

Il faut cependant reconnaître une différence notable entre les actes postérieurs en date à l'interdiction, et ceux d'une date antérieure non certifiée. Les premiers sont nuls de droit, puisque, très-certainement, ils ont eu lieu depuis l'incapacité de l'interdit; mais les autres peuvent avoir été faits dans le temps de la capacité : il est même probable que la justice ne prononce pas une interdiction, que celui qui en est l'objet n'ait souscrit plusieurs actes de cette nature, ne fût-ce que les quittances données à ses débiteurs. Ces actes ne sont frappés que d'une présomption de dol, qui doit céder non-seulement à la preuve contraire, mais même à des présomptions de bonne-foi, suffisantes pour persuader les magistrats. Dans ce cas, la date de l'acte, toute suspecte qu'elle soit, est émanée de la personne interdite, et c'est à elle qu'on l'oppose : le curateur n'étant que son mandataire, l'acte doit donc être considéré comme produisant au moins un *commencement de preuve par écrit*, avec lequel la preuve par témoins et par présomptions est toujours admissible.

82. IIe. Règle. Les actes antérieurs à l'interdiction pourront être annulés, si la cause de l'interdiction existait, notoirement, à l'époque où ces actes ont été faits. *Article* 503.

Conclure de cette disposition, et par sens contraire, que, quand la démence n'est pas notoire, les actes faits par l'insensé doivent toujours être maintenus, serait une grave erreur. Le législateur ne l'a dit, ni voulu dire; et l'on sait qu'en droit positif les arguments *à sensu contrario*. manquent souvent de justesse. Il résulte seulement du sens implicite de cet article, que, si la démence n'est pas notoire, la présomption est en faveur de l'acte, et pour qu'il soit maintenu : mais s'il s'élève des preuves contre la sincérité, s'il devient constant que cette démence, inconnue du public, avait été aperçue par ceux qui avaient avec l'insensé des relations habituelles, et qu'ils ont abusé des premiers égarements de sa

raison, pour lui faire faire leur volonté, quand
il n'en avait plus; alors la démence ne sera plus,
il est vrai, considérée comme moyen direct et absolu de nullité; mais il faudra y voir une occasion
dont le dol à profité, et reconnaître dans le parti
qu'il en a tiré, les manœuvres signalées par l'article 1116. L'acte, dès-lors, ne pourra pas échapper à la nullité prononcée par cet article, qui,
plus général, comprend tous les cas dans lesquels le consentement a été obtenu par dol. Eh!
quand ce dol serait-il manifeste, si l'on refusait
de le voir dans un consentement préjudiciable
donné par un fou, ou par un imbécile?

Dans le sens direct de l'article 503, la présomption, au contraire, est contre l'acte et pour
qu'il soit annulé; mais la disposition n'est
pas impérative, elle donne seulement aux juges
une faculté dont elle abandonne l'usage à leur
sagesse : ainsi, quelle que fût la notoriété de la démence d'un individu, comme il est possible
qu'elle ne fût pas parvenue jusqu'à celui qui a
traité avec lui, et que, le traité ayant été fait dans
un moment lucide, il ne s'en soit pas aperçu; si
l'acte ne contient rien de déraisonnable, s'il ne
lèse l'insensé, ni sous le rapport de l'intérêt, ni
sous celui des convenances, il peut être maintenu. Nous le répétons, c'est à celui qui a obtenu cet acte à faire toutes les preuves nécessaires, pour convaincre les magistrats de la pureté
de ses intentions et de la légitimité du contrat.

83. IIIe. Règle. Après la mort d'un individu, les actes par lui faits ne pourront être attaqués pour cause de démence, qu'autant que son interdiction aurait été prononcée ou provoquée avant son décès, à moins que la preuve de la démence ne résulte de l'acte même qui est attaqué. *Article* 504.

Cette disposition conçue en termes très-impératifs, semble d'abord bien rigoureuse; quelquefois la démence, comme les autres misères de la vie humaine, arrive subitement, et fait, en un instant, passer du bon sens au délire l'homme le plus sensé; sans que les personnes intéressées à prendre les précautions judiciaires, aient pu en être informées. Plus souvent encore ses proches, si, par ses vertus, il a su s'en concilier le respect et l'affection, répugnent à proclamer l'état déplorable dans lequel il est descendu. Si profitant de l'absence des uns ou de la discrétion des autres, un de ces êtres faméliques qui ne s'introduisent dans les maisons que par une basse expectative, est assez habile pour surprendre un acte, qu'il tiendra dans le secret jusqu'au décès de la personne trompée, il semblerait qu'il pourra jouir impunément du fruit de son larcin : avec quelques réflexions on prendra de cet arcticle une autre opinion.

84. D'abord, il n'est pas applicable aux libéralités; le Code sur cette matière importante, a

fait une innovation très-heureuse. Auparavant,
cette règle qui exige des preuves de la démence,
dans l'acte même qu'on attaque, était commune
à tous les actes sans exception ; non-seulement
quand la personne, qui les avait faits, était morte
libre, mais même quand elle avait été interdite,
si l'acte attaqué était antérieur à l'interdiction.
Les réquisitoires du célèbre avocat-général Sé-
guier, dans les causes jugées en 1756 et 1766,
au sujet des testaments et donations des dames
Delaforce et d'Inville, contiennent les développements de cette ancienne jurisprudence, (*Voy.*
le nouveau Denisart, au mot Démence.

§. 3. Les nouveaux législateurs ont long-
temps hésité. D'abord dans leur projet, ils
avaient admis l'action en nullité des actes antérieurs, si la démence était notoire ; ils mettaient
sur la même ligne les actes à titre gratuit et ceux
à titre onéreux. Lors de la rédaction définitive,
de nouvelles pensées firent apercevoir les faci-
lités infinies qu'on donnerait au dol ; et l'article
901, qui devait se rattacher à l'article 504, en
resta isolé. *Voy. ci-après* n°. 152.

85. La même exception doit être admise à
l'égard des libéralités cachées sous l'apparence
d'actes commutatifs ; c'est la conséquence nécessaire de ce qui a été établi pour les libéralités directes. Sans cela on n'aurait eu qu'une prévoyance
inutile dont se joueraient les spoliateurs des fa-

milles, par la rédaction de leurs actes. Dans les
causes de cette nature, il ne faut pas perdre de
vue, que, lorsqu'un acte a été obtenu d'un insensé par un intrigant, il y a eu, d'un côté, le
dol armé de tous ses artifices, et, de l'autre, la
plus aveugle obéissance.

86. Ainsi l'article 504 n'est justement applicable qu'aux conventions sincèrement commutatives. Celles-ci incontestablement ne peuvent
être attaquées *pour cause de démence,* que lorsqu'elles en fournissent elles-mêmes la preuve;
mais le soin apporté à la rédaction en révèle
l'esprit. La loi ne déclare pas ces conventions
invulnérables; elle veut seulement que la plainte
qui ne serait motivée que sur la démence ne
soit pas écoutée. Nous répétons, dès-lors, à
leur égard, ce que nous avons dit pour celles
faites avant l'interdiction, et lorsque la démence
n'était pas notoire : si l'on articule des faits graves tendant à prouver non seulement la démence, mais aussi les manœuvres employées pour
en profiter et surprendre un acte, cet acte ne
sera pas attaqué *pour cause de démence,* mais
pour cause de dol; et l'article 1110 fera admettre
l'action, ainsi que la preuve offerte pour la soutenir.

87. Enfin, si l'action en nullité n'est appuyée
que sur la cause de démence, que doit-on
entendre par ces preuves qu'il faut trouver

dans l'acte même? C'est encore une de ces routes difficiles à parcourir, et dont la loi n'a pu marquer que le but. Il nous semble néanmoins qu'on peut ainsi établir le principe : quelque déraisonnable que soit une stipulation, pour l'attribuer à la démence, il faut qu'il ne soit pas possible de lui supposer une autre cause.

En effet les innombrables variétés de contrats, que font naître chaque jour les besoins et les passions, offrent par fois des conventions fort déraisonnables, consenties par des personnes ayant toute leur raison.

La lésion la plus énorme ne peut pas être une preuve de démence, puisque la vente à vil prix peut être consentie, en connaissance de cause, par l'homme de bien que presse une dette d'honneur, ou par celui qu'une passion tyrannise.

Il en serait de même du préjudice éprouvé par la vente intempestive que ferait un homme, jeune encore, de l'emploi faisant l'unique moyen de subsistance de sa famille, parceque le dégoût du travail, ou quelqu'autre vice secret a pu le porter à cette action blâmable.

En un mot, suivant nous, on ne peut trouver dans un acte, des preuves de démence qu'autant que son objet principal, ou ses accessoires, feraient apercevoir des idées tout-à-fait *extravagantes*, comme seraient des conditions dont l'exécution est impossible. *Voy. ci-après* n°. 155.

88. Indépendamment de cette cause involontaire qui prive l'homme pour long-temps, et
souvent pour toujours, des lumières de la raison,
il en est une autre qui naît, en quelque sorte, de
sa volonté, et qui l'en prive momentanément :
nous voulons parler de l'ivresse.

Les règles que nous venons d'expliquer ne lui
conviennent pas; ses effets sont si apparents, que,
si l'on contracte avec un homme ivre, on ne peut
pas douter de son incapacité à soigner ses intérêts. Le Code ne contient pas de disposition
spéciale pour ce cas; mais il est naturellement
soumis aux règles générales sur ce qui est de
l'essence du consentement, élément indispensable de toute convention.

Cette dégradation de l'homme, effet subit
d'une passion basse, inspire, presque toujours,
sur ceux qui s'y livrent, du dégoût et du mépris,
rarement de la pitié. Cependant s'il est conforme
à la dignité de l'homme et à la justice de repousser toute excuse, que le coupable d'une mauvaise
action voudrait trouver dans l'ivresse, il ne l'est
pas moins d'écouter la plainte de celui qui, dans
cet état, a été inhumainement dépouillé, et de
reporter toute son indignation sur celui qui a
commis une telle lâcheté. On ne peut pas se dissimuler que, si les embûches du dol peuvent
tromper l'homme jouissant de la plénitude de
ses facultés, elles conduisent bien plus facile-

ment au succès, lorsque l'ivresse a complètement éclipsé l'esprit.

Plusieurs Coutumes permettaient de se dédire, dans vingt-quatre heures, de toutes conventions faites au cabaret. La très-ancienne Coutume de Bretagne, article 326, porte « quand à dépecer » le marché ou contract, il conviendrait qu'il dit » qu'il fut déçu outre moitié du juste prix, *ou* » *déçu par vin*, ou par folle entente, ou que quel- » que fraude il y eut, ou qu'il fut mineur, etc. »

Pothier dans son traité *des Obligations*, n°. 49, s'exprime ainsi : « Il est évident que l'ivresse, » lorsqu'elle va jusqu'au point de faire perdre la » raison, rend la personne qui est dans cet état, » tant qu'il dure, incapable de contracter, puis- » qu'elle le rend incapable de consentement. »

M. Toullier enseigne la même doctrine dans son *Cours de Droit*, t. 6, n.° 112. « Les personnes » que l'excès de la boisson, ou un accès de délire, a » privées momentanément de l'usage de la raison, » sont naturellement incapables de contracter, » pendant que dure l'ivresse ou le délire. Celui » qui, même sans le dessein de tromper, a fait » boire une personne, au point de la mettre hors » d'état de pouvoir juger sainement de la consé- » quence de l'acte qu'elle passe, n'a pas le droit » d'accepter les promesses qu'elle lui a faites dans » cet état. »

Le degré plus ou moins fort de l'ivresse ne

doit pas être considéré. Souvent la raison est perdue, avant que les forces soient sensiblement diminuées.

On ne doit pas non plus distinguer entre le cas où celui qui profite du contrat, a provoqué lui-même ce délire, et le cas où il n'aurait fait qu'en saisir l'occasion; dans le premier, il y a plus de perfidie; dans le second, la déloyauté est la même.

Quand il serait prouvé que les deux contractans étaient également ivres, il n'en faudrait pas moins, sur la demande de l'un d'eux, anéantir leur convention. Le dol serait présumé de la part de celui qui en exigerait le maintien.

La loi n'a pas pu signaler en détail tous les faits qui peuvent constituer le dol; la ruse des hommes est si féconde, qu'il est impossible de prévoir toutes ses resources; il a fallu se borner à une généralité, *omnis calliditas, etc.* L'article 1116, par ces mots *manœuvres pratiquées*, comprend aussi tout ce qui est contraire à la liberté dans les conventions : l'ivresse est un des moyens qui la compromettent le plus, il serait donc injuste de ne pas la traiter avec l'importance qu'elle mérite.

89. La Cour de Colmar a confirmé ce point de droit, par un arrêt du 27 août 1819. Geng avait vendu à la dame Allemand, une maison dont le prix était dit, dans l'acte, avoir été payé anté-

rieurement. Geng en était resté en possession, sans que la dame Allemand eût réclamé; lorsqu'il demanda la nullité de cette vente, offrant de prouver, par témoins, que le même jour 28 janvier 1818, la dame Allemand l'avait fait boire dans une auberge; qu'avant de sortir, elle avait déclaré que Geng allait lui faire un bail de sa maison; qu'au moment de la signature il était dans une ivresse absolue; qu'après la signature elle n'avait parlé que d'un bail et non d'une vente; que le même jour, elle avait cherché à emprunter une somme de 300 fr. dont elle disait avoir le plus pressant besoin; et que, le 24 juillet, elle avait loué une chambre à Colmar.

Le 21 juillet 1819, le tribunal de première instance de Colmar, admit Geng à la preuve de ces faits, par les motifs suivans : « considé- » rant que l'acte est attaqué pour cause de dol et » fraude, comme souscrit par le vendeur dans un » état d'ivresse, et croyant signer le bail d'une » autre maison lui appartenant : considérant qu'il » s'élève contre cet acte des présomptions graves » résultant de faits déjà constants, notamment de » ce qu'encore bien que, par l'acte de vente, la » jouissance ait été abandonnée de suite à l'ac- » quéreur, celle-ci, n'a fait, pendant près d'une » année, aucun acte de propriété de l'héritage » par elle acquis, et que le vendeur a continué » d'en jouir comme par le passé, sans réclama- » tion de qui que ce soit; etc. »

Sur l'appel, on prétendit que la preuve testimoniale de la fraude, et particulièrement de
l'ivresse, n'était pas admissible; on se « prévalait,
» surtout, de ce que l'article 1124, n'a pas mis
» l'homme ivre du nombre de ceux qu'il déclare
» incapables de contracter : » la Cour confirma le
jugement. » (*Voy. le Journal du Palais, t.* 56,
p. 306.)

III.ᵉ CAS DU DOL PRÉSUMÉ.

Vente de marchandises défectueuses.

90. Dans les cas ordinaires, la vente d'une
marchandise défectueuse n'oblige le vendeur
qu'à la reprendre, en restituant le prix, si l'acheteur l'exige, ou à rendre une partie du prix pro-
portionnée à la valeur réelle de la chose vendue,
si l'acheteur s'en contente. Le vendeur n'est tenu
du dommage qu'autant qu'il est prouvé qu'il s'est
rendu coupable de dol, en dissimulant des défauts qu'il connaissait : ce sont même les seules
règles établies par les auteurs du Code civil, sur
les vices cachés de la chose vendue *Articles* 1644
et 1645.

L'ancien droit a une règle d'exception, pour
le cas où la chose défectueuse a été vendue par
l'ouvrier ou le marchand.

Celui qui entreprend de fabriquer ou de vendre
des marchandises ne doit le faire qu'avec les con-

naissances nécessaires, pour ne pas tromper les
personnes qui viennent s'en fournir auprès de
lui. Si la chose par lui livrée, au lieu de remplir
le désir de l'acheteur, a des défauts qui en rendent l'usage nul, dangereux ou difficile, il sera
présumé l'avoir fait sciemment et de mauvaise
foi; et pour le rendre passible de l'action en dol,
il suffira à l'acheteur de prouver la livraison. Le
vendeur, en ce cas, ne pourrait se défendre contre
le soupçon de dol, qu'en s'accusant d'ignorance,
et d'exercer son art ou son négoce, sans en avoir
suffisamment étudié les éléments : c'est à dire de
tromper la société, et en quelque sorte commettre
un dol continu. *imperitia culpæ annumeratur.*
L. 32, ff. *de reg. Jur.*

Telle est la doctrine de Domat, *liv.* 1, *tit.* 2,
sect. 11, *n°.* 7. Après avoir parlé du vendeur de
bestiaux attaqués d'un mal contagieux, il ajoute :
« Il en serait de même, si le vendeur était obligé
» de connaître les défauts de la chose vendue,
» quoiqu'il prétendît les avoir ignorés; comme, si
» un architecte qui fournit des matériaux pour
» un bâtiment, y en avait mis de mal condition-
» nés, il serait tenu du dommage qui en arrive-
» rait. »

Les mêmes principes sont rappelés par Pothier, dans son traité du Contrat de Vente, *n°.*
213; et le Code ne les a pas effacés de notre
législation. On les retrouve dans la règle géné-

rale conservée par l'article 1383. « Chacun est
» responsable du dommage qu'il a causé, non-
» seulement par son fait, mais encore par sa né-
» gligence ou son imprudence. » Or le reproche
d'imprudence est le moindre, sans doute, que
mérite bien justement celui qui, aux dépens
du public, ose se livrer à un art ou à un commerce qu'il ne connaît pas assez.

Ces motifs d'équité conduisent à décider que
le marchand en détail a la même action contre
le marchand en gros, et que celui-ci l'a contre
le fabricant. C'est surtout ce dernier qui doit en
supporter tout le poids, c'est par lui que la chose
a reçu l'existence; il a dû, dans le choix des matières, comme dans leur manipulation, suivre
les conseils de la probité, et ne négliger aucun
des procédés de l'art. Quelles que puissent être les
connaissances du marchand, il ne juge de la
chose que par ses qualités apparentes, et souvent l'apparence la plus séduisante cache des
vices que le temps et l'usage font découvrir.
C'est dans la confiance que la chose est ce qu'elle
doit être, que le marchand va la prendre des
mains du fabricant pour la livrer ensuite au
public; et, à moins qu'il ne soit prouvé qu'il a
été prévenu des défauts de cette chose, et que le
prix n'en a été fixé qu'en proportion, son action
en dol doit être accueillie.

ARTICLE II. Dol qui doit être prouvé.

SOMMAIRE.

91. Preuve admissible.
92. Preuve vocale.
93. Est admissible, si le dol a eu lieu, lors de l'acte, non s'il n'a influé que sur l'exécution.
94. I.er arrêt sur le premier cas.
95. 2.e arrêt conforme.
96. 1.er arrêt sur le second cas.
97. 2.e arrêt conforme.
98. Arrêt contraire aux deux premiers.
99. Conditions pour l'admissibilité de la preuve vocale.
100. Présomptions simples admissibles.
101. Présomptions rejetées.
102. Présomptions admises.

91. Dans tous les cas autres que ceux qui viennent de nous occuper, le dol doit être prouvé; c'est-à-dire que celui qui s'en plaint, doit établir, non-seulement qu'il éprouve un tort, mais que celui qui le lui a causé, l'a fait sciemment et volontairement.

Quant aux genres de preuves, la loi n'en exclut aucun, et quelque soit l'espèce de l'acte attaqué, l'inscription de faux n'est pas nécessaire; cette formalité indispensable quand il s'agit d'un faux matériel, n'a jamais été exigée, lorsqu'il ne s'agit que du dol. Entre les nombreuses autorités que nous pourrions invoquer, nous nous bornerons à la plus moderne.

Giboulot opposait, aux héritiers Garchai, une transaction, contre laquelle ces derniers établirent des circonstances qui, réunies à l'état matériel de l'acte, prouvaient le dol. Le tribunal de Beaune, le 30 août 1810, sans exiger d'inscription de faux, annula la transaction; et son jugement fut confirmé par la cour de Dijon, le 4 avril 1812. Le pourvoi en cassation fut également rejeté, par arrêt du 18 août 1813 :

« Attendu que la cour de Dijon s'étant déter-
» minée par les moyens de fraude, appuiés par
» l'état matériel de l'acte, elle a pu le déclarer
» nul, sans recourir à l'inscription de faux.»(*Voy.*
le Journal du palais, tom. 89, *p.* 299.)

92. La question sur l'admissibilité de la preuve testimoniale, a, de tout temps, été un objet de controverse, qui se renouvelle encore quelquefois, dans les tribunaux, quand, en articulant le dol contre un acte qui oblige ou qui libère, on demande à faire entendre des témoins. La difficulté toujours renaissante dans les causes de cette espèce, vient naturellement de ce que, d'un côté, on fait valoir un acte, et que, de l'autre, on n'oppose que des faits. Delà, la perplexité des juges, placés entre deux règles de droit, également impérieuses. D'une part, on réclame la prohibition de la preuve vocale, *contre et outre le contenu aux actes et sur ce qui serait allégué avoir été dit avant, lors, ou depuis*

ces actes; de l'autre, on rappelle la protection promise par les lois à la bonne foi trompée par des manœuvres frauduleuses, et l'absurdité qu'il y aurait à ne la venger, que lorsqu'elle aurait la preuve écrite de ces machinations.

Le point de séparation entre l'empire de l'une et celui de l'autre de ces deux règles, également importantes, est, par fois, difficile à saisir; tout dépend des circonstances, qui varient à l'infini.

Avant le Code, la jurisprudence laissait des doutes; et quoique le plus grand nombre des Docteurs enseignât formellement l'admissibilité de la preuve testimoniale, contre un acte attaqué pour dol et fraude, quelques-uns semblaient tenir à l'opinion contraire. M. Merlin lui-même est de ce petit nombre dans la première édition du *Répertoire universel de Jurisprudence*; il s'appuie sur deux arrêts du parlement de Rouen, de 1752 et 1756, qui ont, en effet, rejeté cette preuve, dans des causes, où l'on articulait des faits de nature à faire impression.

Cependant de nouvelles réflexions, probablement suggérées à cet habile jurisconsulte par le texte du Code civil, et par un arrêt de la Cour de cassation dont nous rendrons compte, l'ont déterminé à modifier infiniment son opinion. Dans les nouvelles éditions, après le passage dont on vient de présenter l'analyse, il ajoute : « Il y a » une distinction essentielle à faire : ou les faits

» de dol et de fraude qui sont articulés contre un
» acte, portent le caractère d'un faux propre-
» ment dit; ou ils peuvent être vrais, sans que la
» substance de l'acte en soit altérée; au premier
» cas, point de preuve testimoniale, si celui qui
» demande à y être admis ne prend la voie de
» l'inscription de faux.... au second cas, la preuve
» peut être reçue, si les faits de dol sont assez
» graves et assez précis, pour qu'il en résulte
» une induction certaine, que la partie qui les
» articule, n'a pas eu, en signant l'acte, la vo-
» lonté que l'acte même lui suppose. »

Le Code civil devait effectivement produire
une théorie plus fixe sur ce point, que celle de
l'ancienne jurisprudence; une sage combinaison
des articles 1109, 1116, 1341 et 1353, fait cesser
toutes les incertitudes.

93. Mais, d'abord, une observation importante peut jeter une grande lumière sur la question. Les diverses manières dont le dol influe
sur les relations d'intérêts, entre les personnes,
se réduisent à deux principeles; l'une consiste
en moyens secrets qui, dans le moment même
du traité, trompent celui qui doit en être dupe;
l'autre n'a rien de mystérieux, à l'instant où se
forme la convention, et se borne à des promesses, qui ne trompent celui qui s'en contente,
que lorsqu'il en réclame l'exécution. La conduite
du coupable, dans les deux cas, est également

odieuse; mais ses effets à l'égard des personnes trompées, ont un caractère bien différent.

L'homme le plus clairvoyant peut être victime de la première espèce de dol, une prévoyance ordinaire peut prémunir contre la seconde ; c'est sur la différence essentielle entre ces deux espèces de dol , que nous avons établi notre division, *dol dans la formation des traités, dol dans leur exécution*. Nous la regardons comme la clef de la plupart des difficultés de cette nature, et de la saine interprétation des articles du Code, dont on s'arme de part et d'autre , comme s'ils étaient en opposition, quand ils sont en parfaite harmonie.

L'articlcle 1351 refuse la preuve testimoniale, *contre et outre le contenu aux actes, ainsi que sur ce qui serait allégué avoir été dit avant, lors ou depuis;* mais par ces expressions, quelques générales qu'elles paraissent, le législateur n'a entendu parler que de ces promesses accessoires, que les parties prétendraient avoir précédé, accompagné ou suivi les actes, pour en restreindre ou augmenter les conditions : en un mot, cette prohibition comprend toutes les stipulations non écrites, et dont, en les supposant vraies, la partie qui se plaint, y ayant adhéré, aurait pu demander la preuve littérale, par leur insertion dans l'acte ou dans un écrit particulier.

Dans cette hypothèse, qu'on le remarque bien,

l'improbité reprochée n'est pas nécessairement dans le traité, elle peut n'être que dans l'exécution; et peut-être le coupable ne l'est-il devenu, que parce qu'on l'a laissé trop maître de son sort. Allons jusqu'à supposer que, tandis qu'il faisait ces promesses séductrices, il se disposait déjà à les méconnaître un jour, il n'en sera pas moins vrai, qu'il était infiniment facile de déconcerter sa perfidie. S'il y a improbité de la part de l'un, il y a imprudence impardonnable de la part de l'autre; et le maintien des traités importe trop à la société, pour qu'on répare ces imprudences, d'ailleurs assez rares, en livrant l'exécution des contrats à tous les dangers de la preuve par témoins. Au surplus, la sévérité de la règle est elle-même un avertissement suffisant, pour que celui qui en éprouve les effets, ne puisse s'en prendre qu'à lui.

Si, au contraire, la partie qui se plaint articule qu'elle a été trompée dans la conception même du traité : si les faits dont elle offre la preuve, ont été, à cette époque, mystérieux pour elle, et avaient pour but, en la circonvenant, de lui surprendre un consentement que, plus éclairée sur l'objet du traité, elle n'eût pas donné, alors l'article 1341 cesse d'être applicable.

Non-seulement parmi les exceptions contenues en l'article 1348, on trouve le cas où il n'a pas été possible de se procurer une preuve littérale,

et ceux des quasi-contrats, des délits et quasi-
délits; mais c'est dans les articles propres au
mode du consentement nécessaire pour la validité
des conventions, qu'on voit plus précisément les
motifs de décision sur les faits qui constituent le dol.

« Il n'y a pas de consentement valable, si le
» consentement n'a été donné que par erreur, ou
» s'il a été extorqué par violence, ou *surpris par*
» *dol. Article* 1109.

» Le dol est une cause de nullité de la conven-
» tion, lorsque les manœuvres pratiquées par
» l'une des parties sont telles, qu'il est évident
» que sans ces manœuvres, l'autre partie n'aurait
» pas contracté; il ne se présume pas et doit être
» prouvé. » *Article* 1116.

Ainsi la loi, en exigeant la preuve du dol, sans
limitation quant au genre de preuve, les admet
tous : son texte absolu doit le faire décider, son
esprit le commande plus sensiblement encore.
Comment pourrait-on, de bonne foi, soutenir
qu'en désignant le dol par *des manœuvres envers une partie, qui, sans ces manœuvres, n'aurait pas contracté,* elle a néanmoins entendu,
que cette partie rapportât la preuve écrite de
ces manœuvres dont elle ne s'est pas aperçue?

Le chancelier Daguesseau dans son trente-
septième plaidoyer, s'exprimait ainsi sur cette
question : « S'il était défendu d'admettre cette
» preuve, la justice se désarmerait elle-même....

I. 11.

» Le danger de la fraude, qui serait ainsi toujours
» impunie, est encore plus grand que celui de la
» séduction des témoins, que la justice ne man-
» querait pas de punir. »

Nous ajouterons à ces moyens celui que fournit l'article 1353 du code; il n'admet les présomptions que dans les cas où la preuve par
témoins est elle-même admissible ; et en même
temps, il les admet pour le cas où l'acte est argué
de dol et de fraude.

Ce second cas est donc sur la même ligne que
le premier.

Ainsi lorsqu'une partie argue de dol une convention, on doit examiner s'il a été en son pouvoir, lors du traité, de se prémunir contre ce dol;
si elle a pu le prévoir et demander la preuve
écrite des promesses qu'elle articule, la preuve
vocale doit lui être refusée. En vain elle dirait:
il y a eu dol à mon égard, puisque je n'ai contracté que sur la foi d'une promesse qu'on élude
aujourd'hui. On peut lui répondre : la promesse
faite n'est pas le dol; si on l'exécutait vous n'au-
riez pas été trompée; vous n'éprouvez le dol
qu'en ce moment; on abuse de votre confiance,
mais rien ne prouve que le parti d'en abuser fût
pris lorsque vous la donniez. Or l'article 1116
n'admet la rescision de l'acte, que lorsque le dol
a certainement contribué à le former; et non lorsqu'il est possible que ce dol n'ait été conçu que

depuis la convention et, excité par la confiance indiscrète de la personne trompée.

Si les faits, au contraire, tendent à prouver qu'un des contractants a été induit en erreur lors de la négociation du contrat, et n'y a consenti que par suite de sa déception, on lui doit de l'admettre à le prouver par témoins.

Ce point de droit est parfaitement établi par plusieurs arrêts de la Cour de cassation, rendus dans les deux hypothèses.

94. Chiorando receveur des contributions avait délivré à un tiers le 11 germinal an XIII, un mandat de 7,000 fr. sur Gaudry, percepteur, et donné, sept jours après quittance de 7,000 fr. à Gaudry. Quelque temps s'étant ensuite écoulé, il voulut retirer son mandat, en prétendant qu'il faisait double emploi avec cette quittance ; il offrit de prouver qu'elle avait été portée à Gaudry, par un commis chargé de rapporter le mandat ; que ce commis, n'ayant pas trouvé Gaudry, avait laissé chez lui la quittance, sur la promesse du commis de Gaudry de renvoyer le mandat. Gaudry soutint ces deux pièces indépendantes l'une de l'autre, et s'opposa à la preuve testimoniale.

Le 4 janvier 1808, le tribunal d'Alexandrie avait admis la preuve ; et le 30 mars 1809, son jugement avait été confirmé par la Cour de Gènes mais l'arrêt a été annulé par celui de la Cour de cassation, du 29 octobre 1810. (*Voy. le nouveau*

Répertoire de Jurisprudence, au mot PREUVE, *ou le Journal du Palais,* 1er. *sem.* 1811, *p.* 161.)

Les motifs de cet arrêt, sont:

« Attendu que l'article 1341 ne reçoit d'excep-
» tion, aux termes des articles 1347 et 1348, que
» lorsqu'il existe un commencement de preuve
» par écrit, et qu'il n'a pas été possible de se
» procurer une semblable preuve : attendu que
» les parties ne se trouvaient ni dans l'une ni
» dans l'autre des exceptions autorisées par les
» articles 1347 et 1348, puisque l'arrêt dénoncé
» n'a pas déclaré qu'il existât un commencement
» de preuve par écrit, et qu'il avait été possible
» au défendeur de rapporter une preuve écrite
» des faits par lui articulés. ».

95. Cardé avait vendu aux frères Maria une maison moyennant 16,600 fr. ; avec réserve de la faculté de réméré pendant deux ans; et était décédé sans avoir exercé cette faculté, dont le délai était expiré. Le tuteur de ses enfants voulut réparer cette omission, et offrit de prouver que le contrat de vente n'était que le voile d'un prêt usuraire; que les frères Maria avaient usé de dol à l'égard de Cardé, en l'empêchant d'emprunter pour se libérer envers eux, et lui promettant de le recevoir à réméré quand il aurait ses fonds. Les frères Maria, en niant ces faits, soutinrent que la preuve par témoins n'était pas admissible.

Le 17 mars 1809, le tribunal de Turin admit

la preuve; et l'ayant trouvée concluante, le 6 juin 1810, il déclara la vente nulle : ce qui fut réformé par arrêt de la Cour de la même ville, du 31 août suivant; mais seulement en ce que la vente avait été annulée. Ce même arrêt, *attendu que c'était par dol et fraude que les frères Maria avaient empêché Cardé de faire le rachat*, autorisa le tuteur à l'exercer dans trois mois.

La Cour de cassation, saisie du pourvoi contre cet arrêt, a prononcé ainsi le 2 novembre 1812 : « Attendu que l'arrêt a faussement appliqué, sous » un vain prétexte de dol et fraude, l'exception » portée par l'article 1348, rien n'étant plus fa- » cile au sieur Cardé que de se procurer la preuve » littérale de la prétendue prorogation de la fa- » culté de rachat qui a fait le fondement de la de- » mande du tuteur; et qu'alors ce n'a pas été » le dol des frères Maria, mais bien la faute » et l'imprudence de Cardé de s'être fié à de » prétendues promesses verbales qui n'auraient » pu avoir quelque consistance légale, qu'au- » tant qu'elles auraient été rédigées par écrit, » casse, etc. » (*Voyez. le Journal du Palais, t. 36 p. 144.*)

Pour achever de démontrer la différence qui existe entre être victime du dol lors qu'on n'a pu ni l'apercevoir, ni le prévenir, et l'être d'un excès de confiance, de ces premières autorités qui ont rejeté la preuve testimoniale, passons à deux autres qui l'ont admise par ce que les faits articulés présentaient très-positivement le dol contemporain du contrat et cause déterminante du consentement.

96. Le premier est rendu en police correctionnelle, parce que la loi du 19 juillet 1791 avait mis, ainsi que déjà nous l'avons rappelé, le dol en général, au rang des escroqueries; mais il n'en est pas moins précieux pour la jurisprudence civile, à laquelle le simple dol est aujourd'hui abandonné. On doit observer encore qu'il est antérieur au Code, et mérite d'autant plus d'attention, qu'alors la jurisprudence tenant lieu de législation sur la matière, offrait des règles moins fixes.

Charles Méat avait acheté, le 29 vendémiaire an IX, le domaine de la Théverie, moyennant 15,000 fr. Voulant faire de cette acquisition l'occasion d'un lucre odieux, il s'associa au nommé Noël, avec lequel il concerta et exécuta des manœuvres nombreuses, et si adroites que le sieur Castellane se rendit adjudicataire de ce même domaine, moyennant 44,000 fr. Ce dernier ne tarda pas à s'apercevoir qu'il avait été énormément trompé, et finit par découvrir les machinations dont il avait été dupe. Le 14 nivôse, il porta plainte contre Méat et Noël, comme coupables d'avoir, de complicité, employé le dol et la fraude, pour lui faire acheter ce domaine à un prix triple de sa valeur. Le tribunal correctionnel de la

Seine, après avoir reçu la demande et entendu les témoins, adoptant l'erreur de quelques jurisconsultes, déclara que la preuve testimoniale n'était pas admissible contre un acte; refusa d'avoir égard à celle faite, malgré sa gravité, et renvoya les prévenus. Heureusement, sur l'appel du sieur Castellane, la Cour criminelle jeta sur les preuves abondantes de cette cause un coup-d'œil plus juste, les rapprocha plus exactement des principes, et fit droit à la plainte.

Quelqu'étendus que soient les motifs de cet arrêt, nous croyons devoir en rapporter les plus importants : on y trouve un bel exemple de la sagacité avec laquelle les magistrats savent découvrir et développer les perfidies dont trop souvent les hommes de bien sont dupes.

« En fait, considérant 1°. que le domaine de »laThéverie ne rapportait, à l'époque de l'acqui- » sition qu'en a faite Méat, que 9 à 1,200 fr.; que »Méat, dès le 25 brumaire, fit demander au no- » taire un extrait de son contrat d'acquisition, dans » lequel le prix ne fut pas exprimé; que le notaire » ayant fait mention, au bas de ce premier extrait, » de la relation de l'enregistrement qui pouvait » faire connaître la modicité du prix, Méat, par »l'entremise de Freslon, s'en fit délivrer un se- » cond, dans lequel il n'est fait mention ni du » prix, ni de la contenance, ni du droit d'enregis- » trement; que Méat est convenu à l'audience,

» que sa conduite à cet égard avait pour objet de
» ne pas faire connaître à celui qui se présente-
» terait pour acquérir, le prix de son acquisition;
» que Méat passa les 8 et 9 du même mois deux
» baux à ferme à moitié fruits, outre quelques
» prélèvemens; que, malgré que ces baux ne
» soient qu'à deux jours d'intervalle, le revenu
» fut estimé à 2,000 fr. dans le premier, et à
» 4,000 fr. dans le second; que Méat fit insérer
» dans les petites affiches que ce domaine était
» composé de deux cents arpents de terre et prés
» de la première qualité, et qu'il était loué par
» bail 6,000 fr.; que Méat fit remettre chez Hullin,
» chargé de lui procurer la vente de ce domaine,
» une note écrite de sa main, dans laquelle la con-
» tenance fut portée à environ deux cents arpents,
» y compris dix-sept journaux de prés, garantis
» de première qualité, le produit à trois mille
» boisseaux de froment, deux mille boisseaux
» d'avoine ou orge, et la portion du propriétaire
» calculée en argent 6,250 fr.; que Méat, sous
» de faux prétextes, refusa de représenter les
» titres de propriété, alors même qu'ils étaient
» en sa possession; qu'il supposa que son père
» était mort, et qu'il avait besoin de vendre ce
» domaine pour payer une soulte à ses frères; qu'il
» alla jusqu'à porter un crêpe à son bras, quoique
» son père fût encore vivant; que Castellane a
» pris toutes les précautions nécessaires pour

» connaître la valeur et le produit du domaine ,
» en envoyant sur les lieux Bertrand, agriculteur,
» pour vérifier et prendre des renseignements ,
» mais que Méat est parvenu à rendre cette pré-
» caution inutile, en circonvenant Bertrand et
» l'entourant de piéges et de mensonges; que
» Bessé, fermier du domaine, convient d'en avoir
» porté le prix au triple de sa valeur, pour obtem-
» pérer aux sollicitations que Noël lui avait fait
» faire, en lui persuadant que cette estimation
» n'avait pas pour objet une vente, mais un ma-
» riage avantageux pour Méat; que Méat a tou-
» jours déclaré dans les conférences préliminaires
» qu'il ne vendait ce domaine que le prix qu'il lui
» avait couté ; qu'il résulte de l'ensemble de ces cir-
» constances que Castellane a été trompé sur l'éten-
» due , la valeur et le produit du domaine, et que
» c'est à l'aide des machinations , ruses et fraudes
» pratiquées par Méat, qu'on est parvenu ainsi à le
» tromper; que les actes des 4 et 21 frimaire ne
» sont que le produit de ce dol; en droit, consi-
» dérant qu'il n'y a pas de contrat lorsqu'il doit
» son existence au dol; que, si le vendeur peut
» vanter sa chose en termes généraux, jamais,
» dans les détails, il ne doit faire passer des choses
« fausses pour véritables; considérant que le dol
» et la fraude peuvent être prouvés par témoins,
» comme tous les autres délits, quoique cette
» preuve soit contraire à un acte notarié; dit

» qu'il a été mal jugé ; au principal, déclare Méat
» et Noël coupables d'avoir par dol , et à l'aide
» d'espérances chimériques, abusé de la crédulité
» de Castellane ; déclare nuls et frauduleux les
» actes, etc. »

Sur le pourvoi en cassation de Méat et Noël ,
la section criminelle de la cour de cassation a rejeté leur requête :

« Attendu que les ordonnances de 1566 et 1667,
» n'appartiennent pas aux matières correction-
» nelles et criminelles ; que la loi du 14 fructidor
» an III se borne aux actions civiles en rescision
» pour lésion d'outre moitié ; et que dans l'espèce,
» il ne s'agit aucunement d'une action de cette
» nature ; qu'enfin les demandeurs se sont per-
» mis des mensonges , des actions fallacieuses ,
» des machinations tendantes à s'approprier une
» partie de la fortune du sieur Castellane, etc., etc.
» Cet arrêt est du 18 vendemiaire an x. (*Voy. les*
» *Questions de droit de M. Merlin , au mot* Escro-
» querie. -

Indépendamment des motifs qui viennent d'être
rappelés, la Cour criminelle et celle de cassation
en avaient puisé plusieurs dans les attributions
qu'avaient alors les tribunaux correctionnels et
criminels, de juger comme escroquerie tous les
faits de dol ; mais cette surabondance de motifs
n'est pas ce qui a déterminé leur décision ; les
moyens de droit civil qu'ils ont mis au premier

rang ont été les vrais mobiles de leur sévérité ,
c'est ce qui est justifié par l'arrêt suivant, rendu
depuis que les nouveaux codes ont placé le *simple
dol* , hors les cas d'escroquerie , et dans les
matières civiles.

97. Dans l'espèce, ce n'est plus un vendeur
qui trompe un acquéreur, c'est l'acquéreur qui
use de machinations , pour avoir à vil prix une
propriété importante. Operti avait vendu à Carmagnola plusieurs immeubles. Peu de temps
après il demanda la nullité de la vente, et articula
des faits graves et précis de dol. Carmagnola
soutint que des faits, même de dol et fraude, ne
peuvent pas être prouvés par témoins, à moins
qu'il n'existe un commencement de preuve par
écrit. Le tribunal de Turin déclara la preuve admissible , et la cour de la même ville rejeta l'appel de ce jugement.

Carmagnola s'étant pourvu en cassation, le
20 février 1811 , la Cour a rendu un arrêt qui ,
par la solidité de ses motifs, doit rendre sur ce
point la jurisprudence invariable; les voici :

«Attendu que si, aux termes de l'article 1341
» du Code, on ne peut admettre la preuve testi-
» moniale contre et outre le contenu en un acte,
» il est certain, aux termes des articles 1109 ,
» 1116, 1117 et 1353, que les actes peuvent être
» annulés pour cause de fraude et de dol ; que
» cette fraude et ce dol peuvent être constatés à

» l'aide de présomptions, et à plus forte raison
» par la preuve testimoniale ; qu'il suit de la
» combinaison de ces articles que (hors les cas
» de l'inscription de faux) on n'est pas recevable
» à prouver qu'une convention dont l'existence
» n'est pas prouvée par écrit, a eu lieu entre les
» parties ; ni qu'une convention écrite n'a pas
» été formée, ou l'a été en d'autres termes que
» l'écrit l'annonce ; mais qu'on est recevable à éta-
» blir, soit par des présomptions, soit par la
» preuve vocale, que cette convention a été sur-
» prise par fraude ou dol, et qu'elle n'est par
» conséquent pas l'effet d'un consentement libre ;
» qu'en ce cas, la preuve ayant pour objet de cons-
» tater des faits qui participent de la nature des
» délits, et dont il n'était pas possible de se pro-
» curer des preuves écrites, on ne peut, sous au-
» cun prétexte, écarter celles qui résultent de la
» déposition des témoins ;

» Considérant, dans l'espèce, que c'est sur des
» faits de fraude et de dol ainsi précisés, que
» l'arrêt dénoncé a admis une preuve testimo-
» niale ; qu'ainsi il n'a pas violé l'article 1341, et
» a fait une juste application des articles 1109 ;
» 1116, 1117 et 1353 du code. (*Voy. le journal*
» *du palais,* 1er. *sém.* 1811, *p.* 465.)

Après des décisions aussi lumineuses, la
question ne devrait plus être agitée dans les tribunaux. Cependant la cour de Colmar a jugé

dans un sens diamétralement contraire, par un arrêt du 26 février 1819.

98. Rampp était porteur d'un billet de 3,100 f., souscrit par Dielhmann, et motivé *pour argent prêté*. Dielhmann, traduit devant le tribunal de Schelestat, prétendit qu'il ne lui avait pas été prêté d'argent, mais qu'ayant entrepris d'introduire en France des marchandises de contrebande, moyennant un bénéfice de quatorze pour cent de leur valeur, on avait exigé de lui le billet de 3,100 fr. pour garantie des marchandises qui, hors des frontières, lui seraient livrées à l'effet de les introduire; que cependant on ne les lui avait pas livrées, et que l'injuste demande dirigée contre lui devait être proscrite, le billet de 3,100 fr. n'étant que le fruit du dol et de la fraude, et ayant une cause illicite; il offrait la preuve par témoins de ces faits. Le tribunal de Schelestat ne crut pas devoir admettre cette preuve, et se borna, en condamnant Dielhmann à payer, à exiger de Rampp le serment sur la sincérité du billet.

La Cour de Colmar, en réformant ce jugement, a admis la preuve testimoniale des faits articulés; ses motifs sont que ces faits participent de la nature des délits.

Une seule réflexion fait tomber ce raisonnement. Le dol, suivant Dielhmann même, n'aurait eu lieu qu'au moment où, devant lui livrer des

marchandises, on ne l'a pas fait; si on les lui eût
livrées, il n'y aurait pas eu de tromperie; mais
aucun de ses faits ne tendait à prouver qu'on
eût pratiqué des manœuvres pour le déterminer
à souscrire le billet. La promesse de lui livrer
des marchandises était le seul attrait qu'on lui
eût présenté; c'était donc sciemment et de bon
gré qu'il avait donné un titre contre lui, sans en
recevoir pour sa garantie. En un mot, il s'était
abandonné volontairement à la confiance qu'il
avait en Rampp, comme celui qui prête son argent sans billet; et il ne devait pas plus que ce
dernier, être admis à la preuve testimoniale.

Cet arrêt, que l'excès de la turpitude articulée
a évidemment déterminé, ne peut donc pas faire
renaître les doutes; et la règle, que quelque
graves que puissent être les conséquences des
faits articulés, quelque soit le dol que ces conséquences fassent apercevoir, s'il a été possible
d'avoir la preuve littérale de ces faits, pour en
éviter les conséquences, la preuve vocale n'est
pas admissible; doit rester invariable.

99. Ainsi, la première condition à remplir pour
être admis à la preuve par témoins, est que le
dol articulé ait été conçu et commis dans la formation du traité, et que ce soit à l'erreur qui l'a
produit, que le consentement de celui qui se
plaint doive être certainement attribué

Une seconde condition est encore requise : il

ne suffit pas de crier au dol et d'offrir de le prouver ; il faut spécifier comment il a été commis ,
exposer les faits qu'on se dispose à prouver , et
que ces faits soient tels qu'en les supposant prouvés , il en résulte le dol caractérisé, qui fasse voir
un larcin à la place d'un contrat.

Nous l'avons déja dit , si l'action en dol n'est
plus infamante , elle est toujours injurieuse ; et
comme elle n'arrivera au but qu'à la faveur des
preuves formelles , les juges doivent la rejeter à
l'instant , si les faits ne leur paraissent pas de nature à les convaincre.

Ces principes sont ceux du droit romain. *In
hac actione designari oportet cujus dolo factum sit , quamvis in metu non sit necesse.
L. 15, ff. de Dolo.*

*Item exigit prætor ut comprehendatur quid
dolo malo factum sit ; scire enim debet actor in
quâ re circum scriptus sit , nec in tanto crimine
divagari oportet. L. 16, ibid.*

Mornac, sur le second de ces deux textes, ajoute : *Degenerat enim in calumniam, nisi et expli-
cetur dilucidè doli.. species, et sequaturprobatio.*

La plupart des arrêts que citaient les partisans
du système contraire , n'avaient rejeté la preuve
vocale, que par ce que les faits articulés n'é-
taient pas suffisants ; et c'est pour les avoir
mal interprétés qu'ils en tiraient une fausse
conséquence.

100. Il arrive quelquefois que la préuve testimoniale du dol n'est pas nécessaire, et qu'un concours fortuit de diverses circonstances produit un corps de conjectures, d'indices et de présomptions, qui suffit pour convaincre les juges de la fraude pratiquée, et les autorise, en suivant l'impulsion de leur conscience, à briser l'acte que cette fraude a surpris.

Ce pouvoir a toujours été délégué aux tribunaux. La loi romaine leur recommande seulement de ne se décider que sur des indices parfaitement lumineux : *Dolum ex indiciis perspicuis probari convenit. L. 6., cod. de Dolo.* Dans les autres attentats à la propriété ou à la personne d'autrui, le coupable s'enveloppe du mystère autant qu'il lui est possible, mais il y a presque toujours quelques actes extérieurs indispensables qui l'exposent à être aperçu ; pour le dol, au contraire, c'est dans l'ombre qu'il se prépare et se consomme : s'il fallait toujours des preuves écrites ou des témoins pour le rendre manifeste, il serait souvent impossible de le réprimer : il tourmenterait impunément la société.

Cette doctrine salutaire a été en quelque sorte retrempée par le Code civil, article 1353. « Les » présomptions qui ne sont pas établies par la » loi, sont abandonnées aux lumières et à la sa- » gesse du magistrat, qui ne doit admettre que des » présomptions graves, précices et concordantes,

» et dans les cas seulement où la loi admet la » preuve testimoniale, à moins que l'acte ne soit » attaqué pour cause de fraude ou de dol. »

Ainsi, dans les cas ordinaires, la preuve testimoniale n'étant pas admise par la loi contre un traité écrit, auquel on ne peut opposer que des preuves écrites, les présomptions elles-mêmes n'eussent pas pu être accueillies, si la loi n'avait ajouté l'exception du cas où l'acte est attaqué pour cause de fraude ou de dol.

Quand celui qui demande justice du dol, est-il parvenu à ce point de produire des présomptions assez graves, précises et concordantes, pour se faire favorablement écouter? Telle est la question sans cesse agitée dans ces causes qui, par la variété infinie des espèces, offrent toujours un nouveau problème à résoudre.

Les anciens auteurs distinguaient, dans les présomptions, celles qu'ils appelaient *semi-preuves, indices, signes, adminicules, probabilités*, etc. Leurs distinctions et les définitions sur lesquelles ils les appuyaient, sont abandonnées aujourd'hui, et réputées de vaines subtilités. Sous le nom de présomptions, on comprend, comme l'ont fait les rédacteurs de l'article 1353, toutes les circonstances qui, par les conséquences qui en résultent, donnent à présumer la vérité ou la fausseté d'un fait.

Pour la vraisemblance ou l'invraisemblance

du fait auquel elles se rattachent, on les apprécie comparativement à ce qui se passe naturellement et ordinairement dans la société. Cujas les
a parfaitement signalées : *ex eo quod plerumque
fit ducuntur præsumptiones.*

Domat les désigne également avec beaucoup
de justesse : «Tout ce qui arrive naturellement et
» communément, sera tenu pour vrai ; comme, au
» contraire, ce qui n'est ni ordinaire ni naturel
» ne passera pour vrai, s'il n'est prouvé.»

Cependant, comme l'extraordinaire se place
par fois, et de lui-même, parmi les événements naturels; que même le concours de plusieurs circonstances de cette espèce peut se former, sans
que la malice des hommes y contribue, il ne suffira pas d'un petit nombre de présomptions pour
vaincre la plus recommandable de toutes, celle
de l'innocence.

Mais si elles sont assez nombreuses pour que
leur réunion ne puisse pas raisonnablement être
attribuée au hasard ;

Si elles sont graves, parce qu'elles reposent sur
des faits importants et sérieux ;

Si elles sont précises, ne pouvant pas avoir
d'autre sens que celui que le soupçon leur donne ;

Si elles sont concordantes, chacune d'elles
étant en rapport direct avec l'ensemble ;

En un mot, si, par leur nombre, leurs détails
et le corps qu'elles servent à composer, on ne peut

les expliquer que par la vérité ou la fausseté du fait à juger, le doute s'évanouit et la conviction lui succède; vues séparément, elles ne sont que des présomptions, quand le faisceau qui en est formé est une preuve, souvent plus satisfaisante que celle que les juges sont contraints d'admettre, parce qu'elles ont les formes légales.

Pour rendre ces règles plus sensibles et faciliter leur juste application, nous allons rappeler divers exemples de présomptions admises et de présomptions rejetées.

101. Après la mort du sieur de Virgile, le sieur Aubergi opposa à l'héritière un acte privé du 15 fructidor an XIII, portant que Virgile lui avait vendu tous ses biens situés en Nivernais, et notamment les terres de Laboue et des Boulards, moyennant trente-cinq mille francs payés comptant, avec réserve d'usufruit.

D'abord la dame Rebecqui refusa de reconnaître l'écriture et la signature de son frère, ce qui donna lieu au tribunal de Moulins-en-Gilbert d'ordonner la vérification; mais, sur l'appel de ce jugement, devant la Cour de Bourges, elle abandonna ce moyen, et prétendit que l'acte était le résultat du dol et de la fraude pratiqués par Aubergy sur Virgile, dont il avait la confiance.

Pour prouver son accusation, elle présenta de nombreuses circonstances, dont elle concluait qu'il y avait présomptions suffisantes :

1°. Aisance de Virgile qui n'avait pas besoin de vendre ;

2°. Impuissance d'Aubergy de payer 35,000 fr.;

3°. Invraisemblance que Virgile, à l'âge de vingt-cinq ans, ait voulu se réduire à l'usufruit de tous ses biens;

4°. Vilité de prix, 35,000 fr. pour des biens valant 300,000 fr.;

5°. Continuation de la jouissance, comme propriétaire;

6°. 78 fr. seulement trouvés chez lui après sa mort;

7°. Lettres d'Aubergy, prouvant que Virgile, plusieurs fois, lui avait confié des blancs seings;

8°. Projet de vente produit par Aubergy et argué de faux ;

De ces diverses circonstances, la dame Rebecqui tirait la conséquence que l'acte devait être réputé frauduleux, ou, au moins, donation indirecte. Elle se prévalait encore de la conduite équivoque qu'avait tenue Aubergy; de l'incertitude qu'il avait manifestée sur son titre, et de l'embarras que l'on apercevait dans ses lettres. Elle soutenait en dernier lieu, que l'acte pouvait être un fidéi commis tacite en faveur de la sœur de Virgile (la dame Rebecqui elle-même), dont l'état, comme enfant légitime, pouvait être susceptible de critique.

Il faut convenir que les circonstances étaient

graves, mais elles manquaient de *précision ;* c'est-à-dire qu'aucune d'elles ne caractérisait précisément le dol d'Aubergy envers Virgile. Les conseils de la dame Rebecqui le reconnaissaient, puisqu'ils en tiraient des conséquences diverses et contradictoires, en prétendant que, si l'acte n'était pas l'œuvre du dol d'Aubergy, envers Virgile, il fallait y voir une donation déguisée; ou, au moins, un fidéi commis, ce qu'ils attribuaient, dans les deux cas, à la volonté réfléchie de Virgile, et détruisait l'accusation de supercherie portée contre d'Aubergy. Les présomptions étaient donc graves, mais non précises, ni surtout concordantes ; aussi furent-elles rejetées par la Cour de Bourges, dont l'arrêt est ainsi motivé :

« Attendu que le dol, la surprise et la fraude » ont bien l'effet d'annuler les conventions qui » en sont infectées; mais que ces vices doivent » être établis, et qu'ici tout se réduit à des con- » sidérations vagues, incertaines, la plupart dé- » menties, ou au moins expliquées par les faits » même de la cause;

» Attendu que, dans l'espèce, la simulation » consisterait, en ce qu'il n'y a jamais eu de prix; » qu'à la vérité Virgile reconnaît avoir reçu » 35,000 fr., mais qu'Aubergy était sans fortune, » sans ressources, qu'il n'avait jamais pu payer, » et ainsi qu'on a coloré d'une vente, une véri-

» table donation, qui serait nulle à défaut des
» formes établies par la loi....

« Mais attendu qu'il est impossible d'exercer
» ce genre d'inquisition qui force un acquéreur
» à 'dérouler le plan de sa fortune, et à rendre
» compte des moyens par lesquels il a pu acqué-
» rir, des bourses dans lesquelles il a pu puiser,
» des ressources de tout genre qu'il a pu em-
» ployer, que dans l'acte du 15 fructidor, le
» vendeur déclare avoir reçu le prix, qu'une
» preuve de ce genre ne peut être détruite que
» par une preuve contraire, et qu'il est plus sûr
» pour la justice de s'arrêter à un fait constant,
» que d'accueillir des conjectures, des considéra-
» tions qui peuvent bien quelquefois frapper son
» esprit, ébranler son opinion; mais qui sont in-
» capables de lui offrir une sécurité entière ;

» Attendu que l'imputation de dol, de surprise
» et de simulation, d'abus d'un blanc seing, est
» inconciliable avec l'idée d'un fidéi commis....
» a mis l'appellation etc.... ordonne que l'acte
» du 15 fructidor an XIII sera exécuté etc. (Voy.
le Journal du Palais, coll. de 1811, p. 458.)

Parmi ces sages motifs, il en est un qui mérite
une attention particulière : c'est en vain qu'on
offrira aux magistrats des présomptions graves,
nombreuses, *capables d'ébranler leur opinion*,
et de frapper leur esprit, si elles ne peuvent pas
leur donner une *sécurité entière*. En effet, lors-

que, par le défaut de précision et de concordance des présomptions, il leur reste quelques doutes, inconciliables avec l'entière sécurité, ils ne peuvent asseoir leur opinion que sur ce qu'il y a de plus certain, c'est-à-dire, sur l'acte attaqué.

102. La Cour de Paris a rendu, en 1807 et 1812, deux arrêts, dans des causes où l'on voit tout le mérite nécessaire que doivent avoir des présomptions pour faire annuler les actes.

Un sieur Sagot et sa femme furent reçus, comme parens et infortunés, dans la maison des sieur et dame Sabine. Le sieur Sabine, en mourant, leur légua 6,000 francs, en en réservant l'usufruit à sa femme, et en exprimant le regret de ne pouvoir en faire davantage pour des personnes qu'il croit bien mal à l'aise. Il meurt en 1793, sa veuve les conserve avec elle, et bientôt son grand âge la détermine à donner à Sagot une confiance sans bornes ; elle lui remet d'abord des signatures en blanc, pour qu'en les transformant en quittances, il puisse toucher ses revenus ; et finit par lui donner une procuration générale pour recevoir revenus et capitaux.

En l'an 10, informée que Sagot répand le bruit qu'il est porteur d'un écrit d'elle à son profit ; elle prend le parti de l'éloigner de sa maison. Le 17 prairial, elle fait, chez un notaire, la déclaration qu'elle n'a jamais souscrit d'acte entre elle et Sagot sous signature privée ; proteste contre tout ce qu'il pourrait présenter, voulant qu'il n'y ait de valables que ceux passés devant notaires, ainsi que les décharges qu'elle a pu lui donner comme son fondé de pouvoir. Quatre ans après, en 1806, elle l'appela en conciliation pour s'expliquer sur les actes privés qu'il pourrait avoir, émanés d'elle : il refusa toute explication, sous prétexte qu'en justice, il donnerait ses moyens de fait et de droit.

Bientôt après, la dame Sabine étant décédée, Sagot ne garda plus de mesures, et forma opposition aux scellés, comme créancier des 6,000 fr., à lui légués par le sieur Sabine, et de plus, comme propriétaire d'effets mobiliers à lui vendus par la dame Sabine, avec réserve d'usufruit, moyennant 8,950 fr., suivant un acte privé du 30 fructidor an VI.

Les sieur et dame Millet, légataires universels de la dame Sabine, demandèrent la nullité de cet acte, comme respirant le dol et la fraude dans sa nature, son objet et ses conditions. Leurs efforts furent inutiles devant les juges de première instance ; mais ils obtinrent un succès complet devant la Cour de Paris. L'arrêt est du 8 avril 1808, en voici le texte. (*V. le journal du palais*, 1er. sém. 1808, *p.* 535.)

« Considérant que, sans qu'il soit besoin de » s'arrêter aux inductions tirées de la circons- » tance; que la prétendue vente, du 30 fructidor

» an VI, dont il s'agit, est écrite sur papier d'un
» timbre qui avait cessé d'être en usage, plusieurs
» années avant celle dont cet écrit porte la date,
» et de la circonstance que la partie de cet écrit
» qui se trouve au recto et au-dessus de la signa-
» ture de la dame Sabine, est d'une écriture plus
» serrée que la partie écrite sur le verso; il ré-
» sulte des pièces et des circonstances de la cause,
» des preuves suffisantes du dol et de la surprise
» qui ont donné lieu à cette prétendue vente ;

» Qu'il est constant 1°. que la veuve Sabine
» n'avait aucun besoin de vendre son mobilier,
» puisqu'il n'est pas contesté par Sagot et sa
» femme, qui ont eu connaissance entière de ses
» affaires, qu'elle avait un revenu plus que suf-
» fisant pour fournir à ses besoins; 2°. que Sagot
» et sa femme, qui avaient été recueillis par la
» veuve Sabine, laquelle leur avait donné sa table
» et sa confiance entière, et dont ils géraient les
» affaires, qu'elle ne pouvait gérer elle-même à
» cause de son grand âge, n'indiquent aucun
» placement ou emploi de la somme qui serait
» provenue de ladite vente; 3°. que Sagot et sa
» femme, qui étaient bien mal à l'aise, ainsi que
» le déclara expressément Sabine dans le testa-
» ment qu'il fit en leur faveur, en janvier 1792,
» n'indiquent aucunement d'où pouvait leur pro-
» venir, en l'an VI, époque à laquelle l'argent était
» si rare, même dans les maisons aisées, la

» somme de 8,950 francs, qu'ils supposent
» avoir payée en numéraire à la veuve Sa-
» bine, le 30 fructidor an VI; qu'il est invrai-
» semblable que, si Sagot et sa femme, chargés
» de plusieurs enfants, eussent eu à leur disposi-
» tion la somme de 8,950 fr. écus, ils l'eussent
» employée à acheter un mobilier, au lieu d'ac-
» quérir des immeubles qui étaient alors au plus
» vil prix; et qu'il est encore plus invraisemblable
» qu'ils eussent employé ce numéraire en achat
» de vaisselle plate et d'autres objets qui ne con-
» venaient pas à leur état, dont ils n'auraient
» même dû avoir la jouissance qu'après le décès
» de la veuve Sabine, et cependant sans stipula-
» tion d'aucun intérêt du capital; que, si la vente
» en question eût été sérieuse, et du libre con-
» sentement de la veuve Sabine, on n'aurait pas
» omis de s'entendre sur le poids de l'argenterie,
» de l'énoncer dans l'acte, et d'y détailler les di-
» mensions des glaces; et l'on n'y aurait pas in-
» séré la clause insolite qui charge la succession
» de la venderesse des frais d'enregistrement de
» la vente; 6°. que Sagot et sa femme ont obsti-
» nément refusé de s'expliquer jusqu'après la
» mort de la veuve Sabine, dont ils ont connu
» les diverses protestations et demandes, qui,
» quoiqu'elles ne fassent pas preuve, prises iso-
» lément, concourent cependant à constater la
» captation, par leur réunion aux autres circons-

» tances, et particulièrement aux faits constants,
» que la veuve Sabine a envoyé vendre à Paris,
» avec l'aide de Sagot, le cabriolet énoncé dans
» ledit écrit, qui n'a pas pu y être vendu; qu'elle
» a aussi disposé par vente et au vû de Sagot, de
» plusieurs objets aussi compris dans ledit écrit;
» 7°. qu'il résulte évidemment de l'ensemble de
» ces circonstances, que la signature de la veuve
» Sabine, qui se trouve au bas de l'écrit du
» 30 fructidor an VI, lui a été surprise par dol et
» captation : sans avoir égard audit acte, qui est
» déclaré nul et de nul effet; déclare Sagot et sa
» femme non recevables, etc. »

On a pu remarquer que plusieurs circonstances rejetées dans l'arrêt précédent, sont accueillies dans celui-ci, parce qu'isolées elles n'a-
vaient pas eu la force qu'elles ont emprunté de leur
réunion avec d'autres parfaitement analogues.

Le second arrêt de la Cour de Paris est rendu
sur des faits moins compliqués, mais également
décisifs : nous l'avons rapporté ci-dessus, §. 7,
n°. 59.

C'est ainsi que ces êtres méprisables, qui ont
ourdi dans l'ombre leurs trames odieuses, et cru
pouvoir braver la justice des hommes, voient
souvent déconcerté par la sagacité et la sévérité
des magistrats, tout ce qu'ils avaient cru impé-
nétrable; quelquefois même, c'est à l'excès de
leurs précautions qu'ils doivent d'être plus facilement découverts.

§. 10.

Dol appelé Stellionat.

SOMMAIRE.

103. Caractère.
104. Somme modique.
105. Femme mariée.
106. Bonne foi.
107. Contrainte par corps.

103. Par ce mot *stellionat*, qui, dans son éthymologie, se réfère aux couleurs variées et à la subtilité des mouvements du lézard, le droit romain désignait presque tous les genres de dol : l'ancienne jurisprudence française en avait réduit infiniment les cas, et néanmoins en comprenait encore beaucoup plus que le Code civil. Comme il entraîne la contrainte par corps, et que cette contrainte ne peut pas avoir lieu hors des cas littéralement exprimés par la loi, on ne peut plus, comme avant le Code, qualifier de stellionat, sous prétexte d'analogie, des faits autres que ceux compris dans les articles 2059 et 2136.

« Article 2059. Il y a stellionat, lorsqu'on vend
» ou qu'on hypothèque un immeuble dont on
» sait n'être pas propriétaire; lorsqu'on présente
» comme libres des biens hypothéqués, ou que
» l'on déclare des hypothèques moindres que
» celles dont ces biens sont chargés. »

« Article 2136. Les maris et les tuteurs qui,
» ayant manqué de requérir et de faire faire les
» inscriptions ordonnées par le présent article ,
» (celles de leurs femmes et de leurs pupilles)
» auraient contracté ou laissé prendre des privi-
» léges ou des hypothèques sur leurs immeubles,
» sans déclarer expressément que lesdits immeu-
» bles étaient affectés à l'hypothèque légale des
» femmes et des mineurs, seront réputés stel-
» lionataires, et comme tels contraignables par
» corps. »

104. La rigueur de cette règle reçoit exception
chaque fois que la créance est inférieure à 300 fr. ;
l'article 2065 l'établit en principe général pour
la contrainte par corps, principe qui s'étend incontestablement au stellionat, puisque l'article
suivant affranchit les septuagénaires , les femmes
et les filles de la contrainte par corps , si ce
n'est pour stellionat ; restriction qui, exprimée
seulement pour ce cas, est évidemment étrangère
à celui de l'article 2065.

105. Une seconde exception est écrite dans
cet article 2066, en faveur de la femme mariée
qui est en communauté , et qui s'oblige avec son
mari : à moins que l'obligation n'ait pour objet
des biens dont elle s'est réservé l'administration.
Cette exception et les bornes dans lesquelles le
Code l'a renfermée, ont été puisées dans l'ancien
droit, et particulièrement dans un édit du mois

de juillet 1680. (*Voy. Denisart, au mot stellionat.*) Il importe donc de ne pas étendre la
faveur de cette exception au-delà de son objet,
qui est uniquement la contrainte par corps.
Mais quand la femme a paru avec son mari dans
un acte où un stellionat a été commis, elle est,
comme lui, tenue de réparer ce dol, de payer
les dommages et intérêts auxquels il peut donner lieu; la contrainte par corps ne sera pas
exercée contre elle, mais elle sera passible de
toutes les autres obligations écrites dans l'acte.

Pour le sentiment contraire, on peut dire que
ce même article 2066 porte que « les femmes
» qui, étant en communauté, se seraient obligées
» conjointement et solidairement avec leurs ma-
» ris, ne pourront être réputées stellionataires
» à raison de ces contrats »; et que si elles ne
peuvent pas être comprises dans le stellionat de
leurs maris, elles ne doivent supporter aucun de
ses effets.

Cette idée, il est vrai, est celle qui se présente
la première; le texte semble si clair, si absolu
dans ce sens, qu'on est disposé à ne pas aller plus
loin. Cependant cette illusion s'évanouit à la première réflexion : le texte ne dit pas que les contrats infectés de stellionat seront nuls à l'égard
des femmes; il se borne à défendre de les réputer stellionataires à raison de ces contrats. Par
ce sens étroit, il maintient les obligations ci-

viles des femmes, et il serait absurde de croire que leurs obligations irrévocables, quand leurs maris ont traité de bonne foi, cessent d'être obligatoires quand ils ont trompé leurs créanciers.

Les contrats étant maintenus, les obligations solidaires de la femme restent dans toute leur force : si donc le mari et la femme ont vendu solidairement un immeuble qui ne leur appartenait pas; par l'effet de la garantie promise, la femme devra les dommages et intérêts résultant de cette vente frauduleuse : s'ils ont emprunté pour plusieurs années un capital hypothéqué sur un immeuble qu'ils ont déclaré libre et qui ne l'est pas, elle devra rembourser sur-le-champ. Personne sans doute ne voudra prétendre le contraire ; et dès-lors il faut reconnaître que le texte qui nous occupe, a seulement voulu que les femmes ne fussent pas exposées à la contrainte par corps.

L'édit de 1680 contenait la même disposition, et a été interprété de la même manière, par un arrêt du 2 septembre 1760, rendu par le Parlement de Paris. (*Voy. la Jurisprudence civile de la Combe, Denisart et le Répertoire universel de Jurisprudence, au mot* Stellionat.)

Les sieur et dame Vauduy avaient constitué solidairement une rente; le créancier ayant fait réputer le mari coupable de stellionat, poursui-

vit la femme pour la contraindre au remboursement de la rente; elle lui opposait que, ne pouvant être réputée stellionataire, elle ne devait
être tenue que de continuer à servir la rente.
La sentence du châtelet qui avait condamné la
dame Vauduy à rembourser la rente, fut confirmée.

Il y a néanmoins encore une seconde différence dans les effets du stellionat, entre le mari
et la femme, à l'égard des dommages et intérêts.
Nous avons précédemment établi qu'ils sont bien
plus graves lorsqu'il y a eu dol, que quand ils pren-
nent naissance dans toute autre cause. La femme
ne peut être passible du premier de ces effets qu'autant qu'il serait prouvé qu'elle a participé volontairement au dol de son mari; si cette preuve n'est
pas acquise, elle ne doit que les dommages et intérêts ordinaires. La femme mariée est condamnée
par la nature et par la loi à une dépendance telle,
qu'elle peut commettre le stellionat sans le savoir, ou en le sachant, sans cette libre volonté
qui seule fait le coupable. Si cependant il était
démontré que sciemment, volontairement et librement, elle a contribué au dol, elle devrait,
solidairement avec son mari, tous les dommages
et intérêts auxquels il peut donner lieu. (*V. ci-
dessus* §. 5.)

106. Une troisième exception peut encore faire
disparaître le stellionat, c'est celle de la bonne

foi de celui qui l'a commis, sans en avoir l'intention. La rigueur de la loi n'a pas d'autre cause que la déloyauté qu'elle suppose de la part de celui qui est convaincu, par le seul fait, du stellionat ; et s'il est démontré que cette cause n'existe pas, son effet doit cesser ; il importe seulement de remarquer que c'est à celui qu'un acte accuse de cette espèce de délit, à prouver son innocence par le défaut d'intention. La preuve testimoniale peut même être employée pour cette justification; il n'est pas question de prouver le contraire du contenu en l'acte, ni de détruire les déclarations qui y ont été faites, mais d'expliquer l'erreur qui les a dictées. Si, par exemple, quelqu'un avait vendu un héritage en se croyant l'héritier du propriétaire, et demandait à prouver qu'il a eû des motifs plausibles pour agir ainsi, il devrait être admis à le prouver, et si la preuve était satisfaisante, le stellionat devrait être rejeté.

107. La contrainte par corps pour stellionat n'est pas une peine, mais seulement un moyen coërcitif ajouté aux moyens civils pour en assurer la réparation; en sorte que si le stellionataire parvient à se libérer avant l'emprisonnement, il cesse d'y être exposé, et s'il a été arrêté, sa captivité doit cesser aussitôt. Si même avant sa condamnation, il a fait disparaître la cause du stellionat, soit en remboursant la dette hypothécaire qui prime celle qu'il a constituée, sans en avertir,

soit en faisant résoudre la première vente, portant obstacle à la seconde, la plainte en stellionat ne serait pas admise, et le contrat récou-
vrant toute sa force, le demandeur se trouvant
sans intérêt à en refuser l'exécution, serait contraint de la souffrir. Une sentence du Châtelet
de Paris, qui avait jugé dans un sens contraire,
a été réformée par arrêt du 21 juillet 1739.
(*Voy. Denisart au mot Stellionat.*)

Il n'en serait pas ainsi dans le cas où le stellionataire, sans effacer la cause du stellionat, se
bornerait à demander une vérification des biens
hypothéqués, à l'effet de constater qu'ils sont suffisants pour répondre de toutes les créances, ou
à offrir d'autres immeubles pour remplacer les sûretés manquantes. Dans ces deux cas, il faudrait
faire subir à la convention primitive des modifications auxquelles le créancier n'est pas obligé
de se prêter. Le traité doit être exécuté comme il
a été fait ; on ne doit pas au créancier des sûretés
suffisantes, on lui doit toutes celles qu'il a voulu
avoir. Ainsi jugé par deux arrêts de la Cour de
Paris, des 5 thermidor an XI et 6 janvier 1810.
(*Voy. le Journal du Palais*, 2e. *sem. XI, p.*
428 et coll. 1811, *p.* 54.

CHAPITRE III.

DOL DANS L'EXÉCUTION DES TRAITÉS.

108. Cette espèce de dol est commise de trois manières : ou en niant le fait même de l'obligation ;

Ou en se prétendant dispensé de l'exécuter ;

Ou en l'exécutant, mais frauduleusement.

§. 1ᵉʳ.

Dénégation frauduleuse.

SOMMAIRE.

109. Cas où elle peut avoir lieu.
110. Preuve vocale inadmissible.
111. Exceptions et modifications.

109. La mauvaise foi ne trouve l'occasion d'user de ce moyen qu'à la suite des négociations faites sans écrit.

Telles sont les promesses verbales qui, par fois, accompagnent les actes, et doivent donner à leurs effets un résultat contraire à celui que l'acte exprime ;

Les libérations sans quittance, quoiqu'il existe une obligation littérale ;

Les dépôts volontaires, les prêts et toutes les

autres conventions dans lesquelles un des inté-
ressés s'abandonne à la foi de l'autre.

Si ce dol, pour lequel le coupable n'a besoin
ni de ruse ni d'adresse, mais seulement d'étouf-
fer le cri de sa conscience, et de nier la vérité,
est le plus facile à commettre, comme il est également le plus facile à prévenir, la loi est beaucoup moins favorable envers celui qui, dupe
d'une trop aveugle confiance, vient ensuite réclamer le secours des tribunaux.

110. Cette imprévoyance, d'ailleurs, est si
opposée à l'esprit d'intérêt et de défiance qui
anime le commun des hommes, qu'elle inspire
naturellement aux juges la crainte que celui qui
se plaint, ne veuille, à l'aide d'un dol imaginaire, en commettre un plus réel. Sur toutes
les allégations de ce genre, dès qu'il est démontré qu'on a pu se procurer la preuve par écrit,
du fait articulé, toute autre preuve par témoins
ou par présomptions, doit donc être rejetée; et
le principe, que la déclaration du défendeur
doit faire la loi de la cause, reste dans toute sa
force.

111. Cependant cette règle générale est susceptible de diverses exceptions et modifications, à
la faveur desquelles le dol peut encore être ré-
primé. Et comme le but principal de ce traité
est de signaler toutes les ressources offertes, par
la législation, contre ce fléau, nous allons exami-

ner celles qui, dans ce cas, peuvent être utilement employées.

La prohibition de la preuve testimoniale cesse,

1°. S'il s'agit d'une valeur n'excédant pas
150 fr.;

2°. Si la convention a été nécessitée par une
force majeure;

3°. Lorsqu'il y a un commencement de preuve
par écrit;

4°. Quand le traité est commercial.

Nous verrons dans un cinquième article jusqu'où doit s'étendre la prohibition.

Nous traiterons dans le sixième, de l'aveu judiciaire.

Et dans le septième, du serment, dernière
resource, quand toutes les autres manquent.

ARTICLE Ier. Valeur n'excédant pas 150 fr.

SOMMAIRE.

112. Première exception.
113. Vente verbale d'immeubles.
114. Baux à loyer.
115. Paiement sans écrit.

112. Le Code civil, ayant établi, dans les articles 1341 et suivants, des règles claires et nombreuses sur les cas dans lesquels la preuve par
témoins est ou n'est pas admissible, il reste, sur
cette partie du droit, peu d'occasions aux subtilités qui, auparavant, étaient très-multipliées.

Cependant deux questions sont encore par fois agitées.

113. Iʳᵉ. Question. Si l'on articule qu'un immeuble a été vendu, pour une somme de 150 fr., ou moindre, la preuve par témoins sera-t-elle admissible?

Une ancienne Ordonnance de l'année 1535, *chap.* 19, *art.* 2, exigeait qu'il fût passé acte par-devant notaires *de tous traités concernant héritages, rentes ou réalité*. Mais son principal objet étant d'assurer la perception des droits seigneuriaux, elle a perdu toute sa force par les lois abolitives du régime féodal. Il suffit d'ailleurs que le Code civil, en posant les principes régulateurs du contrat de vente, n'ait pas renouvelé les dispositions de cette Ordonnance, pour la réputer abrogée.

Il ne met aucune différence entre la vente des meubles et celle des immeubles; pour l'une, comme pour l'autre, il s'exprime ainsi, article 1582 : « Elle peut être faite par acte authentique » ou sous seing privé. »

Art. 1583. « Elle est parfaite entre les parties, » et la propriété est acquise de droit à l'acheteur » à l'égard du vendeur, dès qu'on est convenu » de la chose et du prix, quoique la chose n'ait » pas encore été livrée, ni le prix payé. »

Par l'ensemble de ces deux articles, on voit que le premier, dont les expressions ne sont que

facultatives , n'a pas pour but d'exiger un
acte, mais seulement de faire accueillir l'acte
sous seing privé , comme l'acte authentique ;
que toute vente est valable aussitôt que les
contractants sont d'accord sur la chose et sur le
prix, sans qu'aucun acte ait été rédigé. Cette
interprétation peut déjà s'appuyer sur un arrêt
de la cour de Colmar du 15 janvier 1815.
(*Voyez le Journal du Palais* , tom. 40 ,
p. 312.)

De ce point incontestable , suivant nous , il
faut conclure que la vente d'un immeuble comme
d'un meuble, (non subordonnée à la rédaction
d'un acte), à quelque somme que le prix s'élève,
peut être prouvée par témoins, s'il y a un commencement de preuve par écrit; et que, si le prix
articulé n'exède pas 150 fr. , elle peut être prouvée également par témoins, sans qu'il soit besoin
de commencement de preuve par écrit.

Dans ce dernier cas , il faudra presque toujours résoudre une difficulté préliminaire. Le
défendeur ne manquera pas de prétendre que
le prix de sa chose est indéterminé, et qu'il peut
s'élever à plus de 150 fr.; cette incertitude ne
sera pas un motif pour rejeter la demande. La
loi la suppose, puisque sa prohibition n'est qu'à
l'égard des choses excédant la somme ou valeur
de 150 fr., il ne s'agit donc que de vérifier l'exception en déterminant la valeur de la chose

litigieuse, qui ne peut dépendre ni de l'assertion du demandeur, ni de celle du défendeur.

S'il existe à l'avance des preuves suffisantes de
cette valeur, l'incident sera facilement terminé;
s'il n'en est fourni par aucune des parties, une
expertise est indispensable, et de son résultat
dépend la solution de la question sur l'admissibilité de la preuve.

C'est ainsi que raisonne M. Merlin, en rapportant un arrêt du Conseil de Brabant, rendu
sur un bail à loyer. (*Répertoire de Jurisprudence*, 4ᵉ. édit. t. 9, p. 730.) « Un particulier se
» pourvoit en justice contre le propriétaire d'une
» maison, et demande à faire preuve par témoins,
» que celui-ci lui a loué verbalement, sa maison,
» pour trois ans, à raison de 100 florins chaque
» année. Le propriétaire répond qu'à la vérité
» les trois années de loyer réunies n'excéderaient
» pas le taux de l'Édit perpétuel, si la maison ne
» valait pas plus que le demandeur prétend l'a-
» voir louée; mais il prouve évidemment qu'elle
» vaut davantage, et par-là réduit toute la cause
» à la question de savoir si pour admettre ou re-
» jeter la preuve testimoniale, il faut considérer
» l'estimation que le demandeur fait de la chose
» litigieuse; ou si l'on ne doit avoir égard qu'à la
» valeur réelle de ce que le demandeur serait
» obligé de fournir, au cas que la preuve se fît.
» Ce dernier parti ne pouvait pas manquer de

» prévaloir, autrement il dépendrait d'une par-
» tie qui voudrait avoir pour 3oo florins, un
» bien qui en vaut 5oo, d'offrir de prouver, par
» témoins, qu'elle l'a acheté 3oo, ce qui serait
» absurde et souverainement injuste, aussi le
» Conseil de Brabant a-t-il jugé dans l'espèce,
» que la preuve testimoniale n'était pas receva-
» ble. L'arrêt a été rendu au mois d'août 1713. »

114. Comme on le voit, les mêmes principes
étaient jadis applicables aux baux à loyer, aujourd'hui ils ne le sont plus : les articles 1715
et 1716 du Code civil ont établi, pour cette espèce de convention, des règles particulières.
Quelque modique que soit le prix articulé, la
preuve d'un bail qui n'a reçu aucune exécution,
ne peut pas être faite par témoins, et s'il a reçu
un commencement d'exécution, on conçoit qu'il
n'y a plus de preuve à faire, si ce n'est pour la
fixation du prix. Or, par l'article 1717, le prix,
quand il est contesté, et qu'il n'y a pas de quittance, doit être réglé conformément à la déclaration du propriétaire, à moins que le locataire
ne réclame une estimation.

Il en est du congé comme du bail; dans aucun
cas, il ne peut être prouvé par témoins : « le
» congé se rattache nécessairement au bail, dont
» il opère la résolution; il doit être conséquem-
» ment régi par les mêmes principes. » Tel est le
motif d'un arrêt du 12 mars 1816 (*Voy. le Jour-*

nal du Palais, t. 4o, *p.*812), qui casse un jugement du tribunal de Brest, pour avoir admis à prouver, par témoins, le congé d'une location dont le prix n'était que de 15o fr.

115. IIe. QUESTION. Peut-on justifier par ce genre de preuve un payement n'excédant pas 15o fr., quand il existe une obligation écrite?

La négative ne peut plus éprouver aujourd'hui de résistance raisonnable.

Au moment où parut l'Ordonnance de Moulins (en 1566), ses expressions laissaient des doutes : elle ordonnait que de *toutes choses excédant la somme ou valeur de* 100 *fr.,* il serait passé *contrats.* Quelques praticiens s'emparèrent de ce mot *contrats,* pour soutenir que la nouvelle règle ne devait s'appliquer qu'aux conventions et non aux libérations; ce système fût même adopté par trois arrêts du Parlement de Paris de 1573, 1577 et 158o, et un du Parlement d'Aix, de 164o.

L'opinion la plus commune est que ce fut pour faire cesser cette fausse interprétation de l'Ordonnance de Moulins, que les habiles rédacteurs de celle de 1667, en renouvelant sa prohibition, substituèrent le mot *actes* à celui de *contrats.* Cette expression plus générale comprend en effet les actes libératifs comme ceux obligatoires. L'interprétation erronnée ne cessa cependant pas d'avoir des partisans. Basset et Boiceau sont du

nombre. Legrand, sur l'article 164 de la coutume de Troyes, semble partager leur sentiment,
tout en convenant que l'usage est contraire. Cet
usage, ou plutôt cette fidèle exécution des Ordonnances, a constamment prévalu. On trouve
au *Répertoire de Jurisprudence*, au mot *preuve*,
un arrêt du Parlement de Grenoble, du 10 décembre 1782, qui a rejeté la preuve d'un payement de 96 fr., sur une obligation de 200 fr.

Tout récemment, le 12 janvier 1814, la Cour
de cassation a annulé un jugement du tribunal
de Lure, comme contenant une contravention
aux articles 1341 et 1350, parce qu'il avait admis à prouver, par témoins, le payement d'une
condamnation de 1157 fr.

Il serait, sans doute, inconvenant d'appeler
encore usage, cette jurisprudence. La Cour de
cassation y voit la volonté suprême de la loi, et
une contravention qu'elle doit réprimer dans
tout jugement contraire. Sa décision, à la vérité, est dans une espèce où l'obligation qu'on
voulait éteindre, excédait le taux de la loi; il en
est de même de l'arrêt de Grenoble de 1782, ce
qui pourrait laisser des doutes pour le cas où
l'obligation elle-même n'excède pas le taux de la
prohibition.

La question ainsi réduite mérite d'autant plus
d'être examinée que Pothier, un des docteurs
les plus accrédités du dernier siècle, professe

nettement que, dans cette dernière hypothèse, la
preuve par témoins, devait être admise. (*Traité
des obligations*, n°. 764.)

Une règle de droit, bien antérieure à nos Ordonnances, exige que la preuve écrite ne puisse
être détruite que par une preuve également
écrite. *Contra testimonium scriptum, non scriptum non fertur.* Elle est tellement dans l'ordre
naturel du commerce des hommes, qu'elle a été
adoptée non-seulement en France, mais dans
tous les états de l'Europe qui ont connu le droit
romain. On objecte qu'elle est tirée des Basili-
ques. Qu'importe son origine? Elle n'a pas ré-
pandu son influence salutaire sur l'Orient seulement, mais elle a été accueillie partout, comme
raison écrite.

Balde, Décius et Ancharanus enseignent,
comme règle générale, qu'on doit suivre le même
mode dans l'extinction que dans la création des
obligations : *eodem modo quo probetur aliquid
deberi : eodem modo solutio illius debet probari.*
Montérentius sur le statut de Boulogne, (à-peu-
près conforme à l'Ordonnance de Moulins), dit
fort judicieusement qu'on doit concevoir une
mauvaise opinion de celui qui assure s'être libéré d'une manière différente de celle qui l'obligeait : *oritur sinistra opinio contra debitorem
asserentem dissolvisse obligationem, alio modo
quam contracta sit.* Cujas enseigne la même doctrine sur la loi 4, *cod. tit.* 21.

Aussi Legrand que nous avons vu parmi les partisans du système contraire, s'exprime-t-il ainsi : « Nous ne recevons pas, par un commun » usage, un débiteur à faire preuve des paye- » ments par lui prétendus faits des intérêts » d'une somme qu'il doit par simple promesse » ou obligation, encore que chaque payement » d'intérêt, même la somme principale, soit au- » dessous de 100 fr. »

Danti est d'un avis entièrement opposé à celui de Boiceau, et, après avoir développé les motifs déterminants, il finit par cette conclusion : « Ré- » gulièrement le juge ne doit pas admettre cette » preuve par témoins, d'un payement quand il y » a une obligation, un contrat ou promesse par » écrit; pour éviter la subornation des témoins, » que l'Ordonnance a eu dessein de prévenir en » toute occasion, aussi bien en matières de con- » ventions que de quittances. »

Enfin Pothier (n°. 715), enseigne que l'or- donnance de 1667, ayant prescrit de passer acte *de toutes choses, excédant la somme ou valeur de* 100 *livres*, son texte s'applique aux libéra- tions, comme aux obligations; ce qui le porte à conclure seulement qu'un payement qui excède 100 livres, doit être justifié par écrit, et plus loin (n°. 764), il voudrait que la preuve vocale des payements fût admise, quand l'obligation n'excède pas 100 livres. « La disposition de l'Or-

» donnance, dit-il, qui défend la preuve par té-
» moins, contre et outre le contenu aux actes,
» ne reçoit ici aucune application ; et le débiteur
» en demandant à prouver ce payement, ne de-
» mande pas à prouver une chose contraire à
» l'acte, qui renferme son obligation, il n'atta-
» que point cet acte, il convient de tout ce qui
» y est contenu; ce n'est donc point une preuve
» contre l'acte qu'il demande à faire, de laquelle
» on puisse dire que l'Ordonnance l'a exclus. »

C'est à cette manière ingénieuse et séduisante
d'interpréter la règle, présentée par un jurisconsulte aussi recommandable, qu'on doit les doutes
subsistants encore sur son véritable sens. Il nous
paraît cependant facile d'en apercevoir l'erreur.

1°. Pothier n'a fait que répéter ce que plusieurs auteurs avaient dit avant lui, lorsqu'il a
trouvé dans la première partie de cette règle,
la nécessité d'une quittance, quand la somme
excède 100 livres; c'est cependant une illusion
qu'une simple réflexion doit détruire.

La règle a deux parties distinctes; l'une, qui
ne suppose pas d'acte préexistant, exige qu'il
en soit passé *pour toutes choses excédant* 100 *livres;* l'autre qui suppose cette préexistence d'un
acte, veut qu'on repousse la preuve par témoins
contre son contenu.

Ce n'est pas dans la première qu'on peut trou-

ver la nécessité d'une quittance; car quelqu'important que soit le payement, s'il n'y a pas d'acte
obligatoire, le débiteur n'a besoin, ni d'écrits,
ni de témoins, on doit l'en croire sur sa parole.
Si, au contraire, il y a obligation écrite, on se
trouve littéralement dans la seconde partie de
la règle, et la preuve par témoins y étant interdite, la quittance y est implicitement, mais nécessairement prescrite.

2°. Quant au raisonnement qui tend à persuader que prouver sa libération, ce n'est pas
prouver contre le contenu de l'acte obligatoire,
nous osons n'y voir qu'une subtilité. Sans doute,
en offrant de prouver que l'obligation a été payée,
on reconnaît qu'elle a été due, mais on veut
prouver qu'elle ne l'est plus; on ne veut pas
prouver le contraire de son contenu, mais on veut
prouver le contraire de ce qu'il prouve; et comme
le résultat est le même, on ne peut pas se dissimuler qu'il y a un même danger.

3°. Pothier s'est tellement aperçu des suites
funestes que pourrait avoir ce système, qu'il le
réduit au seul cas où l'obligation n'excède pas
100 fr.; mais cette restriction n'est pas dans la
loi, le taux de 100 fr. par elle fixé, ne s'applique
qu'à *la chose à prouver*. Or, quand, d'une part,
il existe un acte obligatoire, et que, de l'autre, on
articule un paiement, ce n'est pas l'obligation
qui est *la chose à prouver*, c'est le paiement.

Rentrons donc franchement et sans réserve dans le sens étroit, mais salutaire de la règle : *contra testimonium scriptum, non scriptum non fertur.* C'est cette règle qui, aux XVe., XVIe. et XVIIe. siècles, a été la base des lois successivement données au Duché de Bologne, au Duché de Milan, à l'Arragon, à la France, aux Pays-Bas, etc., lorsque les maux produits par les abus de la preuve testimoniale furent arrivés à leur comble, et qu'on voulut la renfermer dans de justes limites. C'est le texte même de cette règle qui a été transféré dans notre législation, et qui y est exprimé par ces mots : *il n'est reçu aucune preuve testimoniale contre et outre le contenu aux actes, encore qu'il s'agisse d'une somme moindre de*.....

ARTICLE II. Conventions nécessitées par une force majeure.

116. En exigeant que les traités importants soient fixés par écrit, la loi suppose que les contractants en ont eu la possibilité. Mais la vie des hommes est semée d'événemens imprévus et subits, qui mettent ceux qui les éprouvent dans des relations d'intérêts aussi rapides que les maux qu'il faut conjurer ; dans ces conjonctures extraordinaires, la loi elle-même suspend ses rigueurs ; et si la mauvaise foi venait ajouter aux calamités souffertes, en méconnaissant les traités

faits pendant la catastrophe, la preuve testimoniale en serait permise.

Si, par exemple, on articule que, dans le
moment où le feu consumait une maison, celui qui l'habitait a confié, ou de l'argent ou des
effets, à un des voisins arrivés à son secours, les
témoins de ce fait seront écoutés.

Il en serait de même, si on offrait de prouver
que lorsqu'une innondation désolait la contrée,
une somme a été promise à celui qui, bravant
le danger, est allé arracher une victime à la fureur des flots.

Au surplus, cette règle d'exception et ses co-
rollaires sont si complètement développés dans
l'article 1348 du Code civil, que nous nous bornerons aux trois réflexions qui suivent :

1°. Dans tous les cas de cette espèce, le fait
de force majeure, qui seul donne droit à l'exception, doit tenir le premier rang parmi ceux
dont la preuve est offerte, sans quoi elle doit
être rejetée. C'est par ce motif qu'un arrêt du
Parlement de Rouen, rapporté par Berault sur
l'article 528 de la coutume de Normandie, n'a
eu aucun égard à la demande d'un particulier
qui, prétendant avoir perdu une quittance, offrait de prouver son existence par des personnes
qui l'avaient tenue et lue, mais qui n'offrait pas
de prouver par quel accident il l'avait perdue.

2°. Il faut que l'obligation articulée se rattache,

par sa nature, à l'accident imprévu, comme l'effet à sa cause. En vain on prétendrait avoir, pendant une émeute populaire, fait une convention qui pouvait être différée, si elle n'était pas commandée par le danger, et lui était étrangère, elle rentrerait dans la classe ordinaire de celles qui doivent être établies par écrit.

3°. Indépendamment des circonstances graves données pour exemple par l'article 1348, il est applicable à toutes celles qui ont mis le créancier dans l'impossibilité morale de se procurer une reconnaissance par écrit, il n'y a jamais désobéissance qu'il n'y ait possibilité d'obéir. On voit une heureuse application de cette règle dans l'espèce d'un arrêt de la Cour de cassation, *V. le Recueil de M. Dalloz, 1821, p. 82 du supplém.*

La veille, le jour et le lendemain de la disparition du trop fameux Mathéo, emportant 1,800,000 fr. du trésor public, Nicolas, jardinier, fournissait à son beau jardin de Charonne une quantité très-considérable d'arbres, qu'il revendiqua aussitôt que la fuite de Mathéo fut connue.

L'agent du trésor lui opposa le défaut de titre écrit, qui, suivant lui, ne pouvait être remplacé ni par des témoins, ni par des présomptions. Nicolas fit valoir l'impossibilité dans laquelle il s'était trouvé d'obtenir un reçu de ses arbres livrés, les 21, 22 et 23 novembre, à Mathéo brillant encore à Paris le 21 et parti le 22. Ni le tribunal

de la Seine, ni la Cour royale, n'accueillirent la
fin de non recevoir. La Cour de Bourges a également
consacré cette exception, par un arrêt
du 24 novembre 1824. (*Voyez le même recueil*, 1825, 2ᵉ. *partie, p.* 131.)

ARTICLE III. Commencement de preuve par écrit.

SOMMAIRE.

117. Définition.
118. Exemples.
119. Interprétation du mot *acte.*
120. L'écrit doit être reconnu et vérifié.
121. Distinction importante.
122. Vraisemblance contraire.
123. Successeurs.
124. Billets non approuvés.
125. Acte synuallagmatique non fait double, ne peut faire un commencement de preuve par écrit, contre le sen timent de M. Toullier.
126. Arrêts à ce sujet.
127. Autorités conformes.
128. Ecrits des mandataires.
129. Interrogatoires sur faits et articles.
130. Livres des marchands.

117. Cette exception à la prohibition de la
preuve vocale, est la plus importante à examiner,
parce qu'elle embrasse presque tous les cas où
il faut déconcerter le dol.

L'article 1347 du Code a tari la source d'un
grand nombre de difficultés, en définissant le
commencement de preuve par écrit. « Tout acte

» par écrit qui est émané de celui contre lequel
» la demande est formée, ou de celui qu'il repré-
» sente, et qui rend vraisemblable le fait al-
» légué. »

118. Ainsi deux conditions seulement sont exi-
gées : il faut que l'écrit provienne de celui qu'on
veut convaincre de déloyauté, ou de son auteur,
et tout ce qu'exige la loi, c'est qu'il en résulte la
vraisemblance du fait reproché. Mais, à quel
signe reconnaîtra-t-on que cette vraisemblance
est produite par l'écrit représenté ? c'est un des
points abandonnés à la conscience du magistrat;
les auteurs n'ont pu donner que des exemples;
on les trouve particulièrement dans le *Traité de
la preuve* de Boiceau, les *additions* de Danty sur
ce Traité, et celui de Pothier sur les *obligations*.
Tous rapportent, d'après Chassanée, un arrêt
qui admit la preuve d'un dépôt, à la faveur
d'une lettre, dans laquelle un particulier écrivait
au réclamant : *Je vous satisferai de ce que vous
savez.*

Suivant eux on devrait obtenir le même avantage d'un billet écrit de la main du débiteur,
qui, quoique non signé de lui, se trouverait en
la possession du créancier;

D'une quittance écrite, et non signée du créancier, qui se trouverait au pouvoir du débiteur;

D'une lettre par laquelle on demanderait un
envoi d'argent par le porteur;

D'une délégation faite au profit d'un tiers, sans cependant qu'il y soit littéralement désigné comme créancier ;

D'une lettre exprimant la vente d'un héritage, dont le porteur serait en jouissance sans autre titre ;

D'un billet pour marchandises à livrer, dont on nierait la livraison.

Ces exemples , qu'on rencontre dans tous les traités sur la matière, nous paraissent susceptibles de plusieurs observations importantes.

119. 1°. Au premier aperçu, on pourrait penser que ces diverses pièces écrites, mais non signées de celui à qui on les oppose, ne sont plus admissibles, comme commencement de preuve par écrit, le Code n'attribuant ce caractère qu'à tout *acte* par écrit, ce qui semble ne désigner qu'une pièce complète dans toutes ses parties. Néanmoins, rien ne donne à penser que les rédacteurs du Code aient voulu ainsi réduire les éléments du commencement de preuve par écrit, contre la doctrine jusque-là universelle, il est bien plus convenable de croire avec M. Toulier (*dans son cours du droit civil*), que le mot *acte* ainsi employé ne signifie pas un contrat , mais une action, *id quod actum, id quod gestum est*.

120. 2°. Le premier soin de ceux qui se pré-

valent de ces écrits privés, pour être admis à la preuve, doit être d'en faire reconnaître et vérifier, en cas de dénégation, l'écriture ; aucun écrit privé ne pouvant obtenir la moindre foi en justice qu'après ce préalable rempli. Un nommé Coppens (*Voy. journal du palais,* 1er. sem. 1806, *p.* 465.) assigné par les héritiers de son frère en paiement de 1,500 florins, pour prix de sa portion dans un domaine, que, par un partage, il lui avait cédé, prétend que son frère lui en a fait la remise ; il se prévaut d'une note écrite et signée, suivant lui, par son frère, en marge d'une expédition du partage : il offre compléter la preuve par témoins. Les héritiers du cédant déclarent ne pas reconnaître l'écriture, et les juges d'Ondenarde n'en ordonnent pas moins la preuve qui paraît avoir été concluante. Ces mêmes juges ne se croyant pas liés par leur préparatoire, condamnent Coppens au paiement des 1,500 florins. Sur l'appel, au contraire, la Cour de Bruxelles ayant égard à la preuve, le renvoie de cette demande. Sur le pourvoi, en vain on prétendit que le refus de reconnaître l'écriture devait n'être compté pour rien, parce que l'écrit n'était pas présenté comme faisant preuve entière, et que celle en résultant se trouvait complétée par l'enquête, l'arrêt de Bruxelles fut cassé le 19 frimaire an XIV, par le motif que l'écrit avait été méconnu par les demandeurs,

sans que la vérification en eût été ordonnée aux
formes de l'Édit de 1684, et qu'ainsi cet acte
n'avait pu servir de commencement de preuve
par écrit.

121. 3°. Il est beaucoup de cas où ces écrits
équivoques doivent faire admettre la preuve vocale ; mais il en est d'autres où il serait dangereux de le faire inconsidérément ; par exemple ,
la lettre dans laquelle Paul demande à Pierre de
lui prêter 300 fr. , et de les remettre pour lui
au porteur , doit faire admettre la preuve , si
Paul prétend ne les avoir pas reçus , parce qu'il
ne s'agit plus que de savoir si le prêt, dont la
demande est prouvée , a été obtenu ; mais si
Paul convient avoir reçu les 300 fr. , et se borne
à soutenir que n'étant pas lié par un acte obligatoire, il n'a pas cru devoir se libérer par écrit ,
il n'y aurait pas de motif d'ordonner la preuve
d'un fait avoué par lui , et il n'y en aurait pas
davantage pour exiger la preuve de sa libération.

122. 4°. Lorsque ces écrits , qui ne produisent
qu'une vraisemblance du fait allégué , reçoivent
de celui à qui on les oppose une explication nouvelle , qui rend également vraisemblable sa défense , l'écrit dès-lors perd toute sa vertu. Cette
observation est justifiée par l'espèce suivante.

Vernet avait souscrit au profit de Couchard ,
des billets pour 2,566 fr. , payables le 3 novembre 1812. Le 3 février 1814 , Couchard écrit à

Vernet de venir lui payer ce qu'il lui doit. Le 5 août suivant, il écrit à ses héritiers, Vernet étant décédé, de venir lui *payer ce qu'ils lui restent devoir.* Traduits devant le tribunal d'Ambert, les héritiers Vernet prétendirent avoir donné à Couchard, depuis sa première lettre, 1,200 fr. en quatre paiements, et soutinrent que ces mots de la seconde lettre, *ce qu'ils lui restent devoir*, formaient un commencement de preuve par écrit; ils demandèrent à prouver leurs paiemens par témoins. Couchard expliquait sa seconde lettre, en disant que sa créance qui était exigible dès 1812, n'avait pas été exigée, sur la promesse qui lui avait été faite de lui servir les intérêts; que ces intérêts lui avaient été payés depuis sa première lettre, et que tel était le motif qui, dans la seconde, lui avait dicté ces mots, *ce qu'ils lui restent devoir.* Cette explication ayant paru naturelle aux juges d'Ambert, la preuve fut rejetée, et leur décision a été confirmée par arrêt de la Cour de Riom, du 17 janvier 1816. (*Voy. le journal du palais*, t. 47, *p.* 115.)

123. 5°. C'est surtout à l'égard des secondes personnes, que de tels écrits ne doivent faire qu'une faible impression. Ordinairement elles ne peuvent ni avouer, ni dénier la créance réclamée; elles peuvent ignorer les circonstances explicatives; on peut craindre que le réclamant lui-même ne soit pas exempt de dol, et n'ait

conservé ces pièces informes, que pour en abuser, quand celui dont elles sont émanées ne pourrait plus en expliquer ni le sens, ni l'occasion.

124. Plusieurs autres exemples peuvent être ajoutés à ces premiers. Un billet signé seulement de celui qui, pour être valablement obligé, aurait du l'écrire lui-même en entier, ou en approuver la somme, peut dans tous les cas, servir de commencement de preuve par écrit. La loi, dans la crainte que cette signature n'ait été surprise, refuse d'y voir une obligation parfaite, mais elle n'efface pas la vraisemblance du consentement qui en résulte; et si on offre prouver que cette signature a été donnée librement, et en connaissance de cause, cette preuve ne peut pas être refusée. Telle a été la décision de la Cour de Turin, dans un arrêt, du 20 avril 1808, confirmatif d'un jugement du tribunal de Verceil. (*Voy. le Journal du Palais*, 2e. sém., 1809, p. 362.)

Pour ne pas hésiter à applaudir à cette décision, il suffit de remarquer la différence qui existe entre le texte de la déclaration de 1733, et celui de l'article 1326 du code civil. Cette première loi- ayant été rendue dans un moment où l'abus des blancs seings était devenu très-fréquent, elle ne fut pas assez réfléchie; elle déclara nuls.... de nul effet et valeur, les billets dont il s'agit. On arrêta les abus qu'on voulait réprimer; mais la mesure fut si outrée, qu'on ouvrit à la mauvaise foi une autre porte, dont elle a scandaleusement profité. Que de promesses sincères ont été méconnues à la faveur de cette excessive précaution! L'article 1326, se borne à dire *que le billet doit être écrit de la main de celui qui le souscrit.* Il résulte bien de cette disposition, que si le billet n'a pas cette forme, il ne produit pas la preuve légale et suffisante pour autoriser le magistrat à condamner le souscripteur, dont la signature a pu être surprise. On peut même aller jusqu'à dire qu'il sort de cette disposition, une présomption légale que la signature a été surprise; mais la présomption légale n'est exclusive de la preuve contraire, que lorsque la loi qui la prononce, annulle les actes qui en font l'objet. (*Art.* 1352.)

Le porteur du billet peut donc être admis à prouver que la signature a été donnée sciemment par le souscripteur, qui a parfaitement su la somme qu'il s'obligeait de payer; il ne s'agit plus que de savoir s'il pourra faire cette preuve par témoins, en faisant voir dans son billet, au moins la vraisemblance de ce qu'il exprime, et comme le dit M. Toullier (*dans son Cours de Droit, t.* 3, *n*⁰· 248 *et suiv.*), serait-il possible de ne pas trouver une vraisemblance dans un acte, qui, souscrit par un commerçant, un artisan, un laboureur, un vigneron procurerait une preuve parfaite.

Cependant un arrêt de la Cour de Paris, du 5 décembre 1816, a réformé un jugement qui avait adopté ce système, et l'avait parfaitement justifié par ses motifs.

Mais M. Toullier a discuté les bases de cet arrêt, avec une force et une justesse de raisonnement telles qu'infailliblement, tôt ou tard, la saine doctrine qu'il enseigne à ce sujet, et qu'il a si bien défendue, sera adoptée. Sa discussion est si lumineuse et si complète, que nous devons nous abstenir d'y rien ajouter. *

155. M. Toullier trouve anssi un commencement de preuve par écrit dans l'acte synallagmatique non fait double. Quelque soit habituellement notre déférence pour le savoir, et la sagacité de ce très-habile professeur, nous ne croyons pas devoir le suivre jusque là, et quoiqu'un autre professeur non moins recommandable, M. Delvincourt, semble partager son opinion, nous sommes si convaincus qu'ils se sont, l'un et l'autre, éloignés du sens du Code civil, que malgré

---

* Ce vœu que nous faisions en 1822, a été rempli par la Cour de cassation, dans un arrêt du 2 Juin 1823, qui doit d'autant mieux fixer la jurisprudence que précédemment, elle avait favorisé le système contraire. (*Voyez le Journal du Palais*, tome 67, page 529.)

l'inégalité de force, nous nous hasardons à examiner leurs motifs, et à présenter les nôtres.

M. Toullier ne s'est pas dissimulé que l'article 1325 n'est que le rappel d'une jurisprudence déjà ancienne : cependant il s'efforce de persuader qu'elle n'est pas adoptée par le Code, ce qui est difficilement conciliable avec l'étendue de la critique qu'il présente de cette jurisprudence ; critique bien inutile, s'il était vrai qu'elle fût abrogée.

Il pourrait suffir de prouver que c'est elle qui revit dans l'article 1325, pour qu'elle dût être la règle des magistrats; mais puisqu'elle a été si vivement attaquée, qu'il nous soit permis de dire un mot pour sa justification.

Sans doute, il faut savoir distinguer la convention, de l'acte destiné à en conserver le souvenir. Les hommes traitaient entre eux, avant de savoir écrire : aujourd'hui, comme alors, une convention peut être faite, et doit valoir sans écrit. Quand donc deux hommes ont fait une convention, en s'abandonnant, comme au premier âge du monde, à leur bonne-foi réciproque, aucun des deux n'a d'avantage sur l'autre; et si l'un d'eux vient à manquer à sa parole, la justice doit admettre l'autre à prouver sa déloyauté. Mais ceux qui, comptant pour rien les promesses verbales, ont voulu que leur convention fût écrite, ont tacitement et nécessairement subordonné leur traité au mérite de l'acte, qui en

a fixé l'existence ; c'est une de ces conditions accessoires qui font partie du traité, et sans lesquelles il ne fait pas la loi des parties. *Pacta
adjecta contractibus insunt, legem dant con-
tractui*. Cette dernière manière de contracter
est la plus ordinaire aujourd'hui, et la plus
convenable à l'état où les mœurs sont réduites.

Que fait donc cette jurisprudence qu'on prétend subversive des principes ? Elle suppose que,
chaque fois qu'un contrat synallagmatique a
lieu par écrit, les contractants ont voulu avoir
un moyen coërcitif, l'un contre l'autre ; que
si, faisant un écrit privé, ils ne l'ont pas fait
double, ou que si, en le faisant double, ils n'en
ont pas fait mention, ils sont tombés dans l'erreur, et ont manqué leur but ; pour prévenir
l'abus que l'un ou l'autre pourrait faire de ce
contrat imparfait, elle les relève tous deux des
obligations qui y sont stipulées. Nous ne voyons
dans cette jurisprudence, qu'une prévoyance
égale à celle qui régit la forme de tous les actes
publics.

La critique qu'en fait M. Toullier n'est séduisante que parce qu'il lui attribue des motifs qui
lui sont étrangers. A l'entendre, les magistrats
qui l'ont établie, ne l'ont fait que parce qu'ils
croyaient l'écrit de l'essence de la convention.
Jamais personne ne l'a dit, pas même de Grain-
ville, qui a dit seulement qu'on ne pouvait for-

mer de convention *fixe* et certaine, que par un acte, et beaucoup d'autres le penseront comme lui.

Sans contredit, dès que le consentement est donné, le contrat est formé; mais quand ce contrat doit être rédigé par écrit, jusqu'à la confection de cet écrit, il y a moins un consentement qu'une promesse de consentir, qui ne devient consentement que par l'écrit, et pour n'exister qu'avec lui. Le droit romain, ce droit par excellence à nos yeux, comme à ceux de M. Toullier, contient les mêmes règles à l'égard du contrat de vente. *Emptio et venditio contrahitur simul atque de pretio convenerit.... sed hoc quidem de emptionibus et venditionibus.... quæ sine scripturâ consistunt; in iis autem quæ scripturâ conficiuntur, non aliter perfectam esse venditionem, et emptionem constituimus, nisi et instrumenta venditionis fuerint conscripta;... donec enim aliquid deest ex his, et pœnitentiæ locus est, et potest emptor vel venditor sine pœnâ recedere..Instit. Just. lib. 3, tit. 24.*

Voilà les vrais motifs de cette jurisprudence qui a reçu la sanction législative dans l'art. 1325.

Mais M. Toullier, tout en reconnaissant que le Code exige, dans les actes privés, la même formalité que cette jurisprudence exigeait, prétend qu'il n'a ni le même but, ni la même sévérité; qu'il n'annule pas l'acte, qu'il le prive seulement du mé-

rite de faire *pleine foi* de la convention ; que dès-
lors, il vaut comme *commencement de preuve par
écrit.* Nous croyons fermement, que, par cette
opinion, on fuit la vérité qui se montre en plein
jour, pour courir dans l'ombre après un fan-
tôme.

1.º. Le Code ne déclare pas l'acte *nul*, mais il
prononce *qu'il n'est pas valable.* A toutes les subtilités scholastiques, employées pour mettre une
différence entre ce qui n'est *pas valable,* et ce
qui *est nul,* nous n'opposerons que le langage du
Code, qui est beaucoup plus sûr que celui si va-
riable, des argumentations.

Dans le vocabulaire des rédacteurs du Code,
l'invalidité produit la *nullité*, l'une est *la cause,*
et l'autre *est l'effet.* La preuve de cette précision
de style est particulièrement dans le chapitre
*des conditions essentielles pour la validité des
conventions.* (Liv. 3, tit. 3.)

Art. 1108. «Quatre conditions sont essentielles
» pour *la validité* des conditions, le consente-
» ment, etc. »

Art. 1109. «Il n'y a pas de consentement *va-
» lable*, si le consentement n'a été donné que
» par erreur, etc. »

Art. 1110. «L'erreur n'est une *cause de nul-
» lité* de la convention, que lorsqu'elle tom-
» be, etc. »

Tel est donc le véritable sens de *l'invalidité* dans

un acte, c'est qu'une fois reconnue, elle y est une *cause de nullité*. Ainsi quand, plus loin, les mêmes rédacteurs ont dit : « Les » actes sous seing-privés, qui contiennent des » conventions synallagmatiques, ne sont *vala-* » *bles*, qu'autant qu'ils ont été faits en autant » d'originaux qu'il y a de parties, ayant un inté- » rêt distinct, » est-il permis de ne pas voir dans l'omission de la formalité, une *cause de nullité?*

2°. Si ces actes sont déclarés *non valables*, ce n'est pas que les conventions qu'ils contiennent, ne soient pas suffisamment prouvées par eux; elles ne sont pas niées, elles ne peuvent pas l'être; la loi ne suppose pas qu'on les niera. Une seule chose est à considérer; un ou plusieurs des contractants, étaient privés de la faculté de produire cette preuve, le lien n'était pas réci-proque, quoique les obligations le fussent; cela suffit pour annuler ces actes : *donec enim ali-quid deest ex his, et pœnitentiæ locus est.*

Quelle étrange idée de faire dégénérer en *com-mencement de preuve*, ce qui fournit une preuve parfaite, pour avoir l'occasion de faire prouver encore le même fait. Entendez les témoins de la convention, et ils vous diront qu'elle a eu lieu; mais qu'il a été mis pour condition qu'elle serait consignée dans un *acte respectivement obliga-toire*. Déférez le serment à celui qui se refuse à exécuter l'acte, il répondra par une semblable assertion ; il faudra toujours voir si les juges peuvent déclarer valable ce que la loi déclare ne l'être pas.

126. Au surplus, si nous sommes dans l'erreur sur l'esprit et la lettre de l'article 1325, cette erreur est professée par M. Duranton, dans son *traité des Contrats et Obligations t.* 4, *n*°. 1285. Elle est aussi partagée par plusieurs Cours royales, et par celle de cassation.

Le 16 décembre 1814, la Cour de Paris a réformé un jugement du tribunal de Pontoise, qui avait refusé d'appliquer cet article ; et cet arrêt ayant été déféré à la Cour de cassation ; le pourvoi a été rejeté. (*Voy. le Journal du Palais*, *tom.* 50, *p.* 433.)

Deux arrêts de la cour d'Aix, des 20 août 1813, et 23 novembre 1814, ont annulé des contrats d'assurances, par le seul motif qu'ils n'étaient pas faits doubles. L'idée d'en faire un commencement de preuve par écrit, avait même été présentée, mais inutilement, lors du second de ces arrêts. La Cour de cassation saisie de pourvoi contre le premier l'a rejeté. (*Voy. le même journal*, *tom.* 41, *p.* 308, *et tom.* 49, *p.* 327.)

Un arrêt de la Cour de Colmar, du 28 août 1816, a été rendu dans le même sens, et ses motifs sont remarquables : « Même en matière com- » merciale, ou dans toute autre où les parties au-

» raient pu contracter verbalement, dès qu'elles
» ont adopté une autre forme d'obligation, elles
» se sont soumises à toutes les conditions requises
» par la loi, pour la validité de la sorte d'acte
» qu'elles choisissent pour contracter leurs obli-
» gations. »

127. Et comment les Cours se seraient-elles
hasardées à supposer un autre sens à l'article
1325? Ceux qui ont eu mission de l'expliquer,
en donnant le Code à la France, ont prévenu
toutes les fausses interprétations, et déclaré que
cette partie de la nouvelle législation ne faisait
que consacrer la jurisprudence existante.

M. de Malleville, l'un des rédacteurs, dans son
analyse sur le Code (*tom*. 3, *p*. 149), s'exprime
ainsi : « Il faut dans les conventions synallag-
» matiques, que chaque partie ait le moyen d'o-
» bliger l'autre à les exécuter; il faut donc qu'il
» en soit fait des doubles pour chacune, dès que
» la convention est sous seing-privé; mais s'il
» n'était pas dit qu'il a été fait double ou tri-
» ple, etc., la partie refusante pourrait toujours
» prétendre que *l'acte est nul, et qu'il n'a pas été*
» *fait double.* »

M. Bigot-Préameneu a tenu le même langage
en présentant le projet au corps législatif : « Pour
» qu'un acte sous seing-privé puisse former un
» engagement réciproque, il faut que chacun de
» ceux qui l'ont contracté puisse en demander

» l'exécution. S'il n'y a qu'une copie de l'acte, elle
» ne peut servir de titre qu'à la partie qui en est
» saisie; les autres parties sont comme si elles
» n'avaient pas de droit, puisqu'elles n'ont au-
» cun titre pour l'exercer; mais lorsqu'elles n'ont
» pas un droit qu'elles puissent réaliser, l'enga-
» gement doit être considéré comme s'il n'était
» pas réciproque, et dès-lors, *il est nul.* »

M. Favard, portant dans la même assemblée
le vœu dont il était chargé par le Tribunat, re-
poussait à l'avance, plus directement encore,
l'opinion conçue depuis par M. Toullier; loin de
critiquer la jurisprudence, c'est par elle qu'il
justifie l'art. 1325 : « Dans l'état actuel de la ju-
» risprudence, qui a consacré les mêmes règles,
» on juge, *avec grande raison,* que l'obmission
» du *fait double,* rend l'acte *nul,* quand bien
» même l'existence des deux doubles ne serait pas
» équivoque. »

Enfin M. Merlin qui, dans son ancien Répertoire, s'était aussi élevé contre cette jurisprudence,
rapporte encore dans sa nouvelle édition, la critique qu'il en avait faite, en ajoutant : « On ne
» pourrait plus juger de même pour les actes
» synallagmatiques, qui ont été passés sous
» seing privé, depuis la publication du Code,
» l'article 1325 adopte, en la modifiant, la ju-
» risprudence de Paris. » (*Au mot Double écrit.*)

Revenons aux actes qui, plus certainement,

peuvent procurer un commencement de preuve par écrit.

128. Les écrits émanés du mandataire, auraient le même effet contre son mandant, que s'ils provenaient de celui-ci, pour servir de commencement de preuve par écrit, à moins qu'ils ne sortissent du cercle du mandat. L'article 1347, il est vrai, semble ne donner ce caractère qu'aux écrits émanés de celui à qui on les oppose, ou de *celui qu'il représente*, et non de *celui qui l'a représenté;* mais cette disposition n'est pas conçue en termes restrictifs, en sorte qu'elle peut, très-justement, être étendue autant que son esprit peut le suggérer naturellement. Or, d'un côté, celui qui a transmis son pouvoir à un autre, est réputé faire lui-même tout ce qui se fait en son nom; d'un autre côté, quoique le sens ordinaire de ces mots, *celui qu'il représente,* fasse entendre l'auteur de la personne, on peut encore y trouver le mandataire. Pendant la gestion, le mandataire représente son commettant; après cette gestion, le mandant est tenu d'exécuter les engagements du mandataire.... (*Article* 1998). Il le représent donc à son tour, pour tout ce qu'il a fait.

Cette question s'est élevée devant la Cour de Riom. Mandonnet avait chargé Maulhot, notaire, de recouvrer pour lui, une créance sur Montorier. Après le décès de Mandonnet et de

Maulhot, les héritiers de Mandonnet retirent leurs papiers, et poursuivent eux-mêmes Montorier. Celui-ci se prévaut de plusieurs notes de Maulhot, qui font présumer qu'il s'est libéré, et demande à compléter, par témoins, la preuve de sa libération. On lui oppose que le commencement de preuve par écrit, ne peut résulter que de Mandonnet lui-même, et les premiers juges, adoptant ce sentiment, rejettent la preuve.

La Cour de Riom, au contraire, par arrêt du 10 juin 1807, en réformant ce jugement, a admis Montorier à la preuve de ses faits. Entr'autres motifs, ceux qui fixent le point de droit sont remarquables: «De même que le mandataire qui » endosse un paiement sur le titre qui lui a été » confié pour poursuivre et recouvrer, oblige le » mandant à tenir cet engagement, pour libéra- » tion d'autant sur la créance, parce que le man- » dant et son mandataire sont censés n'être qu'une » seule et même personne, et s'identifier; de » même le mandataire qui laisse un écrit indica- » tif d'un paiement qui a été fait par le débiteur » au créancier qui lui avait donné mandat pour » poursuivre le recouvrement de sa créance, doit » être, aux yeux de la loi, identifié avec le man- » dant même; dès-lors un semblable écrit, séparé » du titre, mais indicatif du paiement, doit va- » loir comme commencement de preuve par écrit, » ayant le même pouvoir et vertu que s'il était

» émané du mandant lui-même. » (*Voy. le jour-nal du palais, t.* 55, *p.* 214.)

Il faudrait en dire autant d'écritures signifiées par un avoué, ou de conclusions par lui prises en jugement. Ce que font les officiers ministériels dans l'intérêt de leurs cliens, est réputé leur propre ouvrage, jusqu'à ce que ceux-ci les aient désavoués, et que leur désaveu ait été jugé valable.

129. L'interrogatoire sur faits et articles est une des ressources auxquelles, dans les causes, on est souvent obligé de recourir. Quelquefois on parvient à confondre un homme déloyal par les mensonges et les contradictions qui lui échappent; mais si, sans obtenir un succès aussi complet, on obtient par l'embarras que décèlent ses réponses, et l'invraisemblance de ses explications, que le fait allégué devienne vraisemblable, alors on est dans l'esprit et les termes de l'art. 1347 ; on a un acte écrit émané de celui à qui on l'oppose ; cet acte, rendant vraisemblable le fait allégué, est un commencement de preuve par écrit.

Ce point de droit, qui récemment encore a été très-controversé, ne peut plus l'être aujourd'hui. Pour le combattre, on argumentait de l'indivisibilité de l'aveu judiciaire ; mais ce principe, précieux sans doute à conserver, ne doit pas être abusivement étendu. Un défendeur appelé en justice pour une dette qu'on réclame de lui,

en avouant que la créance a existé, prétend
l'avoir acquittée ; s'il ne donne pas d'autres armes
contre lui , on ne peut, certes , pas diviser sa
déclaration , fût-elle dans un interrogatoire sur
faits et articles. « Si, au contraire, (comme ledit
» Domat, *Lois civiles*, 1re. *partie*, *p.* 259), il nie
» des faits qui lui sont connus et qui sont certains;
» s'il en allègue qu'on sache être faux ; s'il varie
» et chancelle dans ses réponses , ou s'il recon-
» naît des faits dont on puisse conclure la
» vérité de ceux qu'il a niés ; ce ne sera pas
» diviser ses aveux , mais les prendre pour ce
» qu'ils sont, que d'en faire un commencement
» de preuve. »

On dit aussi que, dans toutes les causes
dont la demande sera dénuée de preuves, on
sera maître, en recourant à l'interrogatoire,
de se faire admettre à la preuve vocale. Ce raisonnement n'est pas même spécieux; il est vrai
que dans tout procès, il est loisible de faire in-
terroger son adversaire; mais il n'est pas aussi
facile d'obtenir que cet adversaire tombe dans des
contradictions , et fasse des mensonges. L'u-
nique but de la loi, en autorisant cette procédure, est précisément d'ouvrir une voie de plus
pour parvenir à la découverte de la vérité, à
celui qui n'a pas de preuve, contre celui qui
abuse de cette absence de preuve , pour commettre une injustice. La loi 4, ff. *de interrog. in jure*

fac., met les mensonges, dans l'interrogatoire, sur la même ligne que les aveux, *voluit prætor adstringere eum qui convenitur ex suâ in ju̅dicio responsione, ut vel confitendo, vel men-tiendo, sese oneret.*

Pigeau, dans sa procédure civile, enseigne, comme règle d'usage, que les contradictions ou demi-aveux résultant d'un interrogatoire, ou de la défense d'une partie, sont un commmence-ment de preuve par écrit.

Dans le nouveau *Répertoire de Jurisprudence* au mot *Cassation*, §. 3 , article 7 , on lit un réquisitoire de M. Merlin, où discu-tant l'interrogatoire d'une des parties, il s'oc-cupe de prouver que les réponses sont trop in-signifiantes pour opérer un commencement de preuve par écrit; d'où l'on est autorisé à con-clure que, dans l'opinion de cet habile juriscon-sulte, un interrogatoire peut le fournir, lorsque les réponses sont telles qu'elles rendent vraisem-blable le fait allégué.

Il s'en explique plus positivement dans une cause jugée par arrêt du 5 septembre 1812, au mot *Serment*, §. 3 , *article* 2. Il s'a-gissait du pourvoi d'un homme condamné comme coupable de faux serment, en matière civile : « Qui nous répondra, disait-il, qu'il n'a » pas laissé échapper devant les jurés de ces » demi-aveux, de ces contradictions qui peuvent

» être assimilés à des commencements de preuve
» par écrit? »

La jurisprudence des Cours est, à cet égard, conforme à la doctrine des jurisconsultes.

Dès le 20 fructidor an 11 (1803), un arrêt de la Cour de cassation l'avait consacrée dans une cause très-importante. Une transaction, avec contre-lettre, avait eu lieu entre les sieurs Potter et Merlin; la contre-lettre confiée à des tiers avait été brûlée, et Merlin s'était emparé de la manufacture de faïence de Potter. Traduit par ce dernier devant le tribunal de police correctionnelle, il avait obtenu son renvoi, sur le fondement que la contre-lettre n'étant pas représentée, l'aveu qu'il en faisait n'était pas divisible. La Cour criminelle de Melun l'avait condamné en un année d'emprisonnement, et ennée 90,000 fr. de dommages et intérêts. La Cour de cassation a maintenu cette décision; et un des motifs de son arrêt est, «que dans l'espèce particulière, » les aveux, consignés dans les interrogatoires » des prévenus ont pu être réputés commence- » ment de preuve par écrit. » (*Voyez le journal du palais, collection de l'an 13.*)

La Cour de Caën a prononcé dans le même sens un arrêt du 30 août 1817. Un sieur Desmares, sur la foi d'une promesse de mariage, avait obtenu de la dame de la Motte, beaucoup plus âgée que lui, la vente simulée d'une ferme du prix de 4?,ooo fr. Devenu possesseur de cette ferme , il refusa de se marier. Appelé en nullité du contrat de vente devant le tribunal de Bayeux, il y subit un interrogatoire sur faits et articles , et la vente fut annulée. Sur l'appel, le jugement fut confirmé , « Attendu que les présomptions » exposées produisaient une conviction légale ; » que quelques-unes de ces présomptions forment » elles-mêmes un commencement de preuve par » écrit ; que ce commencement de preuve par » écrit se trouve dans l'interrogatoire de Des- » mares, etc. » (*Voy. le journal du palais,* tom 57, p. 551).

A la vérité, la Cour de cassation, en rejetant le pourvoi de Desmares contre cet arrêt, n'attri-bue le mérite de commencement de preuve par écrit, qu'au contrat de mariage qui avait été passé entre Desmares et la dame Lamotte, et ne parle pas de l'interrogatoire sur faits et articles ; mais ce silence prouve seulement le point de fait que les réponses de Desmares n'ont pas paru à la cour aussi déterminantes qu'elles l'avaient été pour la cour de Caën. Si elle eût trouvé dans le motif donné à ce sujet, une erreur de droit, elle n'eût pas manqué de la signaler.

Enfin, la question a été disertement et solen-nellement jugée par la Cour de L on, le 28 août 1818, et par celle de cassation le 6 novembre suivant, dans la cause des sieurs Myevre et Girardon. Ce dernier, comme notaire, avait été chargé par le sieur Myevre, père, d'emprunter 218,000 fr. pour payer les dettes de son fils. Par les actes d'emprunt, les fonds étaient désignés comme reçus par Myevre. Après le décès de ce dernier, le fils prétendit que son père avait laissé ces fonds à Girardon. Celui-ci, soutenant le contraire, présentait un compte dans lequel il portait 177,000 fr., comme empruntés par lui, pour payer pareille somme, montant des dettes de Myevre fils. La demande de celui-ci ayant été portée d'abord au tribunal civil, Girardon y subit interrogatoire sur faits et articles, traduit ensuite devant le tribunal de police correctionnelle, sur la plainte du procureur du roi, et l'intervention de Myèvre, il s'opposa à la preuve testimoniale ; pour la faire admettre on se prévalait du commencement de preuve par écrit, résultant des nombreuses contradictions qu'offrait son interrogatoire sur faits et articles. Ces moyens furent accueillis par le tribunal de police correctionnelle, et successivement par la Cour royale et par celle de cassation. (*Voy. le Journal du Palais,* t. 63, *p.* 105.)

130. Les livres des marchands peuvent-ils être considérés comme formant, contre des personnes non marchandes, un commencement de preuve par écrit. (*Voy. ci-après art.* 7, *n°.* 145.)

ARTICLE IV. Conventions commerciales.

SOMMAIRE.

131. Notions historiques.
132. Cause de l'exception.
133. Ses limites.
134. Son étendue.
134. Observation importante.

131. Lorsque l'ordonnance de Moulins réduisit la preuve testimoniale aux conventions n'excédant pas 100 fr., elle n'obtint pas d'abord l'as-
sentiment général; Boiceau nous apprend que
cette mesure fut regardée comme *dure, odieuse
et contraire au droit civil.* Il paraît partager cette
opinion, en déplorant, surtout à l'égard du commerce, les suites de cette innovation, sans s'être
aperçu qu'elle ne concernait pas le commerce.

Effectivement, six années auparant, en 1560, des
tribunaux particuliers avaient été institués pour
le commerce; il n'entrait que des marchands dans
leur composition, et l'Edit en les créant fondait
toutes ses dispositions sur cette base, que les marchands doivent négocier ensemble de bonne foi,
sans être astreints aux subtilités des lois et ordonnances. Aussi les commissaires, chargés en 1667
de rédiger l'ordonnance sur la procédure, eurent
ils le soin de consulter les juges-consuls sur leur
jurisprudence; et ils en reçurent cette réponse:
*qu'ils ne suivaient pas l'ordonnance à la ri-
gueur; que néanmoins ils ne permettaient pas*

indifféremment la preuve par témoins, ce qui se réglait par la qualité des personnes et les circonstances du fait. (*Voy. le procès-verbal*, p. 217.)

Cette explication détermina les commissaires, dans la rédaction de l'article 2 du tit. 20, d'ajouter au texte de l'ordonnance de Moulins, *sans toutesfois rien innover pour ce regard, en ce qui s'observe en la justice des juges-consuls des marchands.*

La même addition a été reportée, en d'autres termes, dans l'article 1341 du Code civil : *sans préjudice de ce qui est prescrit dans les lois relatives au commerce.*

Enfin, le Code de commerce admet littéralement la preuve testimoniale dans deux cas, par l'article 49, pour établir les sociétés en participation, et par l'article 109, pour les achats et les connaître les ventes.

Si l'on veut faire une juste application de cette exception, il est indispensable d'en bien causes, les limites et l'étendue.

132. La cause qu'on lui assigne ordinairement est la rapidité des relations commerciales, qui rarement permet à ceux qui s'y livrent de pouvoir rédiger ou faire rédiger leurs traités par écrit. Si telle en était l'unique cause, il faudrait rentrer dans la règle générale, toutes les fois que par la nature du traité on a eu le loisir de l'ob-

tenir par écrit ; il faudrait surtout ne pas admettre de témoins, contre et outre le contenu aux actes, ce qui cependant se pratique habituellement, ainsi qu'on le verra par la suite.

Indépendamment de ce motif, nous devons en reconnaître plusieurs autres, et particulièrement celui que beaucoup de commerçants, même parmi ceux qui obtiennent de grands succès, ne sont pas très-familiers avec l'art d'écrire, et encore moins avec celui de rédiger; que s'il leur fallait recourir aux notaires, indépendamment des retards et des embarras qu'ils en éprouveraient, et de la publicité qu'ils donneraient à leurs spéculations, ce serait un impôt sur le commerce qui en tarirait les premières sources; enfin que ses opérations, se faisant souvent entre personnes éloignées par les lieux, les mœurs et les habitudes, une confiance sans bornes est souvent indispensable.

De toutes ces circonstances naissent des abus sans nombre, que la loi ne pourait pas prévenir, sans enchaîner le commerce, et que dès-lors elle a dû se borner à réprimer, en créant des tribunaux et des principes particuliers qui n'interdisent aucune espèce de preuves.

133. Mais cette exception protectrice du commerce ne doit pas tourner contre lui; en conséquence, admettre des témoins n'est pas un devoir imposé, c'est une faculté conservée aux tri-

bunaux; ils doivent n'en user qu'avec la circonspection signalée par les commerçants qui furent
consultés en 1667 : c'est pourquoi le Code de commerce, en mettant parmi les genres de preuves
admissibles celui par témoins, ajoute : *dans le cas
où le tribunal croira devoir l'admettre.*

C'est donc aux lumières et à la conscience des
juges que ce pouvoir est confié, pour, suivant
*les circonstances du fait, et les qualités des par-
ties,* accueillir ou rejeter un mode qui, dans quelque matière que ce soit, ne cesse pas d'être dangereux Des juges de première instance, ce pouvoir passe à ceux d'appel qui, pesant à leur
tour ces mêmes circonstances et qualités, peuvent
confirmer ou réformer le rejet, ou l'admission.
Leur décision en dernier ressort, quelle qu'elle
soit, n'est pas sujette, sous ce rapport, à la cassation.

Il faut aller plus loin : ce pouvoir, en quelque
sorte discrétionaire, survit au jugement qui a
admis la preuve ; le nombre et la précision des
témoignages ne doivent point en imposer aux
juges ; ils doivent encore en apprécier, avec scru-
pule, le mérite intrinsèque, par le plus ou
moins de corrélation entre eux, et surtout par
la qualité des personnages entendus. En un mot,
les juges de commerce sont plutôt des jurés que
des juges ; et ils ne doivent pas perdre de vue
que le conseil de leur conscience est le seul
guide qu'ils aient à suivre.

134. Le Code civil n'ayant pas, comme l'Ordonnance de 1667, renvoyé aux usages du commerce, mais *aux lois relatives au commerce*, on en a fort ingénieusement tiré parti pour prétendre que la preuve testimoniale n'était admissible que dans les deux cas désignés par les articles 49 et 109 du Code de commerce.

D'abord, ces deux articles n'ont rien de restrictif, et la loi de promulgation n'abroge, des lois anciennes, que celles concernant les matières sur lesquelles il est statué. Ainsi l'Édit de 1560, qui fait juger les commerçants par leurs pairs, et qui veut qu'ils ne soient pas astreints aux subtilités et aux Ordonnances, tient le premier rang parmi les lois relatives au commerce; il est explicitement maintenu par le Code civil, et n'est nullement abrogé par celui du commerce.

En second lieu, ce système qui ferait tomber tous les monuments de la législation et de la jurisprudence de trois siècles, devant une abrogation tacite et présumée, a été très-souvent présenté, et bien rarement accueilli dans les tribunaux. Il n'est parvenu à notre connaissance qu'un arrêt de la Cour de Riom, qui pourrait le favoriser.

Garnaud ayant traduit devant le tribunal de commerce de Clermont, Albanet, en payement d'une lettre de change qu'il avait acceptée, Albanet soutint et offrit de prouver qu'il y avait supposition et simulation dans la lettre de change. Les juges de commerce de Clermont, admirent la preuve que la Cour de Riom rejeta, en motivant ainsi sa décision : « Attendu que la lettre de change dont il s'agit, porte avec elle la » preuve du lieu d'où elle a été tirée, et que cette » preuve écrite, ne peut être détruite que par » des preuves écrites, qui établissent le contraire, etc. » Cet arrêt est du 5 juillet 1813. (*Voy.* le *Journal du Palais,* tom. 39, *p.* 275.)

Il importe d'observer qu'il a été précédé d'un partage d'opinions, ce qui fait voir la perplexité de la Cour dans cette circonstance. Les autorités contraires sont si nombreuses et si graves, que cette décision solitaire ne peut avoir aucune influence. On regrettera seulement que cette Cour, qui s'est si souvent fait remarquer par la pureté de sa doctrine, ait rédigé son arrêt en point de droit, quand, très-probablement, il n'a été déterminé que par le point de fait.

Dès le mois de juin 1810, la Cour de cassation avait consacré par deux arrêts, toute l''étendue de cette exception.

Dans l'espèce du premier, un entrepreneur de bâtiments opposait, à ses sous-entrepreneurs qui avaient un titre, la preuve par témoins, d'un payement. Le tribunal de commerce d'Autun, l'avait admise. Sur le pourvoi, la cour déclara, « qu'attendu qu'il s'agissait d'affaires de com-

» merce, aux termes de l'article 1341 du Code
» civil, et l'article 109 du Code de commerce, la
» preuve du payement était admissible. » (*Voy.*
le Journal du Palais, 2ᵉ. sémᵉ. 1810, *p* 279.)

Le second arrêt est dans une espèce plus importante. La dame Dandurain avait souscrit en
l'an IX, au profit du sieur Marimpoey, deux lettres de change, montant en semble à 8,990 fr.
Sur la demande en payement, elle prétendit ne
devoir légitimement que 3,308 fr. 14 s. 6. d., et
qu'elle n'avait souscrit les lettres de change, que
pour se soustraire aux poursuites dont elle était
menacée. Un interrogatoire sur faits et articles,
subi par Marimpoey, ne procura aucun éclaircis-
sement; mais la dame Dandurain ayant demandé
et obtenu, malgré la résistance de Marimpoey,
la représentation de ses livres, on y trouva
cette dame portée précisément pour 3,308 f.
14 s. 6 d., somme annotée comme soldée. On re-
marqua encore qu'un grand nombre d'articles
étaient cachés sous bande, parce que, suivant
Marimpoey, ils étaient étrangers à la dame Dandurain. Toutes les circonstances de la cause déterminèrent, le 13 messidor an XIII, le tribunal
de Saint-Palais, à réduire la créance à la somme
reconnue par la dame Dandurain. Ce jugement
fut confirmé par la cour de Pau, à la charge par
la dame Dandurain, d'affirmer la sincérité de sa
déclaration. Le pourvoi de Marimpoey, a été re-

jeté par arrêt du 20 juin 1810, portant qu'en matière de commerce, et lors qu'il s'agit de vérifier si les causes qui ont été exprimées dans des lettres de change, ne sont pas des *causes fausses*, les Cours ont le droit d'apprécier les actes et les faits, d'ordonner la preuve testimoniale, conséquemment d'admettre les présomptions qu'elles considèrent comme graves et suffisantes, et de déférer le serment supplétif. (*Voy. le Journal du Palais*, 2ᵉ. sémᵉ., 1810, *p.* 417.

Le 3 juillet 1812, la Cour de Bruxelles, a réformé un jugement du tribunal de commerce, qui avait refusé la preuve par témoins, de la simulation dans une lettre de change, et a autorisé à faire cette preuve par tous moyens de droit. (*Voy. le journal du Palais, tom.* 36, *p.* 558.)

En 1813, les sieurs Dufaut et Mellis, négociants plaidant sur un compte, devant le tribunal de Lectoure, Mellis accusa Dufaut de retenir, par surprise et abus de confiance, un billet de 4,480 fr., dont il demanda la restitution; il offrit et obtint de faire la preuve par témoins, de ces faits; inutilement Duffaut s'est pourvu en cassation, l'arrêt de rejet est du 11 novembre 1813. (*Voy. le journal du Palais, tom.* 42, *p.* 184.)

On peut encore indiquer un arrêt de la même Cour, du 14 janvier 1808, qui décide qu'un tribunal de commerce a pu admettre la preuve par témoins, de la simulation dans une transaction.

(*Voy. le Journal du Palais,* 1er. sém^e. 1808, p. 529. *Voyez aussi ce que nous dirons dans la* 2e. *partie, n*°. 426.)

135. Enfin il importe de faire, sur cette matière , une dernière observation. Lorsqu'une contestation commerciale a été jugée , et que le jugement prononçant des condamnations, a acquis la force de la chose jugée , ou qu'une dette de commerce est devenue l'objet d'un traité purement civil, ces nouveaux titres rentrent dans la classe générale des créances ordinaires, et la libération ne peut plus être établie que par ce qui constitue la preuve littérale, conformément à l'article 1341 du Code civil..

Lechrich, condamné par un jugement du tribunal de commerce de Strasbourg, à payer, à Lévi, 700 fr., montant d'un traité, poursuivi ensuite devant le tribunal civil du même lieu, en validité d'une saisie arrêt pour avoir payement de cette créance, offrit de prouver qu'il avait fait à Lévi, sept payements qui excédaient sa dette. Le 28 mai 1808, il fut admis en vertu du décret sur les Juifs, à prouver, par témoins, sa libération, et , le 11 décembre suivant, son enquête paraissant concluante, il fut déclaré libéré.

Ce jugement a été cassé par arrêt du 5 février 1812. Le sommaire des motifs qui ont déterminé la Cour, est qu'il s'agissait d'une créance, reconnue par jugement passé en force de chose jugée,

avant le décret sur les Juifs, et qu'en permettant
de prouver, par témoins, des payements postérieurs au jugement du tribunal de commerce,
il y avait violation évidente de l'article 1341 du
Code civil. (*Voy. la* 4e. *édition du Répertoire de
jurisprudence, tom.* 9, *p.* 727.)

ARTICLE V. Rigueur de la prohibition

SOMMAIRE.

136. Ses motifs.
137. Délit naissant d'un fait civil.
138. Violation de dépôt.
139. Parjure.

136 Hors les quatre cas d'exception qui viennent d'être développés, les juges ne peuvent admettre ni la preuve testimoniale des faits, quelques
graves qu'ils puissent paraître, ni les présomptions, quelques soient leur nombre et leur importance. Obéir à cette prohibition, est un des
devoirs les plus pénibles que les juges aient à
remplir. La crainte de consacrer une injustice,
les porte naturellement du côté qui peut la faire
découvrir; mais la loi existe avec les grands motifs sur lesquels elle repose, et le devoir doit
l'emporter sur le sentiment.

137. Cette prohibition est tellement impérieuse, que, quand la plainte en dol est l'objet
d'une procédure criminelle ou correctionnelle,
elle n'en doit pas moins recevoir son application,

si le délit prend sa source dans un fait purement civil, qui ne soit pas établi par écrit.

138. Ainsi le dépositaire infidèle, en violant le dépôt volontaire qui lui a été confié, commet un délit grave : mais s'il n'est représenté ni écrit, ni commencement de preuve par écrit, pour établir le dépôt, ce premier fait, qui est licite en soi et purement civil, ne pouvant être prouvé ni par témoins, ni par présomptions, la violation du dépôt, qui n'est que le fait secondaire, et qui seul constitue le délit, ne peut pas l'être davantage.

Le nouveau Denisart (*au mot Dépôt*), rapporte six arrêts des Parlements de Paris et de Dijon, qui ont maintenu ce principe. Le nouveau Répertoire de jurisprudence (*au mot Serment* §. 2e., *art.* 2, *n°.* 8), en contient deux semblables de la Cour de cassation des 12 messidor an XI, et 21 mars 1811. La même Cour, dans son arrêt du 20 fructidor an XII, que nous avons cité (p. 185), en rejetant le pourvoi de Merlin, s'exprime ainsi :

« Lors qu'un délit présuppose une convention » antérieure, dont la preuve testimoniale n'est » pas admise par la loi, il serait inutile, et il est, » par suite, défendu de prouver le délit par té- » moins, tant que la convention n'est pas prou- » vée par une autre voie légale, parce que le » défaut de preuve légale de la convention, en- » traîne nécessairement la conséquence que le » délit n'a pas été commis. »

Cette règle ne perd rien de sa force, dans le cas même où le ministère public est seul poursuivant. Pichoneau fut notoirement accusé de s'être approprié plusieurs effets dont le dépôt lui avait été confié par la veuve Coupelle ; traduit devant le tribunal de police correctionnelle de Tours, la preuve fut complète ; Pichoneau fut condamné à dix-huit mois de prison. Sur son appel, la cour criminelle d'Indre et Loire, annula le jugement : « Attendu qu'en fait, il n'exis- » tait ni preuve, ni commencement de preuve » par écrit, relativement au prétendu dépôt de » la veuve Coupelle ; que Pichoneau n'avait pas » varié dans ses déclarations, etc. »

Cet arrêt du 1er. octobre 1806, ayant été déféré à la Cour de cassation par le Procureur-général d'Indre et Loire, son pourvoi fut rejeté, le 5 décembre suivant : « Attendu qu'avant de » pouvoir porter aux tribunaux correctionnels, » une plainte en violation de dépôt, il est néces- » saire que l'existence du dépôt soit légalement » constatée : qu'autrement ce serait admettre la » preuve testimoniale, dans le cas où la loi l'a » expressément prohibée, et fournir un moyen » aussi facile qu'assuré pour éluder la loi ; que » cette règle est générale, et reçoit son applica- » tion, soit que le procès criminel ait été com- » mencé sur la plainte de la partie qui se prétend » lésée, soit qu'il n'y ait eu de plainte et de pour-

» suite que de la part du ministère public, sans
» adjonction d'aucune partie civile. »

139. Il en est de même du débiteur parjure en
matière civile : il commet un crime; mais pour
l'en convaincre, il faudrait prouver qu'il devait
réellement la créance dont il s'est affranchi par
un faux serment, et la preuve, par témoins, de
ce premier fait purement civil, n'est pas admissible. Trois arrêts de la Cour de cassation des 5
septembre 1812, 17 juin 1813 et 2 août 1816,
cassent les décisions des Cours de Riom, de Trèves et de Caën, parce qu'elles avaient mis en
accusation des personnes prévenues de faux serment en matière civile, tandis qu'il n'existait
aucune preuve légale des créances qu'ils avaient
déniées et que pour établir leur déloyauté, il
s'agissait de prouver, par témoins, la légitimité
de ces créances, ce qui était une infraction formelle à l'article 1153 du Code civil.

ARTICLE VI. Aveu judiciaire.

SOMMAIRE.

140. Aveu.
141. Par fois divisible.

140. La Providence a donné à la vérité un tel
empire sur les hommes, que ceux-là même qui
voudraient l'enchaîner, la laissent, par fois, invo-
lontairement échapper; et que placés, en quel-

que sorte, sur un plan incliné par des circonstances qu'ils n'osent ou ne peuvent pas nier, ils
sont entraînés, malgré eux, à faire des aveux qui
les trahissent.

141. Rarement ces aveux sont formels; presque toujours ils sont envelopés de modifications,
de réticences et de nouveaux mensonges, à la faveur desquels l'homme déloyal qui les fait, espère
braver la justice : de-là s'élèvent, sans cesse,
des difficultés sur les effets de *l'aveu judiciaire*.
Il importe d'autant plus d'en rappeler les règles,
telles que la jurisprudence les a fixées, que
M. Merlin, dans sa nouvelle édition du Répertoire (*au mot Confession judiciaire*), semble
enseigner que depuis le Code civil, l'aveu judiciaire est moins susceptible d'être divisé qu'auparavant.

Les sentiments de ce jurisconsulte seront toujours, pour nous, d'un grand poids; mais nous
n'en oserons pas moins prendre l'opinion contraire, quand, ce qui sera fort rare, nous croirons
que l'erreur s'est glissée dans quelques articles
précipités; et celui-ci nous paraît être du nombre.

Très-certainement la règle de l'indivisibilité
de l'aveu judiciaire n'a rien de nouveau dans le
Code civil, c'est une des règles antiques du droit,
qu'il n'a fait que recueillir. On la trouve aussi
virtuellement exprimée dans les plus anciens monuments de la jurisprudence; il faut donc l'in-

terpréter comme elle l'était alors, et sans doute,
l'on ne prétendra pas que nos mœurs s'étant
améliorées, les hommes d'aujourd'hui méritent
plus de confiance que ceux d'autrefois.

L'aveu judiciaire se compose ordinairement
de deux parties, l'une qu'on peut appeler obligatoire, et l'autre libérative; sans doute elles
sont, et doivent être indivisibles, quand la seconde est vraiment libérative. Ainsi quand Paul
dit à Pierre, vous m'avez prêté votre cheval,
mais je vous l'ai rendu; ce fait de la restitution
au propriétaire du cheval, étant valablement
libératif, et se trouvant prouvé en même temps,
et de la même manière que le fait du prêt, on
ne peut pas admettre l'un sans l'autre. C'est dans
ce sens qu'il faut dire avec Boërius (*Décision* ᴈ43,
n°. 5) : *Confiteri debitum, et solutionem inde se-
cutam, sunt connexa et conjuncta, quœ ex con-
tinentiâ factorum separationem non recipiunt.*

Si, au contraire, la seconde partie de la déclaration libérative, dans la prétention du déclarant, ne l'était pas dans le sens de la loi, il se
trouverait établi que la créance a existé, et
qu'elle existe encore; les juges ne pourraient
donc pas se dispenser de la protéger.

On en trouve un précieux exemple dans un
arrêt du Parlement de Paris, rapporté à *l'ancien
journal du Palais*, tom. ᴵᵉʳ. *p.* 934.

Le marquis de Palais avait, en 1656, passé, au

profit du sieur de Broë, une obligation en brevet de 926 fr. Après le décès du sieur de Broë,
elle fut inventoriée; mais un créancier de la succession voulant exercer ses droits sur cette créance, et ne pouvant pas retrouver l'obligation,
fit une saisie arrêt entre les mains du marquis
de Palais. Ce dernier déclara l'avoir payée à la
veuve du sieur de Broë fils qui n'y avait aucun
droit, en lui comptant une partie des 926 fr., et
lui passant une obligation personnelle pour le
surplus; il appela même en cause la dame de
Broë, qui ne convint de rien, et s'en tenant à
l'acte qu'elle avait contre le marquis de Palais,
conclut aussi au paiement. En vain le marquis
de Palais soutint que le brevet de sa première
obligation (que la dame de Broë lui avait remis),
n'étant pas représenté, il n'y avait contre lui que
sa déclaration, et qu'elle n'était pas divisible,
ou au moins que la dame de Broë devait le garantir. L'illégalité du paiement qu'il articulait détermina sa condamnation, sans recours contre la
dame de Broë, qui se retranchait dans une dénégation absolue. (*L'arrêt est du* 3 *août* 1678).

Le marquis de Palais méritait le sort qu'il a
éprouvé; en reprenant des mains de la dame de
Broë son obligation, il ne pouvait pas se dissimuler qu'elle n'y avait d'autre droit, que celui
qu'elle s'y était donné, par un larcin : en pareil
cas, ce n'est pas diviser la déclaration. En fait,

on la prend comme elle est, mais en droit, on l'apprécie pour ce qu'elle vaut. Quand la fraude est ainsi avouée, ce serait s'en rendre complice que de ne pas la réprimer.

Les juges auraient le même devoir à remplir, si la partie libérative était, à leurs yeux, ou absurde, ou évidemment mensongère. Quand leur conscience est pénétrée de la réalité d'une fraude, toutes les subtilités du droit doivent se taire ; le Parlement de Paris nous fournira encore un exemple sur ce sujet.

Le Roux, propriétaire de sept huitièmes d'une habitation à Saint-Domingue, se rendit adjudicataire, par licitation, de cette propriété, dont le mineur Brisset avait un huitième : son contrat du 28 février 1772, n'énonçait que le prix de 40,000 fr., payable au mineur lors de sa majorité ; mais le tuteur de cet enfant avait exigé de lui, indépendamment du prix exprimé, la remise, *de la main à la main*, et sans reconnaissance, d'une somme de 10,600 fr.

Leroux, inquiet sur l'action à laquelle il était exposé, de la part du mineur, pour vilité du prix apparent, traduisit le tuteur devant le tribunal de Niort, concluant à ce qu'il eût à lui donner une reconnaissance en bonne forme de ces 10,600 fr. Un premier jugement ordonna que le tuteur viendrait affirmer ou dénier, s'il avait effectivement reçu la somme, et *en cas qu'il l'eût reçue, pour quel usage.*

Le tuteur affirma qu'il avait reçu la somme, mais qu'elle ne regardait aucunement l'intérêt du mineur. Les premiers juges, au jugement desquels cette déclaration ne satisfaisait pas complètement, crurent néanmoins devoir rejeter la demande de Leroux.

Sur l'appel, le tuteur voulut donner une explication plus complète; il prétendit qu'à la mort de Brisset, père du mineur, qui avait en sa possession toute la fortune commune entre lui et ses frères, Leroux, cousin de la veuve, s'était emparé de tout, et qu'ensuite ayant fait mettre cette veuve dans un bain d'eau glacée, il l'y avait laissée mourir; que c'était pour le dédommager de cette spoliation, que Leroux lui avait remis, lors du contrat, une somme de 10,600 fr.

Par arrêt du 7 septembre 1778, sur les conclusions de M. Daguesseau, avocat général, le jugement de Niort fut réformé, et Brisset, tuteur, fut condamné à passer, au profit du sieur Leroux, une reconnaissance de 10,600 fr., et de s'en charger en recette dans son compte de tutelle. (*Voy. le nouveau Denisart, au mot Confession.*)

Cette ancienne jurisprudence doit d'autant mieux être maintenue, qu'aujourd'hui c'est un point devenu invariable, que les réponses du défendeur, dans l'interrogatoire sur faits et articles, peuvent fournir un commencement de preuve par écrit. (*Voy. ci-dessus art.* 3 , *n°.* 129.) ; or l'interrogatoire du défendeur n'est autre chose que sa confession sur une série de questions préparées pour l'amener au point de vérité ; aussi ceux qui résistaient à cette opinion , puisaient leur plus fort argument dans l'indivisibilité de l'aveu judiciaire.

On peut enfin tirer induction en faveur de cette jurisprudence, d'un arrêt de la Cour de cassation du 5 juillet 1808.

Lemire réclamait de Letellier, devant les juges de Neufchâtel , 300 fr. pour le prix d'un cheval qu'il prétendait lui avoir vendu. Letellier avouait avoir eu le cheval , mais à titre de prêt, et non de vente. Sur le motif qu'il résultait des plaidoiries *des parties une apparence de livraison* , Letellier fut condamné à payer à Lemire la somme réclamée, en affirmant, par ce dernier, qu'il avait réellement vendu le cheval à Letellier.

Le pourvoi fut rejeté, « attendu que les juges » de Neufchâtel ont pu, sans contrevenir aux ar- » ticles 1341, 1342, 1366, et 1367 du Code, avoir » égard aux déclarations faites par les parties » elles-mêmes, à l'audience , et déférer le ser- » ment au demandeur , pour en assurer davan- » tage la sincérité. »

Ainsi l'on ne s'est pas même fait un moyen de cassation, de l'article 1356 , sur l'indivisibilité de l'aveu judiciaire ; cependant quelqu'aient été

les déclarations de Letellier, il attestait avoir
emprunté et non acheté ; il ne résultait de l'instruction qu'une *apparence de livraison*; les
juges n'avaient pas la certitude que Lemire dît
la vérité, puisqu'ils ont exigé de lui le serment
supplétif ; mais probablement les apparences
de bonne foi étaient de son côté; les réponses
de Letellier étaient évasives et suspectes, et sa
déclaration a été rejetée. On peut également s'appuyer sur deux arrêts, l'un de la Cour d'Orléans,
du 7 mars 1818, l'autre de la Cour de cassation,
du 9 février 1820, que nous rapportons ci-après.
(*Voy. aussi n°. 178 et 355 de la 2e. partie.
On peut encore consulter un arrêt de la Cour
de Bourges du 12 avril 1826, recueilli dans la
jurisprudence générale de M. Dalloz, 1826,
part. 2, p. 223.*)

ARTICLE VII. Serment.

SOMMAIRE.

142. Deux espèces de serment.
143. Serment supplétif.
144. Règles à ce sujet.
145. Livres des marchands.
146. Billets non approuvés.
147. Serment décisoire.

142. Dans ces causes affligeantes, où, sur le
même fait, l'une des parties affirme et l'autre
nie, le dol joue nécessairement un des deux

rôles; mais il s'agit de reconnaître de quel côté il s'est placé. Si aucun des moyens que nous avons indiqués n'est admissible, ou qu'étant admissible, il ne soit pas au pouvoir des parties de l'offrir aux juges, il ne reste plus qu'une ressource, c'est celle de l'appel à la conscience d'une des parties par le serment.

Le juge peut le déférer d'office, alors il est appelé supplétif.

Une des parties peut aussi le déférer à l'autre, et dans ce cas, il reçoit le nom de décisoire.

143. Plus ce pouvoir donné au magistrat de terminer un différent, sur lequel son opinion est encore vacillante, en associant, en quelque sorte, la conscience d'une des parties à la sienne, est important, plus il doit mettre de circonspection dans l'usage qu'il peut en faire.

144. 1°. L'article 1367 du Code civil lui rappelle qu'il ne doit en user que « lorsque la de- » mande ou l'exception n'est pas pleinement jus- » tifiée, et que cependant elle n'est pas dénuée » de preuve;

2°. Il ne doit pas perdre de vue les principes généraux sur la preuve des obligations; si donc il se trouve dans l'état d'anxiété prévu par cet article, c'est parce que celui qui se prévaut du point contesté, n'en a pas, comme il y est tenu, fourni une preuve suffisante; dès-lors, c'est sur celui qui combat ce point que, d'abord, il doit porter son attention., et ne fixer son choix sur l'autre, qu'autant que de graves motifs peuvent l'y déterminer;

3°. Le serment est un acte religieux, qui suppose dans celui à qui on le défère, l'esprit de religion et d'honneur qui caractérise l'homme probe : il ne doit donc être exigé que de celui qui n'a donné aucun motif de le soupçonner; mieux vaudrait rejeter la demande, faute d'être suffisamment prouvée, que de commander un parjure. On doit, à l'avance, être persuadé que le serment sera conforme à la déclaration. Pothier qui, pendant quarante ans, avait rempli des fonctions judiciaires, déclare n'avoir vu que deux fois une partie préférer sa condamnation à l'obligation de prêter serment; et nous, depuis trente-cinq ans, nous ne l'avons vu qu'une seule fois.

4°. Quand il ne s'agit que de le déférer à celui qui conteste, la moindre probabilité peut suffire, puisqu'on le rend le maître de s'affranchir de la réclamation.

5°. Pour le déférer, au contraire, à celui qui, devant prouver, ne le fait pas suffisamment, il faut le concours de plusieurs circonstances : la première, qu'il soit digne de l'excès de confiance qu'on veut lui accorder, et que l'autre partie provoque le soupçon, *inspectis personarum et causæ circumstantiis;*

La seconde, que les résultats, soit d'actes imparfaits, soit d'enquêtes incomplètes, soit d'un
corps de présomptions, influent assez sur l'esprit du juge, pour qu'il ne s'agisse que de le
faire passer de la persuasion à la conviction;

La troisième, enfin, que la chose à prouver
soit de nature à l'être par la preuve vocale;
puisque ce n'est que dans ce cas que les présomptions simples sont admissibles, et qu'il n'y a que
présomption toutes les fois qu'il n'y a pas preuve
complète. On concevra facilement que, quand la
loi s'oppose à ce que la déclaration assermentée
de personnes désintéressées soit écoutée, à plus
forte raison défend-elle de se livrer à celle de la
personne intéressée.

La Cour de cassation a signalé solennellement
ce point important, en annulant un jugement
du tribunal civil de Marseille, qui avait admis
la demande du sieur Martin, en paiement de
156 fr., justifiée seulement par ses livres, en affirmant la légitimité de sa réclamation; l'arrêt
est du 2 mai 1810, et ainsi motivé : « Attendu
» que les présomptions qui ne sont pas fondées
» sur la loi, ne peuvent être appréciées par les
» juges; que dans les cas seuls où la preuve tes-
» timoniale du fait contesté se trouverait admis-
» sible; que c'est conséquemment dans ces seuls
» cas aussi, que le serment supplétif peut être
» déféré; que cependant, et quoique le deman-

» deur n'eût en sa faveur ni titre , ni aveu , et
» que sa demande portât sur une somme de
» plus de 150 fr. , ce qui était exclusif de toute
» preuve testimoniale; le jugement attaqué, sans
» considérer que les livres du demandeur ne
» pouvaient établir une présomption légale en sa
» faveur, n'en a pas moins condamné les récla-
» mants à payer ladite somme , en affirmant par
» le demandeur etc. » (*Voy. le Répertoire de ju-*
risprudence, 4e. *édition*, *au* mot *Serment*, §. 2,
art. 2 , n°. 5.)

145. Il importe d'observer que le livre , auquel le tribunal de Marseille avait attaché la
faveur d'opérer une présomption légale , que lui
a refusée la Cour de cassation , était celui d'un
simple particulier. Devrait-on traiter avec la
même rigueur, celui qu'un marchand opposerait
à un simple particulier?

L'auteur du Répertoire (*au mot Preuve*, *p.* 711)
est d'avis que, dans ce cas , il y aurait présomption suffisante pour déterminer le juge à déférer
le serment au marchand.

M. de Malleville, dans son *Analyse sur le*
Code civil, *t.* 3, n°. 153, *et* M. Toullier, *t.* 8,
p. 608, partagent son opinion. Ce dernier va
plus loin; il en conclut, *à fortiori*, que ces livres
forment un *commencement de preuve par écrit.*

La haute estime qu'ont acquise ces jurisconsultes, nous a imposé l'obligation de méditer

long-temps sur ces deux propositions ; mais nous nous sommes vus contraints de nous éloigner de leur sentiment, sur la première, en ce qu'elle a *de trop général* ; et sur la seconde, comme étant une erreur absolue ; pour celle-ci même, nous serons aidés par MM. Merlin et de Malleville, contre M. Toullier.

L'affinité de ces deux questions, qui a conduit M. Toullier à conclure de l'une à l'autre, nous a déterminés à les traiter ici, et ensemble.

Sans doute, quand la somme réclamée par un marchand contre un simple particulier, n'excède pas 150 fr. , ainsi que dans tous les autres cas où la preuve testimoniale est admissible, son livre est pris en considération, comme présomption ; et si celle-ci est fortifiée par d'autres, le serment peut être déféré au marchand. Mais si la cause est du nombre de celles dont l'article 1353 écarte et la preuve testimoniale et les présomptions, on ne peut déférer le serment au marchand, sans porter atteinte à cette disposition impérieuse, dont toutes les conséquences n'ont pas été assez généralement aperçues.

Que les livres d'un marchand n'aient jamais fait, et ne fassent encore aujourd'hui qu'une simple *présomption*, contre une personne non marchande, c'est ce dont il est facile de se convaincre.

Si l'on remonte au Droit romain, on y trouve

ce principe régulateur, que nul ne peut se faire un titre à soi-même. *Ratiönes defuncti, quæ in bonis ejus inveniuntur, ad probationem sibi debitæ quantitatis solas sufficere non posse, sæpè rescriptum est. L. 6, Cod. de prob. Exemplo perniciosum est, ut ei scripturæ credatur; quâ unusquisque sibi adnotatione propriâ debitorem constituit. Undè neque fiscum, neque alium quemlibet, ex suis subnotationibus debiti probationem præbere oportet, l. 7, Cod. loc. cit.*

Ainsi ces lois regardent comme un exemple pernicieux, de voir dans les livres d'un citoyen la preuve qu'un autre est son débiteur; leur règle s'applique, sans distinction, à tous les rangs de la société. Sur ces mots, *neque fiscum*, Accurse a mis cette note : *licet privilegiatus sit*; et aujourd'hui que le commerce est à qui veut le faire, ou voudrait donner à tous ceux qui s'y livrent cet avantage immense sur les autres citoyens, d'être crus sur la foi de leurs livres et de leur serment!

Cependant, même avant l'ordonnance de 1560, et lorsque la preuve testimoniale était arbitrairement admise ou rejetée en toutes matières, il y avait une grande diversité d'opinions entre les jurisconsultes, sur la question de savoir si les marchands pouvaient y être admis sur la foi de leurs livres. Dumoulin, qui écrivait lui-même avant cette Ordonnance, donne (*sur le 4e. livre du Code, t.* 1.) les détails de cette controverse, et finit par enseigner, avec Bartole, que la loi *Exemplo*, que nous venons de citer, doit faire la règle ordinaire; que néanmoins elle est susceptible de quelques exceptions, particulièrement en faveur des marchands; que s'ils sont bien famés, et *qu'il ne s'agisse que d'une somme modique*, leurs livres produisent une *sémipreuve*, qui peut être complétée, même par leur serment.

Deux choses sont à remarquer dans ce que dit Dumoulin; ces livres ne forment qu'une *sémipreuve*, et elle ne doit être considérée que lorsqu'il s'agit *d'une petite somme*; il est donc très naturel d'en conclure que, s'il écrivait aujourd'hui, il partagerait notre sentiment.

Boiceau, qui a commenté l'art. 54 de l'Ordonnance de 1560, suit le sentiment de ceux qui, avant cette loi, regardaient le livre du marchand, comme autorisant la preuve; mais il n'accorde ce droit qu'aux marchands jurés, reçus dans les corps établis; quant aux autres, il croit : « Que » la preuve par témoins, ne doit pas leur être » accordée au-dessus de 100 fr., quoiqu'ils rap- » portent leurs livres, parce qu'ils ne méritent » aucune foi. « Ce suffrage est peu favorable au commerce actuel, qui est livré à quiconque veut payer son tribut au fisc.

Danty, *dans ses additions sur le traité de cet*

auteur, réprouve sa distinction ; et après avoir très-savamment exploré toutes les autorités sur la matière, il termine ainsi : « Si les Ordonnances » ont admis la preuve, quand il y a un commen- » cement de preuve par écrit, elles n'ont pourtant » pas entendu permettre, ni autoriser, indirec- » tement, la fraude de ceux qui pourraient se » faire ainsi un titre à eux-mêmes..... Le mar- » chand est en faute de n'avoir pas pris ses sû- » retés..... et le débiteur doit être cru à son » affirmation, s'il n'y a des circonstances très-pré- » cises, qui marquent qu'il est effectivement dé- » biteur. »

M. Toullier ne cite que cette dernière partie du sentiment de Danty. Ainsi isolée, elle semble convenir à son opinion ; réunie au surplus elle laisse appercevoir le contraire.

A-peu-près dans le même temps où Danty réprouvait la doctrine trop favorable aux mar- chands, Domat rétablissait, énergiquement, le principe primitif posé dans la loi *Exemplo* : « Personne ne peut s'acquérir un droit, ni se » rendre créancier d'un autre, par des actes qu'il » puisse faire à sa volonté ; ainsi, par exemple, » on ne jugera pas sur le livre journal d'une per- » sonne, où il est fait mention qu'une autre lui » doit une somme, que cette somme soit dûe, » s'il n'y a aucune autre preuve, quelle que puisse » être l'exactitude du livre journal, et la probité » de celui qui l'a écrit. » (*Partie* 1re. *p.* 250.)

Parmi les auteurs modernes, les avis sont plus partagés; Jousse, sur l'article 3 du titre 20 de l'ordonnance de 1667, prétend que, «Les jour- » naux des marchands et artisans, pour raison » de leurs fournitures, peuvent être regardés » comme des commencements de preuves par » écrit : ce qui dépend des circonstances et de la » prudence des juges.» D'un autre côté, Dénisart, plus au fait que Jousse de la jurisprudence gé- nérale, s'exprime ainsi (au mot *Livres*) :

« Les livres des marchands et banquiers, tenus «dans la forme prescrite par les lois, forment des » titres entre commerçants; mais ils n'en opèrent » aucuns contre des bourgeois non négociants; » ceux-ci sont crus à leur affirmation, contre les. » livres des marchands, lors même que la de- » mande est formée dans le temps, pendant le- » quel la Coutume de Paris accorde l'action aux » fournisseurs, par les articles 126, 127 et 128.»

Enfin Pothier paraît se placer parmi les au- teurs qui protègent les livres des marchands; mais il reconnaît, comme Dumoulin, que c'est une exception à la règle générale. (*Traité des Obligations*, n°. 772.) Comme lui, il veut, n°. 721, que les sommes réclamées ne soient pas *très-considérables* : avec Boiceau, il n'attribue cet avantage au marchand contre un bourgeois, que lorsque ce marchand fait partie du corps des marchands, et il le refuse aux petits mar- chands.

Les auteurs qui ont mis le plus d'importance à ces livres, n'y ont donc jamais trouvé qu'un commencement de preuve fort incomplet, et nulle part on ne rencontre un seul arrêt, qui leur ait attribué les vertus qu'on veut leur concéder aujourd'hui. Et sur quelle Ordonnance ou Coutume se serait-on appuyé? Toutes celles qui se sont occupées des actions des marchands, n'ont fait que les resserrer dans des délais beaucoup plus brefs que ceux laissés aux autres actions.

Si, de l'ancienne législation, on passe à l'examen du Code, on voit que ses rédacteurs n'ont point entendu traiter plus favorablement les livres des marchands. Deux articles les concernent uniquement, et l'un d'eux, l'article 1329, porte : « Les registres des marchands ne font » point, contre les personnes non marchandes, » *preuve* des fournitures qui y sont portées, sauf » ce qui sera dit à l'égard du serment. »

Ainsi *ils ne font pas preuve,* voilà ce qui est clair, positif et au-dessus de toute équivoque. S'ils ne font pas preuve, ils ne font qu'une *présomption*; car tout ce qui n'est pas preuve, ne peut être que cela, et nous croyons avoir surabondamment établi notre première proposition. Ces livres n'ont jamais été, et ne sont encore considérés, que comme pouvant fournir une présomption.

Ce point fixé, la solution de la question devient facile, en la rapprochant des principes sur le serment, auxquels on est renvoyé par l'article 1329.

Quelqu'étendu que soit le pouvoir donné aux juges, pour déférer, à l'une ou l'autre des parties, le serment supplétif, il n'est pas discrétionnaire, et a ses bornes.

D'abord, suivant l'article 1367, ce serment ne peut être déféré que sous deux conditions : « Que » la preuve ou l'exception ne soit pas pleinement » justifiée, et qu'elle ne soit pas totalement dé- » nuée de preuve. Hors ces deux cas, le juge doit, » ou adjuger, ou rejeter purement et simplement, » la demande.

Mais, indépendamment de ces règles particulières au pouvoir des juges, quand il s'agit de serment, il y a sur ce pouvoir, et pour tous les cas, des règles générales, qui ne doivent pas être perdues de vue à l'égard du serment.

Ainsi l'article 1353 contient une prohibition générale, qui s'applique à la délation du serment, comme à tous les autres cas. « Le magistrat ne » *peut admettre les présomptions,* que dans les » cas seulement où la loi admet les *preuves tes-* » *timoniales.*

Le magistrat, ne pouvant donc faire ce qui lui est permis, qu'en évitant de faire ce qui lui est défendu, doit nécessairement, quand il s'agit de déférer le serment, distinguer les cas susceptibles de la preuve par témoins, de ceux qui ne le sont pas. Dans les premiers, les présomptions pouvant être prises par lui en considération, il pourra, si le marchand s'est acquis une bonne réputation, si son livre est régulier, en un mot, si les circonstances de la cause lui donnent la persuasion que la réclamation du marchand est juste, et la dénégation du défendeur inspirée par la mauvaise foi, déférer le serment au marchand. Si, au contraire, il s'agit d'une somme excédant 150 fr., les présomptions les plus graves devant être comptées pour rien, et le livre du marchand étant, il faut en convenir, de toutes les présomptions la plus faible, pour ne pas dire, comme les jurisconsultes romains, la plus *perni-cieuse,* ce sera beaucoup faire que de déférer le serment au défendeur, puisqu'à défaut de preuves, *il devrait être purement et simplement renvoyé.*

Tel est, évidemment, le seul résultat que doive avoir le renvoi de l'article 1329, relativement aux livres des marchands, à la partie du Code concernant le serment. Ce renvoi est vague, indéterminé, *sauf ce qui sera dit à l'égard du serment.* Mais cette indétermination est étudiée ; elle a pour but de subordonner l'emploi des livres des marchands, aux autres règles qui doivent diriger le

magistrat; et ce renvoi aura une assez grande
conséquence, puisqu'il pourra faire déférer le
serment au marchand, dans tous les cas où la
preuve testimoniale serait admissible, et au défendeur dans tous les autres.

Nous croyons cette théorie d'autant plus exac-
te, qu'elle se trouve en harmonie parfaite, avec
celle des anciens docteurs. On a vu plus haut
que Dumoulin, Bartole, Boiceau, Pothier, etc.,
ne votaient la délation du serment au marchand
sur ses livres, que lorsque la somme n'était pas
très-considérable.

Enfin nous avons l'avantage de pouvoir opposer aux personnes recommandables, dont nous
contrarions à regret le sentiment, une autorité
digne d'être mise en balance avec la leur. C'est
celle de l'orateur du gouvernement, un des rédacteurs du Code, présentant au corps législatif
la partie où il s'agit des livres de marchands.

« Quant aux personnes qui ne sont pas dans le
» commerce, on a dû maintenir la règle, suivant
» laquelle nul ne peut se faire de titre à lui-même;
» et l'ordre que les marchands sont tenus de te-
» nir dans leurs registres, ne saurait garantir que
» les fournitures qui y sont portées soient réelles;
» ils n'ont à cet égard d'autre droit que celui
» d'exiger le serment des personnes qui contes-
» teraient leurs demandes. » *Discours de M. Bigot de Préameneu.*

Après des notions aussi démonstratives sur la première question, celle de savoir si les livres des marchands sont, pour leurs demandes, un commencement de preuve par écrit, ne peut pas être l'objet d'une l'ongue discussion.

M. Toullier est le seul qui l'ait agitée et résolue affirmativement. Son plus fort argument repose sur la proposition que nous venons de combattre, et nous avons la confiance d'avoir saisi le véritable sens de la loi. A ses autres raisonnements, il suffira d'opposer le texte formel de l'art. 1347, contenant la définition du commencement de preuve par écrit : « On appelle ainsi tout acte » par écrit, qui est émané de celui contre lequel » la demande est formée, ou de celui qu'il re- » présente, et qui rend vraisemblable le fait » allégué. »

Quelque décisive que soit cette définition, M. Toullier croit pouvoir s'en débarasser par un mot : *Elle n'est pas limitative.* Sans craindre de réplique, et avec les règles élémentaires de la logique, nous répondrons qu'une définition n'est juste que lorsqu'elle convient *omni defi- nito;* que dès-lors, elle est essentiellement limitative, et que, particulièrement dans une loi, elle n'est placée qu'avec cet attribut, et n'a pas d'autre objet que de faire rejeter tout ce qui n'a pas les caractères exigés par elle.

Cette limitation nécessaire dans la règle générale, n'empêche pas les exceptions; ainsi le Code, en signalant par sa définition tous les actes que les juges pourraient prendre pour commencement de preuve par écrit, a, en outre, attribué la même vertu à des pièces non comprises dans sa définition. Doit-on en conclure, avec M. Toullier, que cette extension des législateurs autorise les juges à la porter au-delà et à d'autres cas? Non sans doute; il faut en conclure, au contraire, que ce qui ne peut trouver place, ni dans la règle générale, ni dans celles particulières, ne peut pas être réputé commencement de preuve par écrit.

Mais la définition ne fût-elle pas *limitative,* il faut, au moins, admettre qu'elle est *indicative,* ou prétendre franchement qu'elle a été mise, dans le Code, sans but et sans objet. Ne fût-elle donc qu'indicative, elle repousserait victorieusement ce qui lui serait diamétralement opposé; et quand elle indique comme commencement de preuve par écrit, tout acte *émané de celui contre lequel la demande est formée,* on ne peut certes pas, se permettre de donner la même qualification *à l'acte émané de celui qui a formé la demande.*

Telle a été, au surplus, l'opinion générale qui s'est établie, au moment où l'article 1347 a paru; on a de toutes parts applaudi à une définition claire et infiniment juste, qui mettait un terme aux dissidences des jurisconsultes.

M. de Malleville, *t.* 1, *p.* 321, en raisonnant
sur l'article 324, rappelle, comme un point indubitable, que, « Pour servir de commencement
» de preuve par écrit, l'acte *doit émaner de ce-*
» *lui à qui on l'oppose.* »

M. Merlin (*dans la* 4e. *édition de son Réper-*
toire, au mot commencement de preuve, p. 486)
après avoir répété ce qu'il avait dit dans ses éditions précédentes, ajoute : « Remarquez, au
» surplus, que, pour qu'un acte puisse être con-
» sidéré comme un commencement de preuve
» par écrit, contre celui à qui on l'oppose, il
» faut qu'il soit émané de lui, ou de celui qu'il
» représente. » A ce texte déterminant, il joint
une note qui ne laisse plus d'occasion pour le
doute ; elle est ainsi conçue : « Cet article (1347)
» est-il introductif d'un droit nouveau, et néces-
» siterait-il la cassation d'un arrêt qui jugerait le
» contraire en admettant, comme commence-
» ment de preuve par écrit, d'une convention
» antérieure au Code, un acte non émané de la
» partie contre laquelle on veut prouver la con-
» vention ? Voici ce que prononça là-dessus un
» arrêt de la cour de cassation, du 8 maï 1811 :
» « Attendu que le mode de preuve d'une conven-
» tion ne tient pas à la forme de procéder, qu'il
» se rattache essentiellement au fond ; que c'est
» conséquemment la loi du temps où les parties
» reportent cette convention, qu'il faut consul-

» ter, pour l'admission de la preuve offerte ; que
» si, comme dans l'espèce, la convention alléguée
» se reporte à une époque à laquelle l'Ordon-
» nance d 1667 était en vigueur, c'est l'article 20,
« tit. 3 de cette Ordonnance, qui doit être pris
» pour règle du jugement à prononcer; que l'Or-
» donnance, par l'article cité, avait autorisé la
» preuve par témoins, lorsqu'il y avait un com-
» mencement de preuve par écrit, sans donner
« aucune définition de ce qui devait être entendu
» par commencement de preuve par écrit, et
» qu'elle l'avait dès-lors laissé à la prudence des
» magistrats; que la cour d'appel de Nîmes, en
» jugeant dans le cas particulier, que les pièces
» produites constituent un commencement de
» preuve par écrit, ne pouvait dès-lors, avoir
» violé aucune loi, en admettant sur ce motif,
» la preuve vocale qui était offerte : la Cour re-
» jette, etc. »

Sans doute on verra, comme nous, dans les
motifs de cet arrêt, que si la convention à prouver, eût été postérieure à la publication du Code,
qui a rempli la lacune de l'Ordonnance de 1667,
en donnant la définition désirée, l'admission,
comme commencement de preuve par écrit
d'une pièce, n'étant pas dans le sens de cette
définition, eût été réputée une violation de la loi.

En résumé, les marchands ne sont pas plus
aujourd'hui qu'autrefois, des êtres privilégiés,

dont la foi soit plus infaillible que celle des au_
tres citoyens. Il serait tout aussi pernicieux que
du temps de Justinien, de les croire sur parole :
ce serait mettre la société à leur discrétion. En
vain on a dit que le serment est une *preuve*,
parceque le Code l'a placé sous la rubrique de
la preuve. On sait ce que valent les arguments à
rubricâ. L'arrêt du 2 mai 1810, que nous avons
cité (p. 258) doit s'appliquer aux livres des marchands, comme à ceux des autres particuliers.

Il ne serait pas moins désastreux, en violant
l'article 1347, de trouver dans ces livres des commencements de preuve par écrit, et par là d'exposer les citoyens à tous les dangers de la preuve
vocale, que l'article 1341 a reconnus et conjurés.

En un mot, s'il est vrai que la législation ait
ses exceptions, pour les marchands entre eux,
il ne l'est pas moins qu'elle n'en a aucune pour
eux, vis-à-vis des autres citoyens. Tout ce qui
tendrait à en établir, serait non-seulement une
violation de la loi, mais encore un attentat à
cette juste égalité qui doit régler les droits de
tous.

146. En rapprochant les dispositions de l'article 1353, sur les présomptions, de celles de
l'article 1326, sur les billets et promesses, on
aperçoit une précieuse amélioration dans notre
législation. Comme nous l'avons dit (p. 217),
la nullité que prononçait la déclaration de 1733,

de billets auxquels le souscripteur n'avait fait qu'apposer sa signature, sans en approuver la somme, donnait lieu à une foule d'injustices, et enfantait plus d'abus qu'elle n'en prévenait, ainsi que l'a très-judicieusement observé M. Toullier.

Aujourd'hui ces actes imparfaits, que la loi n'annule pas, manquant seulement de la formalité qu'elle exige, sont, dans cet état d'irrégularité, insuffisants pour prouver ; mais, au moins, ils rendent vraisemblable l'obligation qu'ils énoncent, et par là ils produisent un commencement de preuve par écrit. Non seulement la preuve vocale devient admissible, les présomptions le sont également; et la cause se trouve placée parmi celles que l'article 1353 confie à la conscience des magistrats; devenus appréciateurs des circonstances du fait et des personnes, ils peuvent terminer le litige par le serment du demandeur.

Désormais, on n'aura donc plus ce scandale, fréquent jadis dans les tribunaux, de souscripteurs de billets, qui, sans articuler ni dol ni surprise, venaient sèchement dire : Vous avez une promesse signée de moi; mais je n'ai fait que signer, je ne vous dois rien. Les juges ne rendront plus de décisions forcées par l'abus de la forme, et le point d'équité pourra l'emporter. La présomption légale sera toujours pour la surprise de la signature ; mais elle cé-

dera chaque fois que, consciencieusement, les
magistrats croiront qu'on fait, de cette présomption, un emploi abusif.

Déjà plusieurs Cours avaient signalé ce retour
du Code civil aux règles d'équité naturelle, dont
la déclaration de 1733 s'était éloignée; mais on
doit surtout à M. Toullier de l'avoir mis dans
tout son jour. (*Voy. son Cours de Droit*, t. 8,
n°. 293 *et suivants.*)

147. Le serment décisoire est la dernière ressource qui reste, à celui qui, sans titre ni preuve,
est menacé d'une injuste dénégation; encore,
pour avoir ce faible avantage, faut-il qu'il défère
le serment à son adversaire, nettement, sans
condition, et sans donner au juge à délibérer sur
tout autre moyen; en un mot, il faut qu'il s'a-
bandonne à la conscience qu'il redoute; ce n'est
que dans cette position franche que ce serment
conserve son caractère.

En vain on opposerait que l'article 1360 porte
qu'il peut être déféré *en tout état de cause*. Cette
disposition doit être sainement entendue; c'est-
à-dire, qu'à quelque degré d'instruction ou de
de procédure qu'on soit arrivé, que le procès
soit encore devant les premiers juges, ou devant
ceux d'appel; que les plaidoiries même soient
commencées; il est toujours temps de le déférer;
mais pourvu que, comme nous l'avons dit, ce
soit en faisant le sacrifice de tous autres moyens,

en sorte que celui à qui on le défère, devienne tout-à-coup l'unique arbitre de la contestation.

Quand il n'est déféré que *subsidiairement*, avec d'autres moyens placés en première ligne, il n'est véritablement plus décisoire ; on ne peut y voir qu'une invitation aux juges de déférer le serment supplétif ; ce qu'ils peuvent accorder ou refuser : telle a été la décision de la Cour d'Agen par arrêt du 14 décembre 1808, confirmé par celui de la Cour de cassation, du 30 octobre 1810. Voici les motifs de ce dernier : « La loi » laisse à la prudence des juges d'ordonner, ou » de ne pas ordonner, le serment supplétif, sui- » vant les circonstances, dont elle remet l'ap- » plication à leurs lumières et à leur cons- » cience ; le serment déféré par la dame Chaste- » net au sieur Montbrun est purement supplé- » tif, puisqu'elle ne l'a déféré que subsidiaire- » ment à tous moyens, et qu'il n'a apparu à la » Cour d'appel d'aucune présomption qui ait pu » l'autoriser à l'ordonner dans l'espèce ; et que » par suite, en refusant d'y assujétir le sieur Mont- » brun, la Cour n'a violé aucune loi sur la » matière. »

§. 2.

Défaut d'exécution des traités.

148. Nous avons, dans le §. 4 du chapitre 2, p. 43,

fait apercevoir la différence à observer, pour la fixation des dommages et intérêts entre les pertes qu'on a pu prévoir, et celles qui sont une suite immédiate et directe du fait qui y donne lieu.

Cette différence est surtout importante, lorsqu'il faut les prononcer pour le défaut d'exécution d'un traité.

Les seules causes qui puissent empêcher l'exécution d'un traité sont, ou la force majeure, ou un cas fortuit, ou la faute de la personne obligée, ou enfin son dol. Dans les deux premiers cas, il n'y a pas lieu à dommages et intérêts, *article* 1148. Mais c'est à celui qui a contracté et qui oppose ce moyen de libération, à prouver le fait sur lequel il le fonde.

Dans les deux autres cas, les dommages et intérêts sont dus; mais ils ne seront calculés que sur les pertes qu'on a pu prévoir, si l'obligé n'est coupable que d'une faute, *article* 1150, et ils le seront, sur toutes les pertes qui ont été la suite immédiate et directe de l'inexécution, si elle est imputable à son dol, *article* 1151.

Sur qui, dans un cas douteux, l'obligation de prouver doit-elle tomber? l'obligé devra-t-il prouver qu'il n'a commis qu'une faute? ou le créancier est-il tenu d'établir que le débiteur a usé de dol?

Les législateurs n'ayant pas tracé de règles à ce sujet, c'est aux magistrats à se décider, suivant la nature des faits.

A la vérité, il est de principe général que le dol, comme toutes les actions punissables, ne devant pas être présumé, c'est à celui qui l'allègue à l'établir; d'où il est naturel de conclure que, jusqu'à cette preuve, la simple faute de l'obligé, est celle à laquelle on doit attribuer l'inexécution; il nous semble néanmoins nécessaire d'y apporter une modification essentielle. Ou le débiteur se renfermera dans un silence absolu sur la cause de l'inexécution, ou il expliquera les circonstances qui l'ont contraint de manquer à sa promesse; dans le premier cas, son refus de s'expliquer, sera une preuve suffisante de son dol; s'il s'explique, et que la preuve des faits articulés soit possible, ou devra l'exiger, parce que, s'il en a imposé, son dol deviendra certain; si cette preuve n'est pas possible, les juges se décideront par le plus ou le moins de probabilité des faits; et si les doutes ne sont pas dissipés dans leur esprit, c'est alors qu'ils pourront s'arrêter au parti le moins rigoureux.

§. 3.

Exécution frauduleuse des traités.

149. Les conventions doivent être exécutées de bonne foi tel est le texte de l'article 1134. C'est aussi le vœu de l'équité naturelle, et la base de la paix entre les hommes. Ainsi, tout ce qui, dans

une convention, tend, de la part d'un contractant à tromper les justes espérances que l'autre a pu concevoir, non-seulement de la lettre du traité, mais encore de son esprit, est un véritable dol. Cependant comme, dans ces circonstances, le dol a nécessairement la fraude pour auxiliaire, et même qu'elle y joue le rôle principal, nous renvoyons à traiter cette matière, à la seconde partie de ce traité, section II.

SECTION II.

DOL DANS LES LIBÉRALITÉS.

150. Rarement le dol parvient à obtenir des donations entre vifs; l'homme dispose volontiers de ce qu'il possède, pour le moment où la mort l'enlèvera à toutes ses possessions; aisément il se rend généreux aux dépens de ses héritiers, et se prête assez docilement aux illusions qu'on fait agir sur lui, tant qu'on se borne à capter des dispositions qui ne diminuent pas ses jouissances. Veut on le dépouiller sur-le-champ, il se met sur ses gardes, devient pénétrant, et bien plus difficile à tromper.

Si l'œuvre est difficile, le dol sait, par fois, prouver qu'il n'est pas impossible, en surprenant même des libéralités actuelles. En consé-

quence, nous traiterons, dans un premier cha
pitre, des règles communes aux deux espèces
de donation, et dans un second, de celles particulières aux testaments.

CHAPITRE Ier.

RÈGLES COMMUNES AUX DONATIONS ENTRE VIFS ET TESTAMENTAIRES.

151. Si un consentement libre et réfléchi est
nécessaire, dans tout contrat intéressé de part
et d'autre il est peut-être plus désirable encore
dans les actes déterminés par de purs sentiments
de bienveillance et de générosité; si donc il était
prouvé que ces sentiments n'ont été inspirés au
bienfaiteur, que par de coupables artifices, la
justice s'empresserait d'annuler les donations
qui en seraient le résultat. Tout ce que nous
avons dit, dans les deux premiers chapitres de
la première section, s'applique, sans exception,
aux libéralités comme aux traités; et nous y renvoyons pour ce qui concerne le dol, les actions,
les exceptions et les preuves.

Mais il est des cas qui ouvrent au dol des
occasions si faciles d'exercer sa maligne influence,
que toutes les libéralités obtenues, dans ces conjonctures, sont présumées n'être dues qu'à ses
machinations.

Ainsi la loi annule, 1°. celles faites par l'individu qui n'était pas sain d'esprit, *article* 902;

2°. Celles du mineur à son tuteur, *art.* 907;

3°. Celles d'un malade aux personnes qui,
pendant sa dernière maladie, lui ont prêté des
secours temporels ou spirituels, *article* 909;

4°. Comme le dol, si on ne lui ferme pas toutes
les issues, sait arriver à son but par celles obliques, la loi frappe de sa nullité tous les actes
à titre onéreux, qui ont lieu dans les deux dernières circonstances, soit avec les incapables
eux-mêmes, soit avec leurs proches, qu'elle suppose complices de leur dol, *article* 911.

§. 1er.

Libéralités de celui qui n'est pas sain d'esprit.

SOMMAIRE

152. Donations.
153. Donations déguisées.
154. Arrêt.
155. Esprit sain.
156. Inscription de faux n'est pas nécessaire.
157. Preuves admissibles.
158. Testament olographe.
159. Preuve essentielle.
160. Intervalles lucides.
161. Conseil judiciaire.
162. Libéralités postérieures.
163. Testament olographe antérieur.

152. Nous avons déjà (n°. 84) fait remarquer
l'heureuse innovation qu'ont établie dans la lé-

gislation, les auteurs du Code, à l'égard des actes
attaqués pour cause de démence. On confondait
jadis les actes commutatifs avec ceux de bien-
faisance, les mêmes règles décidaient de leur
sort ; cependant s'il était convenable de mettre
des conditions rigoureuses à l'annulation des
premiers, pour ne pas exposer à des pertes importantes ceux qui, de bonne foi, auraient, sans
le savoir, traité avec des personnes aliénées ;
l'annulation des seconds n'emportant que la privation d'un gain, la loi pouvait la rendre, et l'a
rendue en effet, beaucoup plus facile. De là, la
règle absolue écrite dans l'article 901 ; « Pour
» faire une donation entre vifs ou testamentaire,
» il faut être sain d'esprit. »

Dans les premiers moments où le Code servit
de règle, on essaya de faire survivre l'ancienne
jurisprudence, et de repousser les demandes en
nullité des libéralités, par le texte des articles
503 et 504. Mais M. Merlin, dans la 3e. édition
de son Répertoire, signala très-savamment l'erreur ; bientôt un arrêt de la Cour de Poitiers,
du 27 mai 1809, et, sur le pourvoi, celui de la
Cour de cassation, du 22 novembre 1810, adop-
tèrent son opinion. La même Cour l'a encore
proclamée, par arrêt du 17 mars 1813. (*Voy.*
le Journal du Palais, tom. 27, *p.* 5.)

Il eût été difficile de ne pas l'adopter. Le projet sur lequel le Code a été rédigé, confondait

effectivement les deux hypothèses ; et à la suite
de ce qui fait l'article 901 , il était dit : « Ces
» actes ne pourront être attaqués pour cause de
» démence, que dans le cas et de la manière
» prescrite par l'article 17, de la majorité et de
» l'interdiction , (devenu l'article 504.) » Sur
l'observation de M. Cambacérès , cette seconde
partie de l'article fut d'abord ajournée, et depuis définitivement retranchée. On peut d'autant mieux applaudir à ce parti, que, plus d'un
siècle auparavant, un des magistrats dont la
France s'honore, avait eu à-peu-près la même
pensée. On lit dans les arrêtés de Lamoignon :
« Les donations faites par les furieux et les imbé-
» ciles d'esprit, depuis le jour où la maladie a
» commencé, sont nulles , encore qu'ils n'aient
» été mis en curatelle. »

Lors donc que l'acte attaqué serait raisonnable dans ses dispositions, et que son auteur
serait mort dans l'intégrité de ses droits civils;
s'il était prouvé que ses facultés morales ont été
compromises un instant, et que c'est alors ou
depuis, que l'acte a été rédigé, la loi présumerait
qu'il n'a pas été l'effet de sa pleine volonté, que
le dol le lui a surpris; et les tribunaux devraient
l'annuler.

153. De cette différence, établie par la législa-
lation, entre les actes à titre gratuit, et ceux à
titre onéreux, il résultera, infailliblement, que

ceux qui voudront surprendre des libéralités de la part d'un insensé non interdit, auront soin de leur donner toutes les couleurs d'un traité commutatif; dans ce cas, sans doute, si on se bornait à articuler la démence, on n'échapperait pas à la fin de non recevoir, si positivement prononcée par l'article 504 : mais si on articulait, en même temps, et la démence et la simulation, la preuve de ce double dol serait admise.

154. Cette espèce s'est déjà présentée devant la Cour de Paris. Anne Olive, mariée en 1766 à Julien Bouchardot, avait été obligée de recourir à la sépararation de corps, et avait vécu pendant long-temps chez un de ses frères, Chanoine. Après la mort de ce dernier, dont elle recueillit la succession en partie, son mari la rechercha et obtint de rentrer auprès d'elle. Dès ce moment, sa raison était aliénée, et il en profita pour lui faire signer, à la date du 15 ventôse an III, une vente au profit de Soureau son ancien camarade de régiment, de tout ce qui lui était échu dans la succession de son frère, moyennant 10,000 fr., dont six étaient déclarés précédemment reçus, et quatre devaient être payés trois mois après; néanmoins, par un excès de précaution, il n'attendit que dix-sept jours pour lui faire donner quittance de ces 4,000 fr.

Anne Olive ne décéda qu'en l'an VI; et Jean Olive, son frère, réclama les biens de la succession du Chanoine. On mit au jour la vente faite à Soureau, qui fut appelé en cause; Olive offrit alors de prouver, non-seulement que sa sœur était en démence lors de cette prétendue vente, mais que cette vente n'était que simulée, et avait pour but de faire passer, gratuitement, les biens d'Anne Olive à Bouchardot; que l'aveu en était échappé à celui-ci et à Soureau. Il justifiait déjà, par les quittances de deux années de fermage des biens, données aux fermiers par Bouchardot, que Soureau n'avait pas possédé un seul instant ce qui paraissait lui avoir été vendu.

Le tribunal civil de l'Yonne admit, d'abord, la preuve de la démence et de la simulation. La preuve ayant été concluante, un second jugement prononça l'annulation de l'acte. Sur l'appel, Soureau établit toute sa défense sur le texte de l'article 504, et sur le fait qu'Anne Olive était morte, sans que son interdiction eût été prononcée. Mais ce fut inutilement; et le jugement fut confirmé par arrêt de la Cour de Paris, du 20 mars 1807. (*Voy. le Journal du Palais,* 1er. *sém*e., 1807, *p.* 570.)

155. Pour faire annuler les lib ralités, il n'est pas nécessaire de prouver une folie caractérisée; un simple égarement de l'esprit, dans celui qui a donné, est suffisant : *In eo qui testatur, ejus temporis quo testamentum facit integritas mentis exigenda est. L.* 2, ff. *qui testam. fac. poss.*

*In adversâ corporis valetudine mente captus,
eo tempore testamentum facere non potest. L.
2, ibid.*

« Le furieux (*dit Furgole, dans son traité des*
» *Testaments, chap.* 4, *sect.* 2, *n°.* 208), l'im-
» bécile, l'insensé, celui qui est dans le délire,
» on en phrénésie, et les autres personnes qui
» n'ont pas la liberté de leur esprit, ne peuvent
» tester, tandis qu'ils sont atteints de cette infir-
» mité. » Il ajoute, n°. 210 : « Celui qui est dans
» un état actuel d'ivresse, n'ayant pas l'usage de
» sa raison, ne peut tester, parce qu'il est inca-
» pable de régler sa volonté ; cependant c'est de
» la volonté qui a son principe dans l'esprit du
» testateur, que dépend la validité du testa-
» ment. »

Les mêmes principes sont proclamés dans le
Droit coutumier. Nos Coutumes ne donnaient la
faculté de tester, qu'aux personnes *saines d'en-
tendement :* ce que Duplessis, (*Traité des Testaments, chap.* 2, *sect.* 1, *édit. de* 1699, *p.* 711),
explique ainsi : « Comme le testament se fait ordi-
» nairement en maladie, cela emporte aussi que
» le testateur ne doit point être en rêverie, ni phré-
» nésie, ou il n'eût pas perdu la connaissance ; mais
» doit être *en véritable netteté d'esprit ;* autrement,
» le testament serait nul, quoiqu'il revînt ensuite
» de phrénésie, s'il ne le réitérait ; parce qu'en
» effet le testament ne vient pas de lui. »

Quoique ces textes ne soient relatifs qu'aux
testaments, la règle qu'ils consacrent s'applique également aux donations entre vifs; l'article 903, met, à cet égard, ces deux espèces de
libéralités sur la même ligne; et il en était de
même dans l'ancienne jurisprudence.

Ainsi, dans l'une comme dans l'autre espèce,
par quelque cause que la netteté de l'esprit du
donateur ait été troublée, sa libéralité est réputée
ne pas provenir de lui. Dans celle de l'arrêt
de Poitiers, que nous venons de citer n°. 152,
la Cour a annulé le testament de Marie Jacob,
par l'unique motif : « Que lors, avant et depuis
» le testament, elle était dans un tel état de pros-
» tration de forces, que ses facultés physiques
» et morales étaient presque anéanties, et no-
» tamment qu'elle n'était pas saine d'esprit. »
L'arrêt de cassation intervenu sur le pourvoi, a
des motifs plus énergiques encore : « Il résulte
» de la généralité d'expressions de l'article 901,
» que, nonobstant les articles 1341, 1347, 1352
» et 1353, il est permis aux parties d'articuler,
» et aux tribunaux de les admettre à prouver,
» tous les faits qui sont de nature à établir, que
» l'auteur d'une donation ou d'un testament n'é-
» tait pas sain d'esprit, à l'époque de la confec-
» tion de ces actes; sans distinguer si ces faits
» ont ou n'ont pas constitué un état permanent
» de démence. »

La Cour de Caën, par un arrêt du 9 janvier 1824, a admis la preuve de l'ivresse contre un testament. (*Voy. Sirey, 2ᵉ. partie p. 265.*)

Quoique l'extrême vieillesse puisse faire présumer l'affaissement de l'esprit, elle ne suffirait pas. *L. 3, Cod. qui test. fac. poss. Senium quidem ætatis, vel ægritudinem corporis, siuceritatem mentis tenentibus, testamenti factionem certum est non auferre.*

Deux dames qui habitaient avec Fontenelle, dans sa vieillesse, obtinrent, avec ses laquais, toute sa fortune, et firent deshériter ses parents; qui l'étaient aussi du grand Corneille. Ceux-ci demandèrent envain la nullité du testament; quoiqu'il fût prouvé qu'âgé de 97 ans, quand le notaire l'avait rédigé, et ayant perdu l'ouïe et la vue, il n'avait pu ni lire ce testament, ni en entendre la lecture.

Le principe général ainsi reconnu, son application est facile.

1°. Quand les dispositions n'ont rien qui révèle l'aliénation d'esprit du donateur, la présomption est en faveur de l'acte; en conséquence, c'est à celui qui articule que, contre l'apparence de cet acte, son auteur n'avait pas, en y participant, l'esprit suffisamment sain, à prouver ce fait, sur lequel il appuie sa demande; sauf aux personnes intéressées au maintien de l'acte, à prouver le contraire.

2º. Si quelques-unes des dispositions semblent accuser de faiblesse d'esprit celui qui paraît en être l'auteur, la présomption est contre l'acte, et sa nullité doit être prononcée; à moins que ceux à qui il importe de le voir conservé, ne dissipent les soupçons qu'il a pu faire naître. On trouve un exemple de ces dispositions bizares *dans la loi* 27 ff. *de cond. inst.* Un testateur avait institué son héritier, avec la condition qu'il jeterait ses cendres dans la mer; le jurisconsulte voulut que, d'abord, on examinât si celui qui avait imposé une telle condition, jouissait de sa raison, et que si l'héritier dissipait, par des raisons solides, le soupçon qu'elle faisait concevoir, il fût admis à la succession. *Hoc priùs inspiciendum est, ne homo qui talem conditionem imposuit, neque mentis compos esset. Igitur, si perspicuis rationibus hæc suspicio amoveri potest; nullo modo legitimus hæres hæreditate controversiam faciet scripto hæredi.*

Un arrêt du Parlement de Metz fournit un autre exemple de dispositions suffisantes pour faire annuler la libéralité. Marie Carré avait fait au profit de Charloteau un testament, dans lequel elle instituait aussi un de ses frères décédé depuis long-temps, et les enfants d'un autre frère qui n'en avait jamais eu. Ces circonstances, sans autre preuve, déterminèrent à annuler son testament : l'arrêt est du 30 juillet 1776; et rapporté par M. Merlin dans le *Répertoire*, au *mot Testament*, sect. 1, §. 1, *art.* 1, n°. 2.

156. 3°. Pour attaquer, sous ce rapport, une libéralité, même lorsqu'elle est écrite dans un acte authentique, il n'est pas nécessaire de s'inscrire en faux; la clause usitée par les notaires ; que le donateur était sain d'esprit, est comptée pour rien; ils ne sont ni chargés, ni compétents, pour apprécier l'état moral de celui qui paraît devant eux. En demandant à prouver le contraire de leur déclaration, on les accuse d'erreur et non de faux ; quelques anciens auteurs, et même Duplessis, *sur l'article* 292 *de la Coutume de Paris*, exigeaient cette inscription; aujourd'hui la jurisprudence en dispense invariablement.

Mais, pour en être dispensé il faut se garder d'insérer parmi les faits, des circonstances qui tendraient à prouver le contraire de ce que le notaire a valablement constaté : ainsi, dans la cause jugée par la Cour de Potiers, dont nous avons rapporté l'arrêt, n°. 152, cette Cour avait admis les enfants de la femme Galet à prouver des faits nombreux, parmi lesquels se trouvait celui qu'elle avait la langue tellement épaissie, qu'elle ne pouvait pas articuler un mot qui fût entendu. Ce fait était directement une accusation de faux, contre les notaires qui avaient constaté la dictée du testament par la testatrice. Aussi, quoique le pourvoi contre l'arrêt définitif, ait été rejeté, parce que les faits d'imbécilité avaient été prouvés, M. Merlin, alors procureur général, demanda et obtint la cassation de l'arrêt interlocutoire.

157. 4°. La preuve par témoins et par présomptions étant admissible, quand il s'agit de combattre le dol, nous le répéterons, aucun genre de preuve ne peut être exclus. *Voy. ce que nous avons dit sur les preuves du dol n°. 91.*

158. 5°. Comme il est beaucoup plus difficile d'obtenir d'un insensé qu'il écrive un acte entier, que de lui faire signer un écrit préparé, le testament olographe inspire beaucoup plus de confiance que celui reçu par un notaire : cependant l'homme que sa propre raison ne dirige plus, devenant par là plus disposé à se plier à la volonté des autres, tous les soupçons de dol ne cèdent pas à un fait purement matériel, et le testament, pour être olographe, n'en est pas moins susceptible de l'action en nullité : seulement on doit, en ce cas, produire des preuves plus directes et plus abondantes, la présomption de sagesse se trouvant fortifiée par la nature de l'acte.

159. 6° Pour fournir la preuve qu'au moment de l'acte, le donateur n'avait pas l'esprit sain, il suffit de prouver que la perte de sa raison a eu lieu antérieurement ; il est si rare qu'elle reprenne suffisamment son empire, quand une fois elle l'a perdu, que la présomption qui d'a-

bord était pour la sagesse, est ensuite pour la folie; et c'est aux donataires à prouver le retour du donateur à la raison, avant la rédaction de l'écrit; ils n'en sont pas même dispensés par la sagesse des dispositions, puisque la présomption est qu'un autre les a conçues.

160. 7°. Ce retour à la raison ne serait pas suffisamment justifié par la preuve qu'au moment de l'acte le donateur était dans un état plus calme et plus satisfaisant, qu'il n'avait été auparavant, et qu'il n'a été depuis : la dernière ressource des donataires est de se prévaloir de ces moments de rémission, appelés en droit *intervalles lucides*, pendant lesquels l'acte aurait été passé.

Le chancelier Daguesseau, dans son réquisitoire, au sujet du fameux procès sur la succession de l'abbé de Longueville, *tom. 3 de ses œuvres, p.* 619, examine, avec la sagacité qui lui est propre, l'influence que peuvent avoir *les intervalles lucides*, sur les actes attribués aux insensés. Il démontre, d'abord, que, si l'on peut en apercevoir dans la fureur, l'imbécilité n'en offre presque jamais; parce qu'en effet, dans le premier de ces états, l'esprit n'est aliéné que par une cause accidentelle, qui peut cesser, ou, au moins, suspendre ses effets, tandis que dans l'autre, l'affaiblissement de l'esprit ne peut que s'accroître, et non diminuer. Il démontre ensuite com-

bien il est difficile de prouver un intervalle véritablement lucide, c'est-à-dire un nouvel empire
de l'âme sur les organes : « Il est impossible,
» dit-il, de juger, en un moment, de la qualité de
» l'intervalle; il faut qu'il dure assez long-temps,
» pour pouvoir donner une entière certitude du
» rétablissement passager de la raison : et c'est
» ce qu'il n'est pas possible de définir en géné-
» ral, et qui dépend des différents genres de fu-
» reur. Mais il est certain qu'il faut un temps,
» et un temps considérable : » enfin il rappèle
cette assertion de Mornac : *servamus ex decretis*
Curiœ, irritum esse testamentum quod a testa-
tore habente lucida intervalla scriptum est.

C'est à ce doute sur l'état moral de l'insensé,
même dans les moments où il paraît raisonnable,
parce que le mal agit moins visiblement sur lui,
qu'on doit la disposition de l'article 489. Elle
commande l'interdiction de celui qui a perdu
l'usage de la raison, même lorsque son état présente des intervalles lucides.

161. 8°. Lorsqu'au lieu de prononcer l'interdiction, la justice s'est bornée à donner un conseil judiciaire, quel peut être l'effet des libéralités
qui seraient postérieurement obtenues de la
personne soumise à ce conseil?

162. On reconnaît généralement que les donations, faites sans le concours de ce conseil
sont nulles; parce qu'étant de véritables aliéna-

tions, elles se trouvent comprises dans *la prohibition* prononcée par l'article 499 ; mais on
pense qu'il n'en est pas de même de la faculté
de tester, et on en conclut que les dispositions
testamentaires sont valables.

Avant le Code, on le jugeait ainsi. Brillon, *au
mot Interdiction*, rapporte un arrêt sans date
qui le décide. Un pareil arrêt du 30 juillet 1759,
est indiqué dans le *nouveau Denisart, au mot
Conseil nommé en justice*. M. Emery s'est expliqué dans ce sens, en présentant au corps
législatif, la partie du Code relative à l'interdiction, et la plupart des jurisconsultes l'enseignent.

La décision contraire nous paraîtrait cependant bien plus conséquente avec l'article 901, et
beaucoup plus conforme aux principes généraux
du droit public. La dation de conseil prive un
citoyen majeur de la libre dispositon de sa fortune, elle perpétue sa minorité, et le met, pour
sa vie, dans un état pénible de dépendance et
d'humiliation. C'est une interdiction, mitigée il
est vrai, mais qui n'en élimine pas moins celui
qu'elle frappe du rang des hommes libres ; de
si graves effets ne peuvent découler que d'une
cause sérieuse. La loi n'a pas entendu qu'arbitrairement, et sans de justes motifs, les tribunaux pussent recourir à cette mesure. Elle veut
que *les circonstances l'exigent*, c'est-à-dire, que
l'état des facultés morales de l'individu, sans

commander l'interdiction absolue, recommande
néanmoins cette sage, mais excessive précaution.

Or, si leur désordre est tel que cet individu
ne puisse plus, sans danger, s'abandonner à sa
propre volonté, pour *plaider*, *transiger*, *emprunter*, *recevoir un capital mobilier*, *aliéner*,
hypothéquer; certes, en le décidant ainsi; il est
judiciairement reconnu qu'il n'a plus *l'esprit
sain*. Qu'il y ait des degrés à remarquer dans
l'éloignement de la raison, cela est vrai; mais
supposer un état qui ne soit plus la raison, sans
être encore la folie, c'est s'abuser; et quand l'article 901 veut que, pour donner ou tester, on
ait *l'esprit sain*, il ne laisse pas de place aux subtilités; au premier degré d'aliénation, l'esprit
n'est plus sain.

Dire que la prohibition d'aliéner emporte celle
de donner entre vifs, et non celle de tester, c'est
équivoquer sur la lettre de la loi, pour éluder son
esprit. Si le testateur n'aliène pas dans son intérêt
individuel, il aliène dans celui de ses héritiers,
qui recueilleraient ce qu'il transmet à d'autres.

Rien ne prouve davantage le faux de ce système que la faiblesse du seul moyen conçu pour
le défendre par M. Merlin; il convient qu'il faut
conclure de la dation de conseil, que celui à qui
on le donne, n'a pas l'esprit *complètement* sain;
mais il argumente de ce que le mineur, à seize
ans peut tester, et non aliéner, prétendant que

par là, la loi fait entendre elle-même, que l'on peut être sain d'esprit à l'effet de pouvoir tester, quoiqu'on ne le soit pas à l'effet de faire tous les actes de la vie civile.

Cette manière d'interpréter les lois positives, en tirant de ce qu'elles ont fait pour un cas, des conséquences pour un cas tout différent, conduit souvent à l'erreur. On va le voir, puisque nous pouvons faire, comme M. Merlin, un autre rapprochement, qui donnera une conséquence diamétralement opposée à la sienne, et nous osons le dire, beaucoup plus persuasive.

Très-certainement la loi suppose que l'homme à seize ans a l'esprit parfaitement sain, puisque c'est précisément lorsqu'il est arrivé à cet âge, que, s'il commet un crime, emportant même la peine capitale, on cesse de poser la question de discernement ; mais, comme avoir l'esprit sain ne suffit pas, pour se livrer sans danger à tous les actes de la vie civile, et qu'il faut encore de l'instruction et surtout de l'expérience, c'est à ce dernier motif, et à celui-là seulement, qu'il faut attribuer la différence des pouvoirs donnés aux mineurs qui, à seize ans, peuvent aliéner leur vie, et non leurs immeubles. Rejetons donc cette gradation fantastique, ou l'esprit serait sain pour un cas, et ne le serait pas pour un autre parfaitement identique avec le premier.

On admettrait, au surplus, cette singulière gra-

dation, qu'il n'en résulterait rien pour résoudre la question. La loi comprend dans le même
article les donations et les testaments, en exigeant que leur auteur ait l'esprit sain ; donc elle
a voulu le même degré de raison, pour l'un
comme pour l'autre mode de libéralité; et puisqu'on reconnaît que celui à qui un conseil a été
donné, ne peut faire seul une donation, il faut
également lui interdire le testament.

On oppose encore l'inconvenance qu'il y aurait
à exiger d'un testateur, qu'il concertât avec un
conseil un acte qui doit émaner d'une volonté
libre, sans doute elle est grande, mais elle est la
même pour tous les autres actes, et la mesure n'en
est pas moins regardée comme salutaire. Quelle
que soit l'amertume d'un breuvage, on s'en aperçoit à peine, quand il doit faire recouvrer la santé.

163. Le principe généralement admis, que les
libéralités faites avant l'aliénation mentale, sont
inattaquables, s'applique, sans difficultés, quand
leur date est certaine ; à l'égard des testaments
olographes, la question est controversée.

M. Toullier, t. 5, n°. 58, présente à ce sujet
une distinction : « Si le testament ne contient
» que des dispositions sages et judicieuses, c'est
» à ceux qui l'attaquent, à prouver que le testa-
» teur était en démence, lorsqu'il a fait cette
» disposition; ou, au contraire, le testament fait
» naître des soupçons de faiblesse et d'égarement

» d'esprit; et en ce cas , c'est à l'héritier institué
» ou au légataire à soutenir son titre, par la preuve
» de la sagesse du testateur. » M. Toullier appuie
cette distinction sur une autorité bien recommandable, celle du chancelier d'Aguesseau.

Nous ferons d'abord observer que ce magistrat, dans le passage extrait de son 37ᵉ. *plaidoyer*, *p.* 367, ne raisonne pas sur le mérite de
la date du testament, mais sur celui de la disposition. Le testament de l'abbé d'Orléans avait
été reçu par un notaire, et il s'agissait de savoir
si le prince de Conti serait admis à prouver la
démence du testateur , nonobstant que rien
dans ses dispositions ne décélât le dérangement de son esprit. Suivant lui, il devait y être
admis, et il ajoutait : « Qu'il serait peut-être dif-
» ficile d'autoriser la preuve par témoins, si ce
» testament était olographe , parce qu'alors la
» présomption serait toute entière en faveur de
» la sagesse du testateur ; quoiqu'il fût peut-être
» dangereux de décider en général que jamais
» la preuve de la démence ne saurait être admise
» contre un testament olographe, qui ne contient
» rien que de sage et raisonnable. » Il remarque
ensuite que le testament a été rédigé par un notaire ; qu'on n'y trouve que la signature de
M. l'abbé d'Orléans ; que c'est la seule part que
l'acte prouve certainement qu'il y ait eue ; et
c'est dans cette hypothèse qu'il propose la dis-

tinction adaptée par M. Toullier à la fixité de
la date, des testaments olographes.

Rien dans tout ce que dit Daguesseau à ce sujet, ne donne à penser qu'il s'occupât de la date
du testament. Il en est de même de M. Merlin ;
il rappelle aussi cette distinction, et l'applique
même aux dispositions du testament olographe,
mais il ne dit pas un mot dont on puisse induire
que la sagesse du texte peut prouver l'époque
de sa rédaction.

Sans contredit, quand il n'y a pas de doute
sur la sincérité de la date du testament, et qu'elle
est certainement antérieure à la démence, cet acte
entièrement écrit par le testateur, prouve infiniment mieux que le notarié, l'intégrité de raison
de son auteur ; mais, avant d'en tirer cette conséquence, il faut être sûr que cette date est
vraie ; car si elle ne l'était pas, et que le testateur
subjugué, l'eût écrit depuis le dérangement de
son esprit, sous la dictée du légataire ou de ses
agents, le texte prouverait seulement que, dans
un style très-raisonable en soi, on peut dicter
la spoliation d'une famille.

Nous pensons donc que, lorsqu'une personne
a perdu, sur la fin de sa vie, l'usage de la raison ,
le testament olographe, qui serait représenté,
devrait être présumé, quelle qu'en fût la date, surpris depuis cet accident ; et que ce serait à celui
qui voudrait se prévaloir de cet acte, à prouver
sa rédaction antérieure.

On dira peut-être que cette preuve est toujours difficile, et souvent impossible; cela est vrai; mais la même réflexion militerait en faveur de l'héritier, si on le forçait à prouver qu'à l'époque indiquée par la date, l'accident avait déjà eu lieu. Dans cette alternative, l'héritier qui tient son droit de la nature, et de la loi, doit, sans qu'on hésite, obtenir toute faveur sur celui qui n'a pour lui que le titre suspect dont il demande l'exécution. La faculté de tester, c'est-à-dire de substituer sa volonté à celle de la loi, est une concession du droit civil, qui, de tout temps, a fait multiplier les précautions, pour en régler l'usage et en éloigner les abus.

Les Romains avaient probablement prévu les dangers de suggestion, de captation, de fraude et de surprise, auxquels seraient exposés les citoyens, si, comme on le fait aujourd'hui parmi nous, on les autorisait à rédiger seuls leurs testaments. Dans l'origine, ils ne pouvaient être faits valablement, qu'en présence de tout le peuple; dans la suite, on se borna à exiger des témoins ; mais il fallait toujours, quelque forme qu'on choisît, sept témoins pour les testaments, et cinq pour les codiciles. Au moment où le Code civil a paru, ces règles étaient encore celles des testaments, dans la moitié du Royaume; la déclaration de 1735 les ayant conservées pour tous les pays de droit écrit : avec une telle prévoyance, il était presque impossible que le testament exprimât une autre volonté que celle du testateur, et l'époque de ses dispositions était toujours assurée.

Il s'en faut de beaucoup que le testament olographe puisse inspirer la même confiance; aussi n'était-il admis que dans les pays coutumiers. En vain les empereurs Théodose et Valentinien avaient-ils voulu l'introduire dans le Droit romain, par la novelle 4, §. *ne testam.* Justinien le rejeta de son Code, par lequel il rappelle les anciennes formes. Inutilement une Ordonnance de 1629 sembla l'autoriser dans tout le Royaume; les Parlements des pays de droit écrit refusèrent de l'enregistrer; et la déclaration de 1735 n'autorisa que les formes réglées par Justinien.

Si chez des peuples aussi éclairés, et pendant tant de temps, cette espèce de testament a été réprouvée, ne nous jetons pas dans l'excès contraire : en l'admettant, puisqu'il convient à nos habitudes et que la loi l'autorise, ne le faisons qu'avec une extrême circonspection; et quand le testateur sera mort dans un état d'incapacité, on ne peut pas être trop exigeant sur la preuve, quand il s'agit de faire taire la loi, parce que l'homme a parlé. Écoutons Domat : « S'il est né- » cessaire en toutes sortes d'actes qu'ils aient quel- » ques formes qui en prouvent la vérité, pour leur » donner l'effet qu'ils doivent avoir, il y a autant » ou plus de nécessité qu'un acte aussi sérieux

» que l'est un testament, soit accompagné de
» preuves de la volonté du testateur, qui non-
» seulement excluent tout soupçon d'une sup-
» position d'autre volonté que la sienne, mais
» qui donnent à ses dispositions le caractère
» d'une volonté bien concertée, et dont la fer-
» meté et l'autorité doit établir le repos des fa-
» milles que ces dispositions peuvent regarder. »
(*liv.* 3, *tit.* 1, *sect.* 2.)

Furgole est tout aussi sévère à ce sujet : « Les
» lois n'ont pas voulu abandonner entièrement
» leur empire ; car, en se montrant indulgentes
» en un point aux volontés des hommes, en leur
» donnant une espèce de puissance législative, et
» la faculté de déroger à la loi publique sur les
» successions, elles ont voulu les tenir assujétis
» en un autre point, en prescrivant des bornes à
» cette puissance, et en leur imposant des con-
» ditions et des formalités auxquelles elles les ont
« indispensablement attachés. » (*Traité des Testaments, chap.* 2, *sect.* 1, *n°.* 2.)

Eh ! quelle formalité plus nécessaire que celle
qui doit prouver que le testament a été fait dans
un moment de liberté et de capacité ?

L'argument le plus spécieux qu'on puisse
nous opposer, pourrait être tiré de l'article 1322,
portant que l'acte sous seing privé reconnu fait
contre ceux qui l'ont souscrit *et leurs héritiers*,
la même foi que l'acte authentique ; mais plusieurs motifs écartent cette objection.

On conviendra facilement que le but naturel de cet article est de faire que, lorsqu'un acte sous seing privé a eu lieu entre Paul et Pierre, ni l'un ni l'autre, ni leurs héritiers ne puissent refuser de l'exécuter : or, pour le moment, il s'agit de savoir qui sera l'héritier de Pierre ? Jean est appelé par la loi, et François, par un acte privé : François ne peut pas, tout à-la-fois; se prétendre l'héritier de Pierre, et argumenter contre Jean, de ce qu'il pourrait l'être à sa place, pour en conclure qu'il ne doit pas l'être; le cercle de ce raisonnement serait trop évidemment vicieux. On ne peut pas se servir d'une qualité pour la contester. Tout système doit être conséquent, dans ses diverses parties; et puisqu'on veut que Jean soit étranger à la succession, il faut le combattre comme tel, et non comme le représentant du testateur. L'article 1322 n'est donc pas applicable à l'espèce, qui doit, au contraire, être réglée par l'article 1328.

En second lieu, on doit considérer que, lorsqu'il s'agit de l'extension, non d'une convention, mais d'une loi, tout doit être certain. Ainsi la loi veut que celui qui teste, ait l'esprit sain; si donc le testateur est mort privé de l'usage de sa raison, il faut être assuré que son testament était fait avant ce déplorable événement; et si, dans cette conjoncture, la loi permettait d'admettre une date non assurée, elle se *désarme-*

rait elle-même, suivant l'heureuse expression du chancelier d'Aguesseau; au lieu de soustraire cet infortuné au dol, aux surprises, elle le leur livrerait.

Aussi la plupart des auteurs veulent-ils que la date du testament soit certaine; l'art. 1322 n'est que la confirmation de l'ancienne jurisprudence; et cependant Furgole, sur l'article 21 de l'ordonnance de 1735, qui voulait que ceux qui se disposeraient à prononcer des vœux religieux et auraient fait des testaments, en fissent le dépôt chez un notaire, avant leur profession, sinon que ces testaments seraient nuls, s'exprime ainsi :
» C'est une précaution très-sage et très-utile
» pour obvier aux fraudes, et empêcher qu'un
» religieux, devenu incapable de tester par ses
» vœux solennels , ne puisse supposer un testa-
» ment, fait après la profession, comme s'il avait
» été fait auparavant, en lui donnant une date
» remontée. Cette nouvelle loi suppose donc, ou
» laisse présumer par la nullité qu'elle prononce,
» qu'un testament ou autre disposition ologra-
» phe, non reconnue dans un temps libre et non
» suspect, est censée faite dans un temps suspect
» et prohibé; ce qui est très-conforme à la droite
» raison, et à la maxime du Royaume, qui veut
» que les écritures privées n'aient de date que
» du jour qu'elles auront été reconnues, lors-
» qu'il s'agit de l'écriture d'une personne vi-

» vante. » (*Traité des Testaments, chap.* 2 , *sect.* 2, *n*°. 22.)

M. Grenier, qui a écrit depuis le Code, professe la même doctrine. » De même qu'on doit » valider une donation faite par celui qui avait » l'esprit sain, et qui ne serait tombé que pos- » térieurement, dans un état d'incapacité morale » qui aurait provoqué l'interdiction ; de même » aussi un testament fait dans de pareilles circons- » tances, doit être exécuté, pourvu qu'il ait » une date certaine, ou parce qu'il aurait été fait » devant un notaire, ou parce qu'il y en aurait » un dépôt, authentiquement constaté, *tom.* 1 , » *p.* 232. »

Il y a une grande analogie entre cette question et celle jugée par l'arrêt du 9 juillet 1816, dont nous avons donné les détails, n°. 81.

Les décisions rendues par la Cour de Paris et celle de cassation, dans la cause de madame de Villers, contre M. de Verac peuvent, au premier regard, paraître contraires à ce qui vient d'être dit ; mais en se pénétrant de la différence qui existe entre les circonstances de cette cause, et l'hypothèse dans laquelle nous avons raisoné, on reconnaîtra qu'elles ne détruisent aucun des motifs qui appuient notre sentiment.

Notre hypothèse est celle d'un testateur, dont la démence, dans les derniers instants de sa vie, est certaine, soit parce qu'il a été interdit, soit parce que ses héritiers articulent des faits tellement graves et précis de cette démence, que la preuve ne peut leur en être refusée. La dame de Villers articulait aussi la démence du sieur de Courbeton; mais les faits qu'elle demandait à prouver, ont été réputés insuffisants par la Cour de Paris, et la Cour de cassation a déclaré que, sous ce rapport, l'arrêt ne pouvait être soumis à sa censure.

On lit, il est vrai, dans les motifs de cette Cour, que le testateur imprime à la date de son testament une espèce d'authenticité. Cela peut se dire dans la thèse ordinaire, quand le testateur a toujours joui de sa raison; mais s'il l'a perdue pendant un temps assez considérable, pour qu'il soit possible qu'on en ait abusé, certes cette authenticité n'est plus qu'une chimère.

§. 2.

Libéralités du mineur à son tuteur.

SOMMAIRE.

144. Prohibition.
165. Héritiers du tuteur.

164. Le mineur, quoique parvenu à l'âge de seize ans, ne pourra, même par testament, disposer au profit de son tuteur; article 907 du Code civil.

Cette prohibition repose sur des motifs de la plus haute importance ; maître des biens et de la personne du mineur, le tuteur est, en quelque sorte, l'arbitre de sa fortune et de sa vie. Il a donc fallu, pour prévenir tous les dangers auxquels cet enfant serait exposé, ne laisser à son tuteur aucun sujet de tentation ; et pour cela, lui ôter toute capacité de recevoir de lui des libéralités, soit entre vifs, soit et surtout à cause de mort.

Pour un autre motif, non moins sage, le même article proroge cette défense au-delà de la majorité du pupille, et jusqu'à l'apurement du compte de tutelle. Avant ce compte, le pupille ne connaît pas sa fortune; et trop souvent le tuteur habitué à la confondre avec la sienne, éprouve des regrets, lorsque le moment de s'en dessaisir approche. Combien ne lui serait-il pas facile d'en conserver une partie, en abusant, et de l'obéissance à laquelle le mineur est habitué, et de son impatience à prendre l'administration de ses biens?

C'est en France qu'ont été conçues ces règles précieuses conservées par le Code. Dans le Droit romain, le mineur pouvait donner à son tuteur; il était seulement défendu à celui-ci d'épouser sa pupille ou de la marier avec son fils, tant qu'il n'avait pas rendu compte. Cette disposition n'a pas été admise dans notre droit; mais l'Ordonnance de 1539, article 131, a déclaré les tuteurs incapables de recevoir des dons de leurs pupilles. Celle de 1549 y a ajouté l'annulation des contrats simulés, qui serviraient à enfreindre la prohibition.

Lors de la rédaction de la Coutume de Paris, trente ans après, on prorogea l'incapacité du tuteur jusqu'à la reddition du compte, et au paiement du reliquat; mais en même temps on la fit cesser tout-à-fait à l'égard des ascendants du pupille.

Toutes ces règles ont trouvé place dans le Code civil, à l'exception toutefois que l'incapacité du tuteur cesse aussitôt que son compte est apuré, sans attendre le paiement du reliquat; effectivement, dès l'instant que le mineur a un titre contre son tuteur, sa dépendance disparaît; et loin que le tuteur conserve sur lui aucun ascendant, c'est lui qui prend tout l'avantage du créancier contre son débiteur, et l'incapacité doit cesser, comme l'effet après la cause.

Mais pour cela, il faut, suivant nous, qu'il n'y ait plus entr'eux qu'une créance à exercer, et que la remise de tous les titres et papiers intéressant le mineur lui ait été faite; la pleine liberté du mineur, de disposer à son gré de ce qui lui appartient, ne commence qu'alors; on pourrait encore profiter de son impatience à prendre le timon de ses affaires, pour en extorquer des libéralités involontaires.

Il faut aussi que l'apurement du compte, ainsi

que Ricard l'observe très-judicieument, soit fait
sans fraude, et non dans la vue d'éluder la prohibition. Si, par exemple, un enfant valétudi-
naire, avait été émancipé dans les premiers jours
de l'âge qui rend cette mesure légale; que sur-
le-champ le compte du tuteur eût été apuré;
que le lendemain de l'apurement le pupille eût
légué au tuteur ou aux siens, tout ce dont, à cet
âge, il est permis de disposer; que le tuteur n'en
eût pas moins conservé l'administration de la
personne et de la fortune de cet enfant, jusqu'au
moment où il aurait été enlevé par une mort
prématurée, mais prévue; on ne pourrait voir
dans ce procédé qu'une supercherie condamna-
ble, ourdie par un dol manifeste; et la libéralité
devrait être annullée, comme faite en fraude de
l'article 907.

Il devrait en être de même si, sans faire éman-
ciper le mineur, son tuteur se démettait de la
tutelle, faisait nommer un autre tuteur, lui faisait apurer son compte, pour ensuite se faire
faire une donation ou un legs considérable. Cette
conduite extraordinaire ne pourrait recevoir
qu'une interprétation défavorable, devant produire la présomption suffisante du dol.

Lorsque le pupille n'habite pas avec son tuteur, et en est éloigné, particulièrement à l'instant où il dispose, on pourrait croire qu'il ne l'a
fait en faveur de son tuteur, que par une vo-

lonté pure, et que la rigueur de la prohibition devrait cesser : cette hypothèse avait laissé Ricard indécis, lorsqu'un arrêt du 6 septembre 1653 mit fin à sa perplexité. Guillaume Bégon, ayant pour tuteur Jacques Bégon, son frère, était venu de Clermont en Auvergne à Paris ; accidentellement blessé à mort, il l'avait institué son légataire universel ; sur la demande de Gilberte Bégon, leur sœur, la nullité du legs fut prononcée. Une prohibition que d'aussi puissantes raisons ont fait instituer, doit être invariable, et pour cela résister à toutes les circonstances, même à celles qui ne laisseraient pas de doute sur la légitimité de l'acte ; sans quoi le dol saurait faire naître ces mêmes circonstances, peut-être même de plus séduisantes, pour rendre illusoire la prévoyance du législateur.

Quelqu'analogie que semblent avoir entr'elles, les dispositions des articles 472 et 907, parce qu'elles imposent la même condition, il faut y reconnaître une différence essentielle, dans les motifs qui les ont dictées, et par suite dans les effets qu'elles doivent produire.

165. Nous croyons avoir démontré, n°. 72, que l'unique objet de l'article 472 est de faire que le compte de tutelle ne soit arrêté qu'en grande connaissance de cause : dans l'art. 907, la loi s'élève à de plus hautes considérations. Ayant placé le pupille dans la dépendance en-

tière de son tuteur, elle n'a pas voulu que celui qui doit obéir, puisse donner à celui qui peut commander; le premier article doit donc s'appliquer aux représentants du tuteur qui rendent son compte, comme à lui-même, parce que ce compte, dans tous les cas, doit être justifié dans ses détails; le second, au contraire, ne peut pas être étendu aux représentants du tuteur, à qui la loi n'a donné aucune autorité sur le pupille.

Cependant, s'ils ne faisaient aucune démarche pour lui faire nommer un autre tuteur, et conservaient l'administration de sa personne et de ses biens, se trouvant investis, de fait, de tout ce qui peut faire plier un adolescent sans expérience, sous la volonté de celui qui le gouverne, la présomption légale de dol aurait toute sa force sur les libéralités qu'ils obtiendraient de lui; c'est ainsi que ce fait a été apprécié par la cour de Limoges, dans un arrêt du 4 mars 1822.

P. Devoise, décédé en 1793, avait laissé deux enfants mineurs. Plusieurs mois après, sa veuve faisant procéder à l'inventaire, P. Biergeon y figura en se qualifiant de *co-tuteur*, à cause du mariage projété entre lui et cette veuve; il l'épousa effectivement le lendemain. Quelque-temps après, la mère des deux enfants étant aussi décédée, Biergeon continua, sans remplir aucune formalité, la gestion qu'il avait commencée, et dont il n'avait rendu aucun compte; lorsque le

4 octobre 1808, l'un de ces enfants, Léonard Devoise, fit un testament, par lequel il l'institua son légataire universel. Parti ensuite pour l'armée, on n'en reçut aucune nouvelle.

Neuf ans après, Sylvaine Devoise, sa sœur, mariée au sieur Dumazet, se fit envoyer en possession de ses biens, et Biergeon reclama son legs universel. Le testament fut déclaré nul par le tribunal de Chambon, dont le jugement a été confirmé.

Les motifs de la Cour de Limoges sont, d'abord, que cette nullité était commandée par l'ancienne jurisprudence; et que « Sous l'em- » pire du Code civil, le résultat devait être le » même.... Que si, en se conformant au Code » civil, la veuve eût été nommée tutrice, Bier- » geon, son mari, devenait co-tuteur, et dès-lors » était exclu, dans le cas où il se trouve, de la » succession de Devoise, l'exclusion embrassant » nécessairement le co-tuteur comme le tuteur, » la co-tutelle étant indivisible de la tutelle; que » lui attribuer à lui gérant de cette tutelle in- » duement conservée, un avantage que le tuteur » légal n'aurait pas eu, ce serait admettre que » l'infraction à la loi peut tourner à l'avantage » de celui qui se la permet; conséquence repous- » sée par la raison et les principes de la justice, » et dont le vice met en évidence celui de la pré- » tention de Biergeon.

» Que le motif par lequel le législateur a voulu
» que le mineur devenu majeur, ne pût disposer
» en faveur de son tuteur, avant que le compte
» définitif fût rendu et apuré, c'est que jus-
» qu'alors il est dans la dépendance du tuteur,
» qui encore possesseur de toute sa fortune, peut
» user, envers lui, de moyens de captation, d'in-
» fluence et même de contrainte, et que ces
» moyens, étant les mêmes pour celui qui a été
» tuteur indû, que pour celui qui a été tuteur
» légal, la raison d'exclusion doit être la même
» pour l'un et pour l'autre.

» D'où il faut conclure que quand même la
» cause devrait être jugée par les dispositions du
» Code civil, le testament de Devoise ne pourrait
» non plus produire aucun effet. »

§. 3.

Libéralités pendant la dernière maladie.

SOMMAIRE.

166. Médecin.
167. Empyrique
168. Ministre du culte.
169. Exception.
170. Mari médecin.

166. L'homme, nous l'avons dit, conserve la
faculté de disposer à son gré de sa fortune, jusqu'à son dernier soupir, quel que soit l'état de
faiblesse et d'infirmités où ses organes soient ré-
duits. Toutefois celui qui est arrivé à ce mo-

ment critique, où l'âme ne semble conserver de puissance que pour apercevoir la mort qui s'approche, pourrait facilement recevoir des impressions contraires à sa volonté propre, de la part de ceux qui l'entourent. Ce dol serait surtout facile de la part de son médecin, ou du ministre du culte appelé auprès de lui, dont l'un le flate d'un retour à la santé, et l'autre le disposant à faire son sacrifice, l'effraye inévitablement de l'avenir qui se prépare pour lui.

Ces honorables professions sont ordinairement exercées avec le noble désinterressement qu'elles doivent inspirer à ceux qui ont le courage de s'y consacrer : cependant de fâcheux exemples ont prouvé que ce qu'il y a de plus respectable , n'est pas exempt de profanation ; et il a fallu interdire généralement au médecin et au ministre du culte, le droit de profiter des dons un peu considérables qui leur seraient faits par les malades, durant leur dernière maladie.

Cette incapacité appartient à notre jurisprudence, et n'existait pas dans le Droit romain, qui se bornait à défendre les pactes entre un malade et celui qui entreprenait de le guérir. *L.* 3 ff. *de var. et extraord. cognit. et* 9. ff. *de Prof. et Med.*

Les Parlements l'avaient établie, par induction de l'ordonnance de 1539, qui déclarait, en général, les administrateurs incapables de recevoir des libéralités. En parlant de celles faites

aux confesseurs, médecins etc. , l'avocat général,
Joli de Fleury, lors de l'arrêt du 22 juin 1700,
rapporté par Augeard, disait après avoir rappelé
les puissants motifs de la prohibition : « Toutes
» ces considérations rendent ces donations inu-
» tiles, comme étant l'effet des artifices de ceux
» qui les ont extorquées. »

Cette règle salutaire est devenue loi par l'article 909 du Code civil, il n'annule cependant
que les libéralités obtenues pendant la dernière
maladie ; ensorte que celles qui auraient été
surprises par ce moyen seront annulées, si le
malade succombe, et sembleraient devoir être
exécutées, si la nature était victorieuse. Nous
reviendrons sur ce point de droit, lorsque nous
nous occuperons des contrats pour cause illicite,
dans la IIe. partie de ce traité.

167. Quoique l'article 909 ne s'applique textuellement qu'aux docteurs en médecine et en
chirurgie, ainsi qu'aux pharmaciens, c'est-à-dire,
à ceux admis par l'autorité à exercer l'art de guérir, sa disposition est, à plus-forte raison, applicable à tous ceux qui, sans droit, s'ingèrent
à l'exercer. Le motif de la prohibition est l'empire que fait peser sur le malade, celui qui lui
promet guérison. L'empyrique est, pour son
malade, le docteur par excellence, et il a d'autant plus d'avidité qu'il a moins de talent. Tous
les anciens auteurs, Maynard, Automne, Despeisses et Ricard, sont unanimes à ce sujet; et

ils citent tous un arrêt du parlement de Toulouse, du 15 juin 1594, qui a cassé une donation
faite à un empyrique, par un malade qu'il trai-
tait, pour un cancer à la joue. M. Grenier rappèle
cette jurisprudence comme n'étant pas abrogée.

Un arrêt de la cour de Paris, du 9 mai 1820,
l'a effectivement renouvelée. Un sieur Guillaume
que ses infirmités avaient fait rebuter par sa famille, fut accueilli par le sieur Ragey, qui, sans
être médecin, se mêlait de médecine. Il paraît
qu'il ne guérit pas Guillaume, mais qu'il sut au
moins le soulager dans ses souffrances, puisque
Guillaume, avant de mourir, l'institua son légataire universel. La dame Jacquinot, héritière,
demanda la nullité du legs; le tribunal de Troyes,
par un premier jugement, l'admit à prouver que
Ragey avait traité, comme médecin, les infirmités de Guillaume; et la preuve faite, annula le
legs en entier. Sur l'appel, la Cour le réduisit à
la proportion d'un legs rénumératoire, considérant que Ragey, quoique sans titre légal, exerçait
la profession de médecin; que Guillaume était
mort dans sa maison, où il avait été reçu comme
pensionnaire, plusieurs années avant son décès,
et que les motifs de l'article 909 le rendent applicable dans ce cas. (*Voy. le Journal du Palais*, tom. 57, *p.* 498.)

Avant le Code, si le médecin qui avait traité
le donateur, pouvait établir que le don à lui fait

provenait, non des soins par lui donnés, mais
d'anciens services ou de relations d'amitié indépendantes de sa profession, le don lui restait;
c'est ainsi que s'en expliquait devant le Parlement de Paris, l'avocat général Talon, lors de
l'arrêt du 31 août 1665, qui déclara valable un
legs de 25,000 fr., fait au sieur Lirot, chirurgien,
par le sieur Pilet de la Menardière. Soëfve rapporte un semblable arrêt du 14 mars 1668,
tom. 2, cent. 4, chap. 11. Ce fut aussi un des
motifs qui déterminèrent le même Parlement,
dans le fameux arrêt du 20 juin 1763, à maintenir la dame Mac-Mahon dans le legs universel,
qui lui assurait une fortune de deux millions et
demi, quoi qu'il fût prouvé qu'elle n'avait obtenu
cette immense largesse, que parce que son mari
avait employé ses talents, comme médecin, à
soigner le marquis de Vianges et le sieur de
Morey.

Alors l'incapacité n'était pas légale; les tribunaux ne l'avaient établie, nous l'avons déjà dit,
que par une induction un peu forcée de l'Ordonnance de 1539. Cette incapacité, créée par une
simple jurisprudence arbitraire, n'était que relative aux yeux des magistrats, qui restaient
maîtres des exceptions. Le Code en a fait une
incapacité, légale et conséquemment absolue,
dont les juges ne peuvent détourner l'application, que dans les cas d'exception prévus et au-

torisés par la loi même : cette inflexibilité de la règle est une heureuse conception. Le malade qui voudra laisser à son ami médecin de grands témoignages d'affection et de reconnaissance, chargera un autre médecin du soin de lui faire recouvrer la santé ; il est bon de ne pas affaiblir le désir de nous rendre à la vie, dans celui qui s'en occupe.

168. Par l'expression abstraite, *ministre du culte,* dont s'est servi l'article 909, on ne doit entendre que le prêtre catholique, *confesseur ou directeur de conscience.* C'est à ce caractère particulier des ministres de notre religion, que l'incapacité a été attachée; ils sont par là initiés dans tous les secrets de la conscience du malade, ils peuvent, s'ils en abusent, la diriger à leur gré, et maîtriser toutes ses pensées : pouvoir que n'ont pas les autres ecclésiastiques, même en le visitant, ou l'administrant. C'est ainsi que cette incapacité a toujours été entendue : « Pour ce qui est des » confesseurs ou directeurs de concience, dit » Ricard, *part.* 1ere. *n°.* 515, il n'y a personne qui » ne sache combien leur pouvoir est plus grand » que tout autre, sur l'esprit de leurs pénitens, » et conséquemment qu'il n'y a pas de difficulté » qu'ils doivent être compris sous les termes de » notre Ordonnance. » Catelan, *liv.* 2, *chap.* 108, tient le même langage. Or, loin que le Code ait été, sur cette incapacité, plus loin que l'ancienne

jurisprudence, il l'a fait cesser dans une infinité
de cas, tels que celui des maîtres à l'égard de
leurs écoliers, apprentifs, domestiques, etc.
Aussi la question s'étant présentée, devant la
Cour de Grenoble, a été ainsi résolue par arrêt
du 14 avril 1806. Le pourvoi porté à la Cour de
cassation y a été rejeté, le 18 mai 1807, par ce
motif : « Que l'incapacité résultante de l'article
» 909 n'est point absolue, en ce qui concerne les
» ministres du culte, et qu'elle ne s'applique
» qu'à ceux qui ont véritablement rempli leur
» ministère auprès du testateur. »

169. Au surplus, la loi ne porte pas la sévérité jusqu'à interdire les dons et legs en faveur,
soit du médecin, soit du confesseur, qui n'excéderaient ni les facultés du disposant, ni l'importance des services rendus. C'est le premier
cas d'exception écrit dans l'article 909; loin
d'y apercevoir une des œuvres du dol, on n'y
verrait que l'expression d'une juste et louable
reconnaissance. Mais cette appréciation des facultés de l'un et des services de l'autre, est une
tâche fort délicate imposée aux magistrats; il
s'agit de mesurer ce qui est, en quelque sorte,
incommensurable, et d'établir la proportion que
doit garder la reconnaissance, dans ce qu'elle fait
pour se satisfaire. A cet égard, il nous semble
que, quand le don est à titre particulier, à moins
qu'il n'excède visiblement ce que l'âme la plus

généreuse aurait pu concevoir, les tribunaux doivent se garder de la moindre réduction. Dans ces causes, la véritable question est de savoir si le don a été extorqué par artifice, ou spontanément conçu par un cœur reconnaissant; dans le premier cas, il faut annuler; dans le second, valider, et ne réduire que par des motifs qui le commandent impérieusement. Dans l'arrêt du 9 mai 1820, que nous venons de rapporter, la Cour de Paris a réduit le legs parce qu'il était universel, en laissant à Ragey tout le mobilier, les bijoux et l'argent comptant.

La présomption de dol cesserait également, si le médecin ou le confesseur était un des enfans ou petits enfans du donateur. Cette exception, qui n'attribue les soins de l'un, et la reconnaissance de l'autre, qu'aux sentiments de leur affection mutuelle, est exprimée dans la loi même. Il faut cependant observer que le don ne doit pas, même en ce cas, franchir les limites de la portion disponible. Le texte ne contient pas cette modification, mais elle en est évidemment le sens. Il ne s'agit pas dans cette partie du Code, de donner aux libéralités plus d'étendue qu'elles ne doivent en recevoir dans les articles ultérieurs; mais, au contraire, de les restreindre. On signale les incapacités; les exceptions n'ont donc d'autre effet, que de faire remise de ces incapacités.

Si le donateur n'a pas d'héritier en ligne directe, et que son médecin ou son confesseur soit son oncle, ou son neveu, ou son cousin germain, la loi ne souffre pas que les soins qu'il lui a donnés reçoivent d'interprétation défavorable; le don, dans ce cas, fût-il de sa fortune entière, est inattaquable.

170. Une troisième exception, que la loi n'a pas exprimée, mais que la jurisprudence ne pouvait point se dispenser de faire, est celle du médecin qui traite sa femme : ce n'est plus par état, mais par devoir et affection, qu'il emploie, en pareil cas, toutes les ressources de l'art, qu'alors surtout il est heureux d'avoir embrassé. Le titre de médecin disparaît devant celui de mari; et quelle que soit la libéralité, on doit croire que sa femme a voulu reconnaître beaucoup moins ses efforts pour lui sauver la vie, que ce qu'il avait fait jusques-là, pour la lui rendre agréable.

Le tribunal d'Ivrée avait annulé le leg universel fait par la dame Bertoli à son mari, chirurgien, sur le fondement qu'il l'avait soignée pendant sa dernière maladie. Ce jugement a été réformé par la Cour de Turin, le 19 avril 1806 : «Attendu que la disposition de l'article 909, » doit être entendue de manière à n'en pas dé-» naturer l'objet salutaire; que si l'on voulait as-» sujettir l'époux à la disposition de la loi qui » rend incapable de profiter des largesses du dé-» funt ceux qui le traitent dans sa dernière ma-

» ladie, et cela sur le seul motif que, se trouvant
» homme de l'art, le mari a concouru avec les
» médecins au traitement de sa femme, ce serait
» violer la tendresse conjugale, et interdire au
» mari les soins qu'il doit à son épouse, d'après le
» vœu de la nature, et les obligations que forment
» les liens du mariage, ce qui serait absurde ;
» que le seul but de la loi est d'empêcher les sur-
» prises et les manœuvres de ceux qui abuse-
» raient d'un ministère respectable, pour capter
» des largesses indues, ce qui n'est point à crain-
» dre de la part d'un époux, à qui la loi permet
» d'ailleurs de recevoir. »

La pureté de cette doctrine a été confirmée par
la Cour de cassation, dans deux arrêts que nous
ferons connaître en traitant cette autre question :
Le médecin qui épouse sa malade, pendant sa
dernière maladie, peut-il profiter des libéralités
qu'elle lui a faites? (*Voy. la* 2e. *part.*, n°. 390.)

§. 4.

Libéralités déguisées.

171. Les diverses prohibitions dont nous venons de nous occuper, eussent été vaines, si la
loi n'avait pas prévu les voies indirectes que la
fraude saurait ouvrir au dol, pour les enfreindre.
Le Code les a prévues par ses articles 911, 1099
et 1100; qui, dans les cas d'incapacité absolue

ou relative, annulent toutes les libéralités déguisées sous la forme de contrats onéreux, ou sous le nom de personnes interposées.

Ces infractions étant l'œuvre particulière de la fraude, les questions importantes et nombreuses qu'elles soulèvent seront examinées, dans la seconde partie de ce traité.

CHAPITRE II.

RÈGLES PARTICULIÈRES SUR LE DOL A L'ÉGARD DES TESTAMENTS.

172. Dans l'ordre de la nature, le pouvoir de l'homme sur les biens de la terre s'éteint avec lui : le Droit civil cependant l'autorise à l'étendre au-delà, en désignant lui-même ceux qui lui succèderont dans ses jouissances. Cet avantage, si c'en est un, lui coûte souvent bien cher.

Aussitôt qu'il est possible d'apercevoir le dernier instant d'un vieillard ou d'un malade, la plupart de ceux qui l'entourent s'agitent, et quelquefois en sens contraire, les uns pour obtenir un testament, les autres pour l'empêcher. Ces cas divers, où le dol use de toutes ses ressources, vont faire le sujet de deux paragraphes.

Le premier traitera des atteintes portées à la faculté de tester, et le second de la captation.

§. 1er.

Atteintes portées à la faculté de tester.

SOMMAIRE.

173. Notions historiques.
174. Empêchement de tester.
175. Promesses ne le constituent pas.
176. Arrêt.
177. Réparation du tort.
178. Faits suffisants.
179. Empêchement de changer ou de révoquer.
180. Suppression de testament.
181. Testament supprimé est réputé régulier.
182. Destruction du testament.
183. Observations sur un arrêt de la Cour de Bordeaux.

173. Chez les Romains, où la faculté de tester était à-peu-près illimitée, ce dol attentatoire à un des principaux droits de leurs libertés civiles, était mis au rang des crimes. Celui qui en était convaincu, s'il était l'héritier du sang, ou institué par un premier testament, était déclaré indigne de succéder, et ce qu'il avait voulu se conserver dévolu au fisc. Le Digeste et le Code ont chacun un titre particulier sur cette importante matière: *Si quis aliquem testari prohibuerit.*

  Si l'on en croit Maynard, au 16e. siècle, les Parlements des pays de Droit écrit, suivaient encore les rigueurs des lois romaines. Mais, pendant ces deux derniers siècles, la jurisprudence en France fut uniforme, pour ne rien attribuer dans ce cas au fisc; elle a seulement varié à l'égard des coupables de cette espèce de dol.

Suivant Charondas, *liv.* 7, *réponse* 63, ceux qui avaient empêché leur auteur de tester, n'étaient pas déclarés indignes de succéder; on les condamnait à payer, aux personnes en faveur desquelles le défunt avait voulu tester, les valeurs qu'il avait désiré leur léguer, ou tout ce dont il aurait pu disposer suivant la Coutume. Son sentiment est appuyé par un arrêt du 23 mars 1559. C'est également l'opinion de plusieurs jurisconsultes, et particulièrement de Voêt, qui écrivait sur la fin du 17e. siècle : *Moribus hodiernis, si quis aliquem testari prohibuerit, lusis ex hac prohibitione, tenetur ad id quod interest* : (*Ad Pandectas, si quis aliq. test prohib.* n°. 4.)

Ricard, Deferière, Domat et Lebrun enseignent, au contraire, que l'héritier qui porte atteinte à la faculté de tester de son auteur, en empêchant la rédaction de son testament, ou en le supprimant, doit être déclaré indigne de prendre part à sa succession, et que sa portion doit accroître à ses cohéritiers. Rousseau de la Combe et Denisart rapportent un arrêt du Parlement de Paris, du 19 mai 1733, confirmatif d'une sentence du Châtelet, du 6 mai précédent, qui condamne Jean et Louis Boulay à l'amende honnorable et les déclare indignes de partager la succession de la veuve Caron, dont ils furent convaincus d'avoir supprimé le testament.

Quoi qu'il en soit, cette cause d'indignité n'existe plus dans notre législation. L'article 727 du Code civil, qui a déterminé les cas d'indignité, sans y comprendre celui de l'empêchement de tester, a, par cela seul, abrogé toutes les lois contraires. Les qualités requises pour succéder, et les causes qui font cesser ce droit, sont d'ordre public, et ne sont pas soumises à l'arbitraire des tribunaux.

« Nous n'avons pas jugé convenable, (a dit » M. Treilhard au Corps-Législatif) d'étendre » les causes d'indignité ; nous n'avons pas voulu » admettre quelques causes, reçues cependant » par le Droit romain, comme celles qui seraient » fondées, sur l'allégation que l'héritier aurait » empêché le défunt de faire son testament, ou » de le changer : ces causes ne présentant pas, » comme celles que nous avons admises, des » points fixes sur lesquels l'indignité serait dé- » clarée ; elles portent sur des faits équivoques » susceptibles d'interprétations, dont la preuve » est bien difficile ; l'admission en serait par con- » séquent arbitraire. »

Un motif, que n'a pas exprimé cet Orateur, de- vait, plus encore que ceux qu'il a donnés, déter- miner à ne plus admettre cette cause d'indignité,

Dans le Droit romain, le père de famille pouvait disposer de toute sa fortune ; si son fils l'avait empêché de tester, on pouvait présumer que son père avait voulu le priver de tous ses biens ; et dès-lors, il pouvait sembler juste, pour lui enlever tout le profit de son crime, de le déclarer indigne de prendre la moindre part dans sa succession. Mais dans notre Code, ceux qui ont des ascendants ou des descendants, ne peuvent disposer que d'une portion de leurs biens ; ceux de leurs enfans qui les empêcheraient de tester, ne pourraient être soupçonnés que d'avoir voulu se conserver la portion disponible, et ne pourraient pas, sans une sévérité excessive, être privés de celle qu'ils doivent moins à leur père, qu'à la loi, qui la leur a assurée. En collatérale, il est vrai, les mêmes motifs n'existent pas ; mais cette indignité étant reconnue inadmissible dans les premiers rangs de la famille, il eût été inconvenant de l'admettre dans les autres.

Au surplus, si l'on doit reconnaître que cette cause d'indignité n'existe plus en France, il ne faut pas en conclure que ce qui a été si sévèrement puni pendant des siècles, doive aujourd'ui être rangé parmi les actions innocentes, et obtenir une impunité absolue ; ce serait outrager les auteurs du Code, dont toutes les parties conspirent à combattre le dol, dans tous les cas où il peut se rencontrer, et qui par les articles

1382 et 1383 consacre , comme règle générale, l'obligation de réparer tous les torts dont on a été la cause.

Celui qui empêche une personne de faire, ou de changer, ou de révoquer, son testament, ou qui le supprime, est doublement coupable; il porte atteinte aux droits et à la liberté de cet individu, et ravit à ceux qui sont l'objet de ses nouvelles intentions, les bienfaits qui devaient en résulter. Ces derniers ont donc encore l'action qu'ils ont toujours eue, et que le Code ne leur enlève pas, en réparation du dommage qui leur a été fait; il faut revenir à cette jurisprudence qui nous est transmise par Charondas, Voët, etc., qui n'admettait pas l'indignité, mais faisait, autant qu'il était possible, réparer les torts; et déjà un arrêt de la cour de cassation, du 1er. septembre 1812, que nous rapporterons n°. 181 , l'a décidé ainsi.

Nous avons fait observer qu'il y a empêchement de tester, non-seulement quand une personne, voulant user de son droit à disposer de ce qu'elle a, en faveur de ceux qu'elle juge dignes de ses largesses, a été empêchée de rédiger ou faire rédiger son testament, mais encore quand, après cette rédaction, elle a trouvé des obstacles, soit à en changer les dispositions, soit à le révoquer, ou que son testament a été, contre son gré, détruit ou supprimé.

Toutes ces espèces d'atteintes à la faculté de tester, indépendamment des règles particulières qui leur sont applicables, doivent être soumises à des règles qui leur sont communes.

174. Ire. RÈGLE. L'empêchement n'autorise l'action en dol, que lorsqu'il a eu lieu par des manœuvres réprouvées.

Si donc, pour l'établir, on n'articulait que des conseils, ou même des prières, l'action ne serait pas admissible. Il n'est pas contraire aux bonnes mœurs, qu'un parent ou un ami cherche à empêcher la rédaction d'un testament qu'il croit injuste, ou invite à le détruire, si déjà il a été rédigé, ou encore qu'il empêche de le changer, modifier ou révoquer, s'il le croit convenable. Il faut pour démontrer le dol, en pareil cas, prouver que ces résistances à la volonté du défunt étaient appuyées sur des mensonges, des perfidies, en un mot sur les artifices qui caractérisent le dol. S'il importe d'arracher à la fraude sa proie, il importe plus encore d'éviter une méprise funeste, qui la ferait apercevoir là où il n'y aurait qu'un fait honnête et licite.

175. IIe. RÈGLE. Les perfidies elles-mêmes ne peuvent autoriser cette action, que quand il est certain qu'elles ont été commises dans l'instant même de l'empêchement; comme si Paul avait été déterminé à ne pas tester en faveur de Pierre, parce qu'on l'aurait supposé mort.

Si, au contraire, la déloyauté quelle qu'elle soit, a pu ne pas participer à l'empêchement, et n'avoir exercé sa maligne inflence que depuis, l'action en dol ne doit pas être écoutée. Si, par exemple, Paul voulant faire des legs rénumératoires à ses domestiques, en a été détourné par la promesse que son fils lui a faite d'exécuter ses dernières volontés comme si un testament les contenait; lors même qu'après sa mort son fils refuserait les libéralités promises, ce procédé, tout odieux qu'il serait, ne pourrait pas servir de fondement à une action, la preuve n'en serait pas même admissible, et par deux motifs :

1º. Dans cette hypothèse, le père n'a pas été trompé ; il a su que ses dispositions restaient abandonnées à la foi de son fils, et il l'a voulu. Il est même possible qu'alors que le fils donnait ses promesses, son cœur et sa bouche fussent d'accord, et que la cupidité ne l'ait entraîné que lorsque l'excessive confiance de son père l'a eu mis dans le cas d'en abuser. Cette hypothèse rentre dans la théorie générale sur les preuves du dol, que nous avons exposée nº. 91.

2º. Le père qui, au lieu d'écrire son testament, se contente de la promesse que lui fait son fils de respecter ses volontés, ne fait et ne veut faire qu'un testament verbal; or tout testament doit être non-seulement écrit, mais asservi aux formes particulières que le Code a prescrites. *Articles* 895 *et* 969.

Cette règle a été très solennellement reconnue par un arrêt de la Cour de cassation, du 18 janvier 1813, dont voici l'espèce.

176. En 1805, Buscaglione, menacé d'une mort prochaine, voulait, par un testament, faire quelques legs à la dame Busson et à ses deux filles. La dame Formica, sa fille unique, lui persuada que la dépense des frais d'un testament était inutile, et qu'il pouvait se confier dans sa promesse de faire pour les dame et demoiselles Busson tout ce qu'il désirait. Après le décès de Buscaglione, Formica et sa femme se refusèrent à toute réclamation; forcés d'avouer les promesses faites par la fille à son père mourant, ils prétendirent qu'elle ne les avait faites que sous la condition qu'ils trouveraient dans la succession des valeurs suffisantes; que ne les trouvant pas, elle ne devait rien. La cour de Turin, moins disposée à suivre les rigueurs du droit, qu'à réprimer l'improbité qu'elle crut apercevoir dans la défense de Formica et de sa femme, les condamna, par forme de dommages et intérêts, à payer les valeurs promises.

La rédaction ingénieuse et persuasive de son arrêt fait, en quelque sorte regréter que, par fois, les juges ne puissent pas s'éloigner des règles trop sévères du point de droit, pour écouter davantage leur conviction sur le point de fait. Cet arrêt est du 13 avril 1808. (*Voy*. le *Journal du Palais*, 2ᵉ. semᵉ., 1809, p. 282.)

M. Merlin, alors Procureur général près la Cour de cassation, y reconnut deux violations de la loi si formelles, qu'il en demanda, d'office, la cassation, se fondant, d'une part, sur ce que cette décision ordonnait l'exécution d'un testament verbal; de l'autre, sur l'indivisibilité d'un aveu judiciaire. Son réquisitoire fut complètement adopté par la Cour dans ces termes : « Vu les ar- » ticles 893, 895 et 969 du Code; attendu qu'il » résulte de ces articles qu'il n'est permis de » disposer de ses biens à titre gratuit que par » des actes écrits, et dans les formes prescrites » par la loi, et que l'omission de ces formes en- » traine la nullité des dispositions; attendu que » l'arrêt du 13 avril 1808, en déférant le serment » décisoire aux mariés Formica, sur les faits ar- » ticulés par la veuve Buscaglione, a jugé que la » promesse, faite par les héritiers présomptifs, » d'acquitter des legs que leur auteur avait dé- » claré vouloir consigner dans son testament, » doit donner lieu contre ces héritiers à des dom- » mages et intérêts de même valeur que les legs » présumés, s'ils refusent d'acquitter ceux-ci; et » attendu que cette décision, qui donne à de sim- » ples discours la puissance de constituer des » legs, introduit un moyen indirect de faire pro- » duire des effets à des testaments verbaux desti- » tués de toutes les formes prescrites par le Code: » vu pareillement etc. »

177. Passons aux difficultés particulières à chaque espèce d'empêchement; et, d'abord, à celle qui met obstacle à la rédaction même de l'acte.

Dans ce cas, il n'y a pas de testament, et il n'y en a jamais eu, puisque, comme nous venons de le voir, la volonté de léguer n'est rien, tant qu'elle n'a pas été manifestée dans les formes que la loi a prescrites. Les personnes privées des dons qui leurs étaient destinés, ne peuvent donc rien demander à titre de legs, ni agir contre la succession de celui qui voulait être leur bienfaiteur. Elles n'ont qu'une action en dommages et intérêts contre l'auteur du tort qu'elles éprouvent par son fait. Cette règle, que les principes élémentaires du droit rendent palpable, est disertement enseignée par Furgole, dans son *Traité des Testaments, tom.* 1, *chap.* 6, *sect.* 3, *n*°. 122 *et suivants.*

» Lorsqu'un testateur se propose de faire un » testament qu'il ne fait pas, à cause qu'il en est » empêché, sa volonté demeure dans les bornes » d'un simple projet, qui ne peut opérer aucun » effet; et les legs, fidéicommis·ou autres dispo- » sitions, ne sont valables, qu'autant qu'elles sont » faites par un testament revêtu de toutes les for- » malités du droit. *L. Ex eâ scripturâ* 29, ff. *Qui* » *testam. fac. poss. Ex ea scripturâ quæ ad tes-* » *tamentum faciendum parabatur, si nullo* » *jure testamentum perfectum esset, nec ea quæ*

» *fideicommissiorum verba habent peti posse ;*
» on trouve la même décision dans le §. 7,
» *instit. quid. mod. testam. infirm.*

» Mais comme il ne serait pas juste que ceux que
» le défunt a eu une volonté sincère de gratifier,
» souffrissent du dommage, par le fait de ceux
» qui ont empêché l'effet de sa bonne volonté,
» en l'empêchant de disposer par testament ou co-
» dicile; on doit leur accorder, suivant l'esprit
» du Droit romain, contre ceux qui ont empêché
» la disposition par violence ou par dol, une ac-
» tion pour réparer le dommage qu'ils ont causé.
» *L. Lucius* 88, §. *Sempronia* 4ᵉ. ff. *de leg.* 2 *No-*
» *vel.* 134, *cap.* 3 *; et M. Cujas sur la novelle* 18.

» Cette action compète contre ceux qui ont
» causé le dommage en empêchant le testament,
» non-seulement quand ils sont du nombre des
» héritiers *ab intestat,* ou de ceux qui ont été
» institués dans un premier testament , et quoi
» qu'ils soient privés de l'hérédité; mais encore
» quand ils ne sont pas du nombre des héritiers,
» et qu'ils sont étrangers : il suffit qu'ils ayent
» causé du dommage par leur fait, afin qu'ils
» doivent être condamnés à le réparer, suivant
» ce principe de justice et d'équité, *Qui occa-*
» *sionem damni dat, damnum fecisse videtur:*
» et c'est une règle également certaine, que celui
» qui cause du dommage par sa faute est obligé
» de le réparer. »

Ces principes, que Furgole puisait dans l'esprit du Droit romain, et qu'il démontrait par le texte même, se retrouvent presque littéralement transportés dans le Code civil : « Tout fait quelconque » de l'homme qui cause à autrui un dommage, » oblige celui par la faute duquel il est arrivé à » le réparer » *Art.* 1382.

Il y a cependant à remarquer une différence essentielle entre le Droit romain et le nôtre, à l'égard de l'empêchement de tester. Quand c'est l'héritier qui s'en est rendu coupable, chez les Romains, nous l'avons déjà dit, cette action était un crime, qui faisait réputer l'héritier indigne de succéder, et faisait confisquer la succession au profit de l'État : alors pour frapper ainsi l'héritier, il suffisait de prouver l'empêchement, sans signaler, par cette preuve, la personne en faveur de qui le défunt voulait tester. Dans le nôtre, sans la démonstration de cette seconde circonstance, celle de la première serait inutile ; l'action même ne serait pas recevable ; la loi n'accordant plus que des dommages et intérêts à celui qui a été privé des bonnes intentions du défunt, il faut nécessairement le connaître : l'action même ne peut être formée que par lui ; il doit prouver que l'empêchement a eu lieu, et que c'est à son préjudice.

178. A l'égard des faits capables de constituer cet empêchement, et de fonder l'action en dom-

mages et intérêts, on ne peut, pour les faire connaître, que donner quelques exemples. Nous les puiserons dans le Droit même.

La loi 1, ff. *Si quis aliq. test. prohib.* donne celui de s'être opposé, à ce que l'officier invité à recevoir le testament, s'introduisit auprès de la personne qui voulait tester : *Qui dum captat hœreditatem legitimam, velex testamento, prohibuit testamentarium introire, volente eo facere testamentum, vel mutare.* La loi suivante signale, dans le même sens, l'opposition à l'introduction des témoins : *Si quis dolo malo fecerit ut testes non veniant, et per hoc deficiat. facultas testamenti faciendi.*

Ces deux circonstances d'avoir empêché soit le notaire, soit les témoins, de parvenir jusqu'à celui qui les avait mandés, pour faire son testament, démontrent suffisamment que toute autre manœuvre tendant à priver cette personne des moyens nécessaires de satisfaire ses désirs, sont également propres à faire reconnaître qu'il y a eu empêchement. Si l'empêchement de tester était prouvé, si celui ou ceux que le défunt voulait gratifier étaient parfaitement désignés, par les preuves, sans que la nature et l'étendue des dispositions projetées fussent établies, la réclamation n'en devrait pas moins être admise. La justice aurait la certitude qu'une action odieuse a été commise, qu'un tort a été fait volontairement commis, ce serait à elle à en apprécier la mesure, par les circonstances du fait, la fortune du défunt, et ses relations avec ceux qui étaient l'objet de ses bonnes intentions. Par exemple, si d'anciens serviteurs prouvaient que le testateur voulait, par un testament, assurer le reste d'une existence consacrée depuis long-temps à son service, et qu'un héritier avide a su, par des artifices coupables, rendre inutile cette bonne volonté; les juges trouveraient dans leurs services, leur âge, leurs besoins, et les forces de la succession, des documents suffisants pour punir cet héritier déloyal, et dédommager les victimes de sa cupidité. En pareille occurence, on doit plus craindre d'être au-dessous des intentions bienfaisantes du défunt, que de les excéder : le spoliateur ne mérite que rigueur et sévérité, quand ceux qu'il a voulu spolier n'inspirent que de la faveur.

179. Il peut arriver qu'une personne, ayant fait un premier testament au profit de plusieurs légataires, désire en faire un second, et en soit empêchée, ou par tous les légataires, ou par quelques-uns seulement, sans la participation des autres.

Dans le premier cas, l'intention prouvée de faire un second testament sera réputée révocation du premier. La loi 19, ff. *de his quæ ut indig. auf.* est formelle : *Si scriptis hæredibus ideo*

hœreditas ablata esset, quod testator aliud testa-
mentum, mutatâ voluntate, facere voluisset, et
impeditus ab ipsis esset, ab universo judicio priore
recessisse eum videri.

Quand même il apparaîtrait que le défunt se
disposait à conserver à ses premiers légataires
une partie de ses dons, il faudrait réputer le
testament totalement révoqué, et rendre aux héritiers *ab intestat* la succession entière. Dans
cette hypothèse, l'indignité prononcée par les
lois romaines, et par notre ancienne jurisprudence, reste dans toute sa force. Ce que nous
avons dit du changement qui s'est fait dans notre législation par le Code actuel, sur l'indignité, ne concerne que les héritiers du sang, et
non ceux qui ne sont héritiers que par la volonté
de l'homme. A l'égard de ces derniers, il n'y a
aucune innovation; ils devraient donc subir toutes les rigueurs des anciennes lois; et combien
ne sont-elles pas méritées! On peut dire à ceux
de ces légataires, qui voudraient se prévaloir
des dernières intentions du défunt : c'est parce
qu'il vous avait donné les premières preuves de
sa bienveillance, que vous l'avez opprimé, et
que vous avez porté atteinte à la faculté qu'il
avait de tester de nouveau ; votre ingratitude
vous rend indignes et de ses premiers bienfaits,
et de ceux qu'il voulait vous conserver avant votre résistance, mais qu'à coup sûr, il ne vous

aurait pas conservés dans son dernier testament,
s'il eût pu connaître et vaincre cette résistance
criminelle.

* Dans le second cas, quand un ou plusieurs
des légataires n'ont pris aucune part à l'empêchement, il faut d'abord apprécier les faits; s'il en
résulte la certitude que le défunt désirait faire
un nouveau testament, parce qu'ayant totalement changé de volonté, il voulait détruire entièrement les dispositions du premier, et leur
en substituer d'autres; alors la tentative par lui
faite, et qu'il a été empéché de réaliser, est regardée comme une révocation entière du premier testament. Aucun des légataires, innocents
ou coupables, de l'empêchement, n'en peuvent
demander l'exécution; mais, on le répète, il faut
pour cela la preuve formelle que le défunt voulait détruire tout son premier ouvrage. Si cette
preuve n'est pas faite, on rentre dans le droit
commun; le fait de l'empêchement ne nuit qu'au
coupable, les co-légataires ne peuvent pas en
souffrir, on suit la règle d'équité: *Fratris factum
fratri non nocet*. L. 2, ff. *Si quis aliq. test. prohib.* et on ne fait rentrer dans la succession *ab
intestat*, que la portion de celui qui a trompé
le défunt. Tel est le sentiment de Cujas sur la loi
Si scriptis, que nous avons citée plus haut. Pothier le rappèle et l'adopte dans ses Pandectes,
tit. 6, *liv.* 9, *note* (*e*), servant d'explication à

cette loi, *si scriptis,* en ces termes : *Scilicet, quum ab omnibus impeditus est. Quod si ab altero tantum prohibitus est, quad tantum videtur recessisse a priore judicio ; ut supra dictum est : nisi mutatio voluntatis a toto priore judicio aliundè constet.*

Enfin, si les preuves révélaient que le défunt, en voulant faire un nouveau testament, avait l'intention de donner part, dans sa fortune, à des personnes non gratifiées dans ses premières dispositions ; les premiers légataires, convaincus d'avoir empêché le nouveau testament, non-seulement perdraient l'émolument que le premier leur conférait, mais seraient encore passibles des dommages et intérêts de ceux à l'égard desquels ils auraient paralysé les intentions bienfaisantes du défunt. Cette double punition n'a rien que de juste et de proportionné au dol qu'elle réprime.

180. A l'égard de la suppression du testament, la plupart des questions qu'elle peut faire naître trouvent leur solution dans ce que nous venons de dire sur l'empêchement : presque toujours la position des parties intéressées est la même, quand le défunt a voulu tester et en a été empêché, que lorsqu'il a fait son testament et que cet acte a disparu. Nous présenterons, cependant, quelques observations, sur ce que ce genre de dol a de particulier.

1º. Il est beaucoup plus grave que l'empêchement; il se complique de soustraction frauduleuse; aussi non-seulement *la loi* 26 , ff. *de lege Cornelia de falsis,* déclarait l'héritier qui en était convaincu, indigne de succéder ; mais *la loi* 2 *du même titre et la loi* 16 *au Code, même titre* , y ajoutait la peine de faux. Dans notre ancien Droit, il était poursuivi et puni comme crime ; dans celui actuel , il peut , suivant les circonstances, être réputé crime ou délit, et recevoir l'application de l'article 439 du Code pénal , relatif aux coupables de destruction des actes , titres , etc. , contenant obligation , disposition , etc. Encore, si l'accusation était portée par des personnes de la famille , contre des membres de cette même famille , dans les degrés de parenté ou d'alliance désignés par l'article 380 , ces derniers y trouveraient-ils leur sauve-garde contre la vindicte publique.

Il n'en serait pas de même , quand le coupable serait dans ces degrés, si la personne qui aurait à se plaindre de la suppression, ne s'y trouvait pas. Le texte de l'article 380 est précis à ce sujet ; son exception n'est fondée que sur l'intime parenté ou alliance entre le coupable et celui qui l'accuse.

Au surplus, ne voulant nous occuper que des questions de Droit civil , notre observation n'a d'autre but que de faire remarquer la gravité de ce fait; et , par une juste conséquence , signaler le degré de sévérité que doivent avoir contre les coupables, les condamnations civiles.

Aussi nous n'hésitons pas à penser, par suite des lois que nous venons de citer, *de la* 25e. *Cod. de legatis*, et de notre ancienne jurisprudence, que les dommages et intérêts du plaignant doivent être au moins égaux à tout ce dont le défunt a pu disposer. Basset, *tom.* 1, *liv.* 5, *tit.* 1, *chap.* 3, rapporte un arrêt du Parlement de Grenoble, du 19 décembre 1640, qui a réduit à sa légitime et au simple usufruit du surplus, un fils convaincu d'avoir brûlé le testament de son père, parce qu'il le grevait de substitution.

Furgole rappelle ce même arrêt, comme devant fixer l'opinion; et déjà, n°. 173, nous avons fait connaître celui du Parlement de Paris du 19 mai 1733, plus sévère encore.

2°. Quand un premier testament est représenté, et qu'il est prouvé qu'un testament postérieur a été supprimé par celui que le premier enrichit, l'héritier naturel est fondé à réclamer la succession entière, parce qu'on doit supposer que le défunt rendait à son héritier, par le second, ce dont il le privait par le premier. Telle a été la décision prise, dans une cause de cette espèce, par le Parlement de Paris, *le* 13 *avril* 1604, rapportée par Bretonnier sur Henrys, *liv.* 5, *chap.* 104.

» Cela est fondé, dit Furgole, *Traité des Testa-*

» *ments, tom.* 1, *chap.* 6, *sect.* 3, *n°.* 180, sur l'es-
» prit de la loi 3, §. 11, 12 *et* 13, *etc. de tab.*
» *exhib.* ; où il est dit que celui qui refuse d'exhi-
» ber le testament, doit être condamné aux dom-
» mages et intérêts , lesquels doivent être esti-
» més pour l'héritier institué , eu égard à la va-
» leur de l'hérédité, et par rapport aux légataires
» eu égard à la valeur du legs : *condemnatio au-*
» *tem hujus judicii, quanti interfuit æstimari*
» *debet; quare si hæres scriptus hoc interdicto*
» *experiatur, ad hæreditatem referenda est æsti-*
» *matio, et si legatum sit, tantum venit in æsti-*
» *mationem, quantum sit in legato.* »

181. 3°. Lorsqu'il est prouvé qu'un testament
a été fait, puis détruit ou supprimé contre le
gré du testateur, sa validité , quant aux formes ,
est présumée , par cela seul qu'une voie de fait
a privé les parties et la justice de la faculté de
les examiner. Le Grand , sur la *Coutume de
Troyes, art.* 168, *gl.* 4, *n°* 11 *et* 12, l'avait
ainsi professé au commencement du 17ᵉ. siècle;
M. Toullier l'enseigne également dans son Cours
de droit, *tom.* 5, *p.* 666; et la Cour de cassation l'a consacré par un arrêt du 1ᵉʳ. septembre
1812.

Il s'agissait d'un second testament fait par
Louis Suzeau, au profit du sieur Samson, et
déposé entre les mains du sieur Auzanneau, qui,
après le décès du testateur, l'avait remis à Mo-

deste Suzeau, sa sœur : celle-ci, instituée légataire universelle par le premier testament, dé-
truisit le second, sous le prétexte qu'il ne devait
être exécuté qu'autant qu'elle n'aurait pas sur-
vécu à son frère. Samson se plaignit, obtint,
par des interrogatoires sur faits et articles, l'aveu
de tous ces faits, et néanmoins vit rejeter sa demande par les juges de première instance. La
Cour de Poitiers, au contraire, ordonna l'exécution du second testament.

Un des motifs sur lesquels on fondait le pourvoi en cassation, reposait sur ce que rien ne justifiait de la validité du testament, dont l'exécution était ordonnée. L'arrêt de rejet du pourvoi
répond à ce moyen. « Son existence étant prouvée
» par les déclarations judiciaires réunies, tant du
» sieur Auzanneau que des frères et sœurs Suzeau ;
» étant d'ailleurs établi, dela même manière, qu'il
» a été lacéré et brûlé, par l'ordre et du consente-
» ment de la dame Suzeau ; les demandeurs ne
» sont ni recevables, ni admissibles à rejeter sur
» le défendeur la preuve de la légalité des formes
» dans lesquelles il a été rédigé, puisqu'il a été
» détruit par le propre fait des personnes inté-
» ressées à sa destruction et à son annéantisse-
» ment ; ce qui suffit pour justifier la présomption
» de fait que ledit testament olographe était revêtu
» de toutes les formes, capables de lui faire pro-
» duire tout son effet. » (*V. le Journal du Palais,*
tom. 35 , *p.* 444.)

182. 4°. La soustraction des testaments est si facile et si fréquente, que, du moment qu'il est prouvé qu'ils ont été anéantis par d'autres que par leur auteur, les tribunaux doivent présumer le dol dans cette destruction.

Dans la cause dont nous venons de rendre compte, on n'avait, pour prouver l'existence d'un second testament de Suzeau et sa lacération, que les aveux d'Auzanneau, et des frères et sœurs du testateur, qui expliquaient le fait et voulaient le légitimer par cette circonstance qu'Auzanneau, en recevant le dépôt de ce testament, avait également reçu du testateur l'ordre de l'anéantir, si Modeste Suzeau, sa sœur, lui survivait. Les règles qui commandent de s'en rapporter à la foi du dépositaire sur le dépôt, ainsi que sur sa restitution, maintenues par l'art. 1924 du Code, comme celles de l'indivisibilité de l'aveu judiciaire, semblaient faire une loi du contenu en la déclaration d'Auzanneau; mais la Cour de Poitiers, et celle de cassation, jugèrent qu'en supposant vraie la mission qu'Auzanneau disait avoir reçue du testateur, de détruire le testament, il ne devait pas s'en charger, encore moins l'exécuter; un testament écrit ne pouvant perdre légalement l'existence, que par une révocation écrite; et comme on l'a vu, ce testament illégalement détruit fut réputé subsistant.

On trouve, à ce sujet, un exemple aussi frappant

dans le Journal des audiences du Parlement de Paris, *tom* 3; *p*. 206. Leroi, notaire à Paris, avait reçu, en 1668, le testament d'Edmée Hate, qui instituait Anne Hate sa sœur, sa légataire universelle. En 1673, la testatrice étant décédée, Leroi apporta ce testament, et avec lui une feuille de papier, sur laquelle depuis il prétendit n'avoir écrit qu'un simple projet de testament imparfait et inutile, et qui fut déchirée en l'absence de Marguerite Hate, autre sœur de la testatrice. Celle-ci rendit plainte, mais on n'obtint d'autres preuves que celles fournies par les aveux du notaire Leroi, ceux d'Anne Hate, et ceux de parents présents à la lacération, qui en expliquaient la cause, de la même manière que le notaire. Une seule circonstance était relevée comme indice de dol : le notaire disait avoir jeté les lambeaux du papier déchiré dans la cheminée, tandis que les autres disaient qu'il les avait mis dans sa poche. Néanmoins l'arrêt du 3 avril 1677, en ordonnant l'exécution du premier testament, condamna Leroi, notaire et Anne Hate, solidairement, en 3,000 fr. de dommages et intérêts envers Marguerite Hate, et fit défense à Leroi de lacérer à l'avenir aucun testament parfait ou imparfait.

183. Un arrêt de la Cour de Bordeaux, du 24 mai 1815, qu'on lit dans le *Journal du Palais*, *tom*. 43, *p*. 437, semble tellement opposé aux règles et aux autorités que nous venons de

rappeler, que nous ne remplirions qu'imparfaitement la tâche que nous nous sommes imposée,
si nous ne présentions pas les graves observations dont il nous a paru susceptible.

Un sieur Heyraut fut saisi de toute la fortune
de la dame Lajeard, en vertu d'un testament. Peu
de temps après, les héritiers de cette dame re-
vendiquèrent son hérédité, en articulant et offrant de prouver les faits, desquels, suivant eux,
il serait résulté que la dame Lajeard avait révoqué ce testament, par un second, que le sieur
Heyraut avait supprimé. Le tribunal de la Réole
avait admis la preuve. La Cour de Bordeaux dé-
cida, au contraire, que les faits n'étaient pas
probatifs, et laissa cette succession à celui qu'on
accusait de l'avoir conservée par un forfait.

« On n'a pas offert, porte l'arrêt, de prouver
« que ce que la dame Lajeard avait écrit, contînt
» des *dispositions testamentaires*. »

Cependant on offrait de prouver qu'elle avait
manifesté *l'intention de révoquer son premier
testament; qu'elle avait envoyé chercher un
notaire, pour recevoir son nouveau testament;
qu'à défaut de notaire, elle avait écrit elle-même
son testament; qu'en cachant cet écrit, sous son
oreiller, elle avait recommandé de prendre
garde que le sieur Heyraut ne s'en emparât.*
Certes, en offrant ainsi de prouver qu'elle avait
voulu faire, et avait effectivement fait un testa-

ment, c'était bien offrir de prouver que l'écrit
par elle fait contenait des *dispositions testamentaires*.

« On n'offrait pas de prouver que les nou-
» velles dispositions détruisissent tout l'effet du
» premier testament. »

Qu'importait-il donc de savoir si elles le dé-
truisaient en tout, ou seulement en partie? Elles
lui étaient infiniment opposées, puisque la dame
Lajeard l'avait caché, et craignait qu'il ne tom-
bât sous la main du sieur Heyraut; puisqu'on
articulait que celui-ci avait témoigné de l'inquiétude sur le premier testament, en disant qu'il *y
avait, sous l'oreiller de la dame Lajeard, des dispositions contraires ;* et qu'il avait éloigné d'elle un
médecin par *un mensonge*, et une autre personne, *par une lettre fausse;* qu'enfin, dans un moment où la dame Lajeard avait perdu connaissance, il s'était emparé de l'écrit, en disant *je le
tiens, à présent arrivera ce qui pourra, je m'enf..*

Puisque telles étaient la nature et l'importance
de l'écrit; puisque c'était par cet odieux procédé
qu'il était resté en la possession du sieur Heyraut,
le détail de son contenu devenait très-indifférent.

Fallait-il donc, dans la crainte de lui enlever
ce que cet écrit pouvait lui réserver des bienfaits
de la dame Lajeard, lui laisser tout ce qu'elle
avait voulu lui retirer? Maître de cet écrit, il
pouvait, en le représentant, faire cesser le péril

qui le menaçait : son refus de le faire ne méritait qu'indignation et sévérité.

On dit encore dans l'arrêt, « qu'on n'offrait
» pas de prouver que les dispositions eussent été
» vues et lues par qui que ce fût; qu'il est cepen-
» dant bien évident que la preuve de ces faits
» pouvait seule caractériser la suppression d'un
» testament, puisqu'il était impossible de sup-
» poser qu'il en avait été enlevé, s'il n'était pas
» établi qu'il en eût été fait. »

On vient de voir que les héritiers offraient de prouver qu'il avait *été fait un testament, et que le sieur Heyraut l'avait enlevé*; mais il paraît que la Cour ne tenait aucun compte de cette offre, parce qu'on ne proposait pas de prouver comment la dame Lajeard s'était exprimée dans ce testament; et c'est là où, suivant nous, serait l'erreur.

D'abord, il faut mettre une différence entre le cas où l'accusation de suppression du testament est portée contre l'héritier par un prétendu légataire, et celui où c'est l'héritier qui la porte contre un étranger investi de la succession par un premier testament. Sans doute le prétendu légataire doit prouver, non-seulement que le testament a été fait, mais encore qu'il y a été gratifié, et même prouver, au moins par approximation, l'étendue des avantages qu'il lui procurait. Cela est indispensable, puisqu'il n'a pas d'autre titre; mais dans le second cas, qui est celui du sieur Heyraut, ce sont ceux, que la loi a fait héritiers, qui opposent au testament, dont le légataire est armé, la suppression par lui d'un second testament.

Loin que nous trouvions dans les anciens monumens de la Jurisprudence, rien qui porte à exiger des héritiers du sang qu'ils prouvent la teneur de ce second testament, nous voyons, au contraire, dans le Droit romain, ainsi que nous l'avons rappelé n°. 173, que le seul fait de la suppression du testament, était puni de la peine de faux, et rendait le coupable indigne de rien prendre dans la succession. Consultant le Droit français, nous y trouverons la même sévérité. Charles de Toustain, légataire universel de son père, est accusé par ses sœurs de retenir un second testament; elles sont autorisées à faire publier monitoire, etc. Arrêt du 13 avril 1604, qui le condamne à représenter le second testament dans trois mois, sinon le déclare déchu de tous droits dans la succession. Bretonnier sur Henrys rapporte cette décision, comme fixant un point invariable de jurisprudence. Furgole n'a pas un autre sentiment : « Lorsqu'il y a un » premier testament qui paraît, et qu'il y en a » encore un second que l'héritier retient et sup- » prime, les héritiers *ab intestat* sont fondés à » demander l'exhibition du second testament;

» faute de quoi, nonobstant le premier, la suc-
» cession est déférée *ab intestat*.» Ce profond
jurisconsulte donne pour fondement de sa proposition, l'arrêt de 1604, l'opinion de Bretonnier et l'esprit de la loi 3, ff. *de tab. exhib*. que
nous avons déjà rapportée. *Voy*. n°. 180.

Il suffisait donc aux héritiers de la dame Lajeard, qu'ils offrissent de prouver la suppression,
par Heyraut, d'un second testament, pour qu'ils
fussent écoutés : à plus forte raison devaient-ils
l'être, quand ils promettaient d'établir que le
second n'avait été fait, qu'en regret du premier,
et pour le révoquer.

Enfin il était si peu nécessaire pour la justice,
de savoir si le second testament détruisait ou non
tout l'effet du premier, que, quand le second aurait conservé au sieur Heyraut une partie des
bienfaits de la dame Lajeard, il avait, en le supprimant, encouru la peine d'être privé de tout
ce qu'elle lui aurait conservé. La loi 25 *cod. de
legat*. est précise. *Si legatarius vel fidei com-
missarius celaverit testamentum, et postea hoc
in lucem emerserit; an posset legatum sibi relic-
tum is qui celaverit, ex eo testamento vindicare,
dubitabatur ; quod omni modo inhibendum
esse censemus, ut non accipiat fructum suæ
calliditatis, qui voluit hæredem hæreditate suâ
defraudare; sed hujus modi legatum illi quidem auferatur, maneat autem quasi pro non*

scripto apud haredem, ut qui alii nocendum esse existimavit, ipse suam sentiat jacturam.

Comme on le voit, ce n'est pas notre opinion que nous mettons en opposition, avec la décision de la Cour de Bordeaux; loin de nous cette pensée ambitieuse : nous lui opposons des autorités qui méritent d'être mises en balance avec la sienne. Ce qui surtout nous a déterminé à offrir nos réflexions sur cet arrêt, c'est, d'une part, la réputation justement méritée de cette Cour, l'une des plus célèbres du Royaume; et de l'autre, que l'auteur du Journal du Palais, qui souvent présente des observations [critiques sur les arrêts qu'il rapporte, fait remarquer celui-ci comme contenant la plus saine doctrine.

Nous pouvons encore pousser plus loin nos avantages, en rapportant deux arrêts, l'un de la Cour d'Orléans, l'autre de celle de cassation, dans lesquels on reconnaît une doctrine absolument contraire.

La dame Barbot étant décédée le 17 septembre 1810, son mari représenta un testament, du 22 septembre 1807, qui l'instituait légataire universel. Cependant craignant probablement des recherches pour un testament postérieur, onze jours après le décès de sa femme, il écrit à une des héritières que sa femme avait effectivement fait un second testament, neuf jours avant sa mort, mais qu'elle n'avait fait que confirmer le premier.

Les héritiers de la dame Barbot ayant gardé le silence, pendant quelques années , se décidèrent, en 1816, à former demande contre le mari, pour qu'il eût à leur représenter ce second testament, sinon à leur abandonner la succession. Il leur opposa qu'il l'avait perdu, lors de l'invasion de 1815. Les héritiers offrirent de prouver que, postérieurement à cette époque, il avait reconnu l'avoir en sa possession, et ils y furent admis. La preuve ayant été concluante, Barbot se retrancha dans une fin de non recevoir, qu'il faisait résulter de ce qu'on n'avait contre lui, sur l'existence de ce testament, que la déclaration contenue dans sa lettre, sur laquelle seulement la demande avait été fondée. Suivant lui cette lettre contenant en mêm etemps l'assurance que le second testament n'était qu'une confirmation du premier, sa déclaration était indivisible.

Ce système avait été accueilli par le tribunal de Pithiviers; mais il fut rejeté par la Cour d'Orléans, le 7 mars 1818; voici les principaux motifs de son arrêt.

« S'il est de principe qu'on ne peut admettre » la preuve testimoniale qu'il existe un acte » écrit, révocatoire d'un testament, lorsqu'il n'en » apparaît aucun, il n'en est pas moins reconnu » que le fait de suppression, ou de rétention » frauduleuse d'un tel acte, peut être établi par » tous les genres de preuve, et de présomptions

» admises par les lois civiles ; qu'il peut même
» être poursuivi par la voie criminelle, et qu'il
» existe dans la cause des présomptions graves,
» précises et concordantes.

« Le principe de l'indivisibilité de l'aveu cesse
» d'être applicable, toutes les fois qu'il s'agit
» d'un acte, ou d'un fait argué de dol et de fraude,
» et c'est dans cette classe que doit nécessaire-
» ment être rangée la détention d'un testament. »

L'arrêt ordonne que, dans le mois, Barbot
rapportera le second testament, sinon que le
premier sera réputé nul et non avenu.

Sur le pourvoi de Barbot, la Cour de cassation,
en le rejetant, s'est ainsi exprimée : « Attendu
» que la Cour d'Orléans a jugé en fait, que la
» dame Barbot a fait un second testament olo-
» graphe, le 8 septembre 1810 ; que ce second
» testament avait été au pouvoir du sieur Barbot
» après la mort de sa femme, et qu'il en était ré-
» tentionnaire.... Attendu qu'en concluant de
» ces faits que le sieur Barbot était tenu de re-
» présenter ce second testament, à peine d'être
» privé des avantages que lui conférait le pre-
» mier, la Cour n'a violé aucune loi. Rejete etc.»

Ainsi, par cela seul qu'il était certain que la
testatrice, depuis le premier testament représenté, en avait rédigé un second, passé en la
possession du légataire, qui refusait de le faire
connaître ; ces Cours ont décidé que ce second

écrit devait être réputé régulier et révocatoire du premier testament : tandis que celle de Bordeaux a refusé d'admettre à la preuve, principalement parce qu'on n'offrait pas de prouver, par des personnes ayant vu et lu l'écrit, qu'il contenait des dispositions testamentaires et révocatoires.

Heureusement il est rare de voir une plus forte contradiction en jurisprudence. (*Voy. Sirey, t.* 20 *part.* 1re., *p.* 232.)

La suppression du testament ayant plus le caractère de la fraude que du dol, nous reviendrons à ce sujet dans la 2e. Partie, chap. 4.

§. 2.

Captation.

SOMMAIRE.

184. Notions préliminaires.
185. Définition.
186. Caractère.
187. Exemples.
188. Arrêt.
189. Concubinage.
190. Arrêt.
191. Présomption contre la captation.
192. Cette action est admissible contre tous testaments.
193. Sans inscription de faux.
194. Ni commencement de preuve par écrit.
195 Faits probatifs.
196. Arrêt.
197. Présomptions peuvent suffire.
198. Les juges ne peuvent modifier les dispositions du testament.
199. Arrêt.

184. Cette espèce de dol s'attache à l'homme mourant, l'entretient de sa dernière heure, et le tourmente dans le moment où, les biens de la terre perdant pour lui tout leur prix, il voudrait en détourner ses pensées; aussi de tout temps, les tribunaux ont-ils été très-sévères sur les faits de cette nature; notre législation actuelle ne l'est pas moins.

L'article 400 du Code pénal punit comme crime les voies de fait dont on aurait fait usage pour obtenir des dispositions testamentaires; et l'article 405 met au rang des faits qui constituent l'escroquerie, ceux analogues employés pour se procurer ces dispositions. Mais, indépendamment de ces coupables procédés, il en est qui, sans être aussi graves, ont encore assez de force pour donner à la volonté des testateurs, une direction contraire à leur propre mouvement, et dont les tribunaux civils doivent faire justice.

Dans le projet du Code civil, ses auteurs, plus frappés de l'impuissance où s'étaient trouvés, d'établir la captation, ceux qui s'en étaient plaints, et du scandale inévitable dans cette sorte de procès, que des inconvenients qui résulteraient d'un refus absolu, avaient proposé de ne plus accueillir les demandes fondées sur la captation des testateurs.

Plusieurs Cours d'appel firent à ce sujet de justes remontrances, en observant que, si le mal était grand, les tribunaux *avaient le pouvoir de* le réprimer; *que le brigandage*, c'est l'expression de la Cour de Montpellier, serait à son comble, quand aucune crainte ne l'arrêterait.

Ces représentations énergiques furent écoutées; on retira du projet la disposition qui avait allarmé les magistrats, et le rapporteur, M. Bigot de Préameneu, en présentant au Corps Législatif cette partie du nouveau projet, s'est ainsi exprimé : « La loi garde le silence sur le » défaut de liberté qui peut résulter de la sug-

» gestion et de la captation, et sur le vice d'une
» volonté déterminée par la colère ou par la
» haine, ceux qui ont entrepris de faire annuler
» des dispositions par de semblables motifs,
» n'ont presque jamais réussi à trouver des preu-
» ves suffisantes pour faire rejeter des titres
» positifs; et peut-être vaudrait-il mieux pour
» l'intérêt général que cette source de procès
» ruineux et scandaleux fût tarie, en déclarant que
» ces causes de nullité ne seraient pas admises;
» mais alors la fraude et les passions auraient
» cru voir, dans la loi même, un titre d'impu-
» nité. Les circonstances peuvent être telles que
» la volonté de celui qui a disposé, n'ait pas été
» libre, ou qu'il ait été entièrement dominé par
» une passion injuste. C'est la sagesse des tribu-
» naux qui pourra seule apprécier ces faits, et
» tenir la balance entre la foi des actes et l'in-
» térêt des familles; *ils empêcheront qu'elles ne*
» *soient dépouillées par les gens avides qui sub-*
» *juguent les mourants,* ou par l'effet d'une
» haine que la raison et la nature condamnent. »

De cette déclaration solennelle et des réclama-
tions des Cours qui l'ont sollicitée, il résulte donc,
indubitablement, que l'ancienne législation sur
ce sujet important, telle qu'elle avait été fixée
par l'article 47 de l'ordonnance de 1735, subsiste
encore dans toute sa force; et les tribunaux
en ont appliqué les principes dans plusieurs

occasions, depuis la promulgation du Code.

185. Ces expressions *captation et suggestion*, consacrées en quelque sorte dans le style du Palais, y reçoivent une acception un peu différente de leur sens ordinaire. Nous avons emprunté des Romains *la captation*, qui, parmi eux, n'exprimait pas un procédé frauduleux, mais seulement les soins, les prières et les démarches employées pour obtenir des dispositions testamentaires. *Les institutions captatoires conditionnelles*, comme celle : *j'institue Titius pour une portion dans mes biens égale à celle qu'il me léguera dans les siens*, y étaient annulées, non comme infectées de dol, mais comme subordonnées à la volonté d'autrui. Dans notre droit, au contraire, la captation n'est un moyen de faire annuler les testaments, que parce qu'on y attache l'idée du dol ; et c'est ce qui fait qu'on met toujours ensemble ces deux mots *captation et suggestion*, qui, réunis, expriment l'influence coupable, exercée sur le testateur, pour lui suggérer, par des manœuvres frauduleuses, des dispositions contraires à sa volonté propre.

Il importe cependant d'observer, en étudiant les anciens jurisconsultes, que, dans un grand nombre de Coutumes, la rédaction devait exprimer que le testament avait été dicté par le testateur, *sans suggestion* ; d'où l'on inférait que la simple persuasion était une suggestion suffisante

pour faire annuler un testament. Tout ce qu'ont
enseigné les auteurs à ce sujet, est devenu inutile aujourd'hui; il ne peut plus être question
que de la persuasion frauduleuse, opérée par
des menées artificieuses.

186. Telle est effectivement la règle actuelle.
Quelsque soient les moyens employés auprès du
testateur pour en obtenir des bienfaits, comme
les sollicitations, les empressements à le servir,
les caresses, en un mot les ressorts innombrables
que l'avidité et la bassesse font jouer trop souvent; si le testateur n'a pas été trompé, ses dispositions ne peuvent pas être détruites; elles
sont émanées de sa volonté : *Captatorias institu-
tiones non eas senatus improbavit quæ mutuis
affectionibus judicia provocaverint, l. captatorias ff. de hæred. instit. Virnm qui non pes vim
nec dolum, quò minus uxor contra eum mutata voluntate, codicillos faceret intercesserat, sed
offensam ægræ mulieris maritali sermone placaserat, in crimine non incidisse respondi : nec
ei quod testamento fuerat datum, auferen-
dum, l. ult. ff. Si quis aliq. test. prohib.*
Effectivement, si l'on priait le testateur, il pouvait refuser; on lui prodiguait des soins, il pouvait les apprécier et mesurer sa reconnaissance;
il s'est laissé toucher, il a fait ce qu'on a voulu,
non parce qu'on le voulait, mais bien parce
qu'il a fini par le vouloir lui-même. (*Voy. Domat, lois civiles, p.* 415, *art.* 25.)

Il n'en est pas ainsi de celui qu'on se trompe il prend aussi la volonté qu'on lui suggère, mais cette volonté repose sur l'erreur qui fascine son esprit ; et les tribunaux, en brisant cet acte que le dol a obtenu, protègent le testateur contre lui-même.

Les conséquences de ce premier principe se présentent d'elles-mêmes ; à la différence des contrats qu'un dol grave peut seul faire annuler, les testaments sont viciés par le moindre dol, dès l'instant qu'il a pu faire illusion au testateur, et influer sur ses dispositions.

187. Par exemple, si par des calomnies ou par d'autres ruses, on l'a indisposé contre ses héritiers ; si l'on a profité de cet injuste sentiment pour occuper son affection, et par suite obtenir ses libéralités ; si on lui a persuadé faussement que les parents appelés par la loi à lui succéder, l'ont précédé dans la tombe ; si on lui a fait courir des dangers chimériques, pour lui inspirer une reconnaissance imméritée ; en un mot, si par quelque artifice que ce soit, on l'a trompé sur un point qui a pu le déterminer, soit à déranger l'ordre légal de sa succession, soit à changer celui qu'il avait adopté dans un premier testament ; le fruit du dol et de l'erreur doit être rejeté. En vain l'on pourrait croire que, lors-même qu'on n'eût pas fait agir cette erreur sur son esprit, il eût disposé comme il

l'a fait; il suffit qu'il soit possible que cette erreur ait contribué à ses dispositions, pour que
ceux qui l'ont pratiquée, ne trouvent aucune
protection dans les tribunaux.

« Tout ce qui gêne la liberté (dit le célèbre
» Cochin *dans son* 143e. *plaidoyer*) et captive
» l'esprit, est absolument contraire à l'essence
» du testament; ainsi, quand une volonté étran-
» gère a inspiré le testateur, le testament est
» nul : c'est un genre de faux qui altère et cor-
» rompt toute la substance de l'acte. »

Dans ces causes difficiles, où le mal s'est opéré
lentement et subtilement, où il faut déchirer le
voile mystérieux dont les coupables se sont cou-
verts, il importe de considérer, d'un côté, le
sexe, l'âge, le plus ou moins de force d'esprit le
plus ou moins de santé du testateur; d'un autre
côté le degré d'influence qu'ont pu avoir sur lui
les personnes soupçonnées d'en avoir abusé.
Les médecins et les ecclésiastiques, si précieux
aux malades par les secours, les consolations et
les espérances que ceux-ci peuvent en recevoir,
seront plus facilement convaincus de les avoir
conduits, en les trompant, à faire des dispositions
contraires à leurs intentions naturelles.

Leur empire sur l'esprit des moribonds est si
redouté dans les intérêts temporels, que, lorsqu'il
est constant qu'ils exerçaient habituellement leurs
fonctions auprès du malade, la loi annule, à l'a-

vance, les libéralités importantes faites à leur profit, en les frappant eux-mêmes d'incapacité *Voyez ci-dessus, sect.* 2, *chap.* 1er. §. 3 *p.* 313.

Mais lors-même que cet exercice continuel auprès du malade n'est pas constant, le caractère seul de ces importantes fonctions les rend suspects; et pour peu qu'au lieu de se contenir dans les bornes étroites de délicatesse et de désintéressement convenables à leur état, ils en soient sortis, pour disposer le malade à un testament, qui enrichit leurs proches ou leurs amis, ou bien eux-mêmes, il devient infiniment facile de faire annuler cette œuvre de cupidité.

188. La Cour de Bruxelles en offre un exemple remarquable, dans un arrêt du 21 avril 1808. (*Voy. le Recueil de Sirey, tom.* 8, 2e. *partie,* *p.* 246.) Le sieur Boulard, ancien vicaire de Binch, et devenu curé de Saint-Vaast, fut institué par la dame Gillion de Binch, son légataire pour trois quarts dans sa fortune, par un testament qui contenait en outre des legs particuliers au profit de la fille du médecin qui avait soigné la dame Gillion, de la veuve Stilman sa garde, et de la dame Thomas chez laquelle logeait le sieur Boulard quand il venait à Binch. Les héritiers de la dame Gillion ayant demandé la nullité de ce testament, comme n'étant que le résultat de l'obsession et d'une captation frauduleuse, leur demande fut accueillie.

Les motifs de l'arrêt sont principalement que, plusieurs années auparavant, la dame Gillion avait eu recours au ministère de l'abbé Boulard; que jusqu'au moment de sa dernière maladie, elle avait vécu en bonne intelligence avec ses parents, tandis que, pendant cette maladie et jusqu'à la rédaction du testament, on les avait éloignés; que le sieur Boulard, averti par le médecin, avait quitté sa paroisse pendant trois jours; et après être descendu chez le médecin, avait passé tout ce temps en entrevues secrètes avec la dame Stilman, auprès de la malade, et particulièrement pendant la rédaction du testament; que déjà le sieur Boulard avait obtenu des dispositions testamentaires d'une autre personne, et avait été nommé exécuteur testamentaire d'une troisième, conjointement avec le médecin qui l'avait traitée, le même qui avait soigné la dame Gillion, et dont la fille avait un legs particulier.

Les preuves, comme on le voit, n'étaient pas directes; mais l'ensemble des faits qui avaient précédé, accompagné et suivi le testament, et surtout le caractère de l'ecclésiastique et du médecin qui s'étaient évidemment occupés de ce testament fait en leur faveur, donnaient assez de lumières sur l'état d'obsession dans lequel la dame Gillion, en le faisant, avait été tenue, pour que cet acte n'éprouvât pas toute la sévérité de la justice.

L'influence d'un avocat, d'un avoué, d'un notaire, ou de tout autre conseil ordinaire du testateur, sans être aussi imposante que celle des médecins et des ecclésiastiques, serait cependant très-déterminante dans une cause, où le testament dirigerait sur eux ou sur leurs proches, une fortune, qui, plus justement serait restée dans la famille du testateur ; le moindre rayon de lumière qui ferait apercevoir que cet acte ne devrait son existence qu'à des menées artificieuses suffirait pour le faire pulvériser.

189. Mais ce qui doit surtout inspirer de la sévérité aux magistrats, dans l'examen d'un testament c'est le concubinage qui aurait existé entre le testateur et la personne par lui instituée. Avant le Code, c'était une raison suffisante pour faire annuler les libéralités, dont la source était aussi impure, et qui étaient justement réputées, la récompense du libertinage. Le projet de Code, rédigé par MM. Tronchet, Portalis, Bigot-Préameneu et Malleville, contenait la même règle, mais elle ne fut pas adoptée ; et la loi en ne plaçant le concubinage, ni parmi les causes d'incapacité, ni parmi celles d'indignité, on ne pourrait pas par ce seul motif, attaquer une libéralité ; mais, au moins, doit-on tenir pour règle que les testaments faits, dans cette union illicite, par l'un des concubins, en faveur de l'autre, doivent très-facilement être regardés

comme l'effet de la captation et de la séduction. Quel empire effectivement ne peut-on pas supposer entre deux êtres qui se sont abandonnés à leurs passions avec un tel excès, qu'ils n'ont pas craint de se vouer aux mépris et à l'opprobre.

190. Une demoiselle Lefebvre, âgée de trente-deux ans, habitait avec un sieur Moutier, qui n'en avait que dix-sept : elle avait de la fortune, il n'avait rien ; le seul sacrifice qu'il avait fait pour la suivre, était une place de clerc dans une étude. La demoiselle Lefebvre devint enceinte ; sa grossesse fut malheureuse, et développa les symptômes d'une maladie mortelle ; alors Moutier, plein de jeunesse et de santé, fit un testament olographe, par lequel il institua la demoiselle Lefebre sa légataire universelle. Celle-ci copia ce premier testament, et avec une fidélité si scrupuleuse, qu'on y trouva les mêmes ratures et les mêmes renvois. Le tribunal de première instance de la Seine peu frappé de ces faits, rejeta la demande en nullité des héritiers. La Cour de Paris, au contraire, leur rendit la succession, par arrêt du 31 janvier 1814. Ses motifs sont la faiblesse d'intelligence de la testatrice, l'état de concubinage, qui est l'indice le plus violent et une présomption légitime de séduction, réunis à cet artifice du testament de Moutier, fait uniquement pour servir

de modèle à celui de la demoiselle. Lefebvre.

191. Le temps qui s'est écoulé depuis la rédaction du testament jusqu'au décès de son auteur, n'est pas sans importance. Sans doute, si l'erreur dans laquelle on l'a placé, l'a subjugué pendant toute sa vie; si la séduction exercée à son égard, n'a pas été un seul instant déconcertée, et si cette continuité du dol est articulée et prouvée; le testament, pour être très-ancien, au décès de son auteur, n'en sera pas moins l'expression d'une volonté frauduleusement suggérée, et comme tel, devra être annulé.

C'est ainsi qu'il faut entendre ce que dit Furgole sur cette question : « que le dol et la fraude » produisant une nullité radicale, la disposition » surprise ne devient pas valide. *Des testaments,* *t.* 1er.. *p.* 210.

Cependant, s'il s'était écoulé un temps considérable entre le testament et la mort du testateur, et que, durant cette période, il fût présumable qu'il a pu s'éclairer davantage, et cesser d'être dupe des ruses employées auprès de lui; que pouvant révoquer ou changer ses dispositions, il ne l'ait pas fait; on serait forcé de croire que ces dispositions étaient moins l'effet des supercheries de ceux qui l'entouraient, que celui de sa volonté propre. L'avocat général Talon, lors de l'arrêt du 14 janvier 1664 , *inséré au Journal* *des audiences, t.* 2 , prétendit même qu'on ne devait écouter les plaintes en captation, qu'à l'égard des testaments faits à l'extrémité de la vie. Cet autre excès doit être évité, comme celui contraire, auquel pourrait entraîner l'opinion de Furgole; mais on doit se décider suivant que les circonstances font voir qu'un testateur a pu, depuis son testament, en apprécier les causes et les motifs.

192. Il faut encore considérer si le testament est olographe ou authentique. Si, d'un côté, le caractère du notaire semble devoir être une ga rantie qu'il s'est assuré de la liberté du testa-teur, garantie que n'offre pas le testament écrit par ce dernier; de l'autre, on peut craindre que le notaire lui-même, ait été trompé, ou qu'il n'ait prostitué son ministère; et dans ces deux cas, la captation se suppose plus facilement qu'à l'égard du testament olographe, étant beaucoup plus fa-cile d'extorquer une simple signature, que d'ob-tenir une rédaction complète. C'est donc par les circonstances et par les traits particuliers de chaque affaire, qu'on doit décider; en tenant pour règle générale, que la captation peut être articulée contre le testament olographe, comme contre celui qui est en forme authentique; le dol pouvant prendre ses avantages sur l'un comme sur l'autre.

Du temps de Ricard, on regardait comme maxime indubitable, ce sont ses expressions,

Traité des donations, n°. 49, que les faits de la *suggestion n'étaient pas recevables contre un testament olographe;* et il annonce effectivement qu'un grand nombre d'arrêts avaient rejeté des demandes à ce sujet; mais il ajoute : « Il faut » néanmoins avouer qu'il y en a eu quelques-» uns qui ont admis la preuve en ce cas, lorsque » les circonstances se sont trouvées avantageuses » pour les héritiers, comme quand la disposi-» tion s'est trouvée en faveur du mari ou de ses » enfants, par une belle-mère. M. Gilles Bry, en » ses notes, sur l'article 128 de la coutume du » grand Perche, fait mention d'un arrêt inter-» venu dans les termes d'un testament olographe » de la seconde femme de M. Antoine Mornac, » au profit des enfants du premier lit de son » mari, qui a permis la preuve par témoins des » faits de suggestion articulés par les héritiers » de la testatrice. »

On peut ajouter à cet exemple celui de l'arrêt du 31 janvier 1814, que nous venons de rap-porter, et qui a annulé le testament olographe de la demoiselle Lefebvre.

193. Quand cet acte est notarié, quelqu'ait été le soin du rédacteur d'exprimer la liberté et la volonté du testateur, il n'est pas nécessaire de s'inscrire en faux, pour l'impugner de capta-tion et suggestion. Avant l'ordonnance de 1735, quelques auteurs avaient enseigné que cette

inscription devait être exigée , plusieurs arrêts avaient adopté leur opinion. Ricard et beaucoup d'autres jurisconsultes professaient la doctrine contraire, qui fut enfin consacrée par l'article 47 de l'ordonnance de 1735 ; et le Code, par ses principes généraux, l'a maintenue, comme nous l'avons déjà établi, pour tous les cas où l'action en nullité est fondée sur le dol et la fraude, n°. 98.

194. Il en est de même du commencement de preuve par écrit : l'ancienne jurisprudence était fort incertaine sur cette question. Les opinions et les décisions, en sens contraire, étaient très-nombreuses ; et l'on trouve encore un arrêt de la Cour de Paris, du 30 germinal an XI. (*Voy. le Journal du Palais,* 2e. *sémestre an* XI , *p.* 198), qui, rejetant la demande en nullité d'un testament, énonce, parmi ses motifs, que *la preuve testimoniale de la suggestion ne doit être admise, que lorsqu'il existe un commencement de preuve par écrit.*

Aujourd'hui il ne peut plus y avoir de variations à cet égard ; les nombreuses dispositions du Code, relativement au dol et à la fraude , ne les permettent plus. Nous avons approfondi cette question plusieurs fois, et particulièrement n°. 92. *Voy* aussi la 2e. *partie, n°.* 20.

195. La véritable règle , en cette matière , est que, pour tenir un juste milieu entre le danger

d'écouter les plaintes, souvent hasardées, quelquefois même injustes, des héritiers trompés dans leurs espérances, et celui de laisser des spoliateurs jouir impunément du produit de leurs intrigues, les tribunaux doivent n'admettre la preuve testimoniale, que lorsque les faits *sont circonstanciés, probatifs et non affaiblis, à l'avance, par des documents contraires.*

Ainsi il ne suffira pas de prétendre vaguement qu'il y a eu captation et suggestion artificieuses, et d'offrir de le prouver, il faudra préciser les faits dont on tire la conséquence que le testament n'est pas l'œuvre libre et réfléchie du testateur.

Il faudra que ces faits soient *probatifs,* c'est-à-dire, qu'en les supposant prouvés, ils puissent donner la conviction que la conséquence qu'en tirent les héritiers n'est pas forcée, et qu'effectivement le testateur n'a fait que céder aux impulsions étrangères et fallacieuses, qui lui ont été données.

196. Il faudra enfin que ces faits soient en harmonie avec toutes les notions déjà acquises au procès. Ils perdraient toute leur force, et seraient rejetés sur le champ, si ceux auxquels ils seraient reprochés, pouvaient déjà les combattre avec avantage. Cette théorie sur la nature des faits admissibles est parfaitement établie, dans un arrêt de la Cour de Grenoble, du 14

avril 1806. (*Voy. le Journal du Palais* 2e. *sém.* 1806, *p.* 84.

Les héritiers du sieur de Montlovier attaquaient son testament, par plusieurs moyens, dont le principal était qu'il lui avait été surpris par captation et suggestion : leurs faits étaient graves et nombreux, « mais la Cour, par son » arrêt, déclare que la volonté de Montlovier de » disposer comme il l'a fait, est prouvée par une » multitude de pièces authentiques avouées et » reconnues antérieures et postérieures à son tes » tament.... Qu'il existe entre les faits articulés » des contradictions : que la fausseté de quel » ques-uns est prouvée par écrit.... que l'éloigne » ment des parents est manifestement supposé, » puisqu'il est reconnu que la femme de Laurent » Montlovier fit visite au testateur, et fut reçue » par lui, le jour même du testament, et quel » ques heures avant sa rédaction; qu'il en est de » même du fait de l'éloignement du vicaire de » Marsanne, qui l'a lui-même démenti par une » attestation authentique, etc. » On ne peut qu'applaudir à cette juste sévérité.

197. Des présomptions sont suffisantes, quand elles ont la gravité, la précision et la concordance désirées par l'article 1353 du Code, et qu'elles pénètrent les magistrats de la vérité de l'accusation. *M. Toullier dans son Cours de Droit,* tom. 5. *p.* 711, prétend que des présomptions ne suffiraient

pas, et cite, à ce sujet, l'arrêt du 18 octobre 1809.
L'arrêt décide seulement, en fait, que les présomptions dont on se prévalait dans la cause
qu'il juge, n'étaient pas suffisantes, et non théo-
riquement, que les présomptions ne puissent
jamais être admises. La preuve vocale ne peut
être refusée, il en convient; or les présomptions
sont admissibles, dans tous les cas où les témoins peuvent l'être. Le texte de l'article 1353
ne permet pas d'équivoque, surtout lorsque
l'acte est attaqué pour dol. Tout porte à penser
qu'il y a dans ce passage de M. Toullier une erreur de rédaction, et qu'il a seulement voulu
dire que des présomptions légères ne pourraient
pas suffire; on convient, généralement, que des
présomptions puisées dans des faits avoués,
dans des actes non contestés, sont souvent plus
persuasives, que des témoins dont la véracité
n'est jamais certaine. L'arrêt, du 15 juillet 1824,
que nous rapporterons dans la 2e. partie, en
présentera un nouvel exemple.

198. Enfin il n'y a point d'intermédiaire à
saisir, entre le maintien du testament ou sa
nullité. Les tribunaux ne peuvent pas se livrer
à l'arbitraire, et supposer que le seul effet de
la captation, exercée sur un testateur, a été de
lui suggérer de l'exagération dans des libéralités
volontairement conçues. Cette inquisition, purement conjecturale, serait un abus de pouvoir.

Comment en effet concevoir l'alliance dans un même acte, de la fraude donnant sa volonté au testateur, et de la volonté propre de ce testateur? Quand, d'ailleurs, on pourrait concevoir cette action simultanée de deux causes aussi inconciliables, comment et par quel moyen s'assurera-t-on de la part que chacune d'elles a eue dans leur action commune? L'arbitraire le plus dangereux remplacerait la justice, s'il était permis aux juges de se faire et de résoudre de tels problêmes.

199. La Cour de Rennes a cru pouvoir le faire sur le testament du sieur de Pontaye. Il avait admis, élevé et en quelque sorte adopté le sieur Boudrot et la dame Brossard; par son testament, il légua les trois quarts de ses biens au premier, et le quart à la dernière.

Ses héritiers alléguèrent des faits de captation et suggestion, que probablement ils ne prouvèrent qu'imparfaitement, puisque le tribunal de Dinan rejeta leur demande. Sur l'appel, la Cour de Rennes considéra d'une part, que la dépendance dans laquelle Boudrot était parvenu à tenir le sieur de Pontaye, faisait présumer que le testament avait été capté, et de l'autre, que le sieur de Pontaye avait toujours eu et manifesté la volonté de lui procurer une aisance; qu'il en était de même de la dame Brossard; que, dès-lors, en réduisant dans de justes bornes les

legs excessifs qui leur avaient été faits, on sui-
vrait les intentions raisonnables du sieur de
Pontaye, et l'on concilierait ainsi les intérêts des
héritiers légitimes, avec la foi due aux différents
testaments; en conséquence elle réduisit les legs à
moitié.

Une décision, aussi contraire aux principes
régulateurs du pouvoir judiciaire, ne pouvait
survivre à un pourvoi en cassation. Elle a été
cassée, sur les conclusions conformes du ministère public, par arrêt du 22 janvier 1810. Un
des principaux motifs est « que cette Cour, en
» maintenant, d'une part, le testament dont il
» s'agit, et en réduisant, de l'autre, les disposi-
» tions y contenues, au profit des demandeurs
» en cassation, a créé une nullité que la loi ne
» prononçait pas, commis un excès de pouvoir,
» et violé les articles 902, 916 et 920 du Code
» civil. » (*Voy. le Journal du Palais*, 1er. *sém.*
1810, *p.* 241.)

SECTION III.

DOL DANS LES JUGEMENTS.

200. Ce dol peut être commis par l'une des
parties envers l'autre, ou par un juge envers
une partie. Nous consacrerons un chapitre particulier à chacune de ces deux espèces de dol.

CHAPITRE Ier.

DOL D'UNE PARTIE ENVERS L'AUTRE.

SOMMAIRE.

201 Observations générales.
202 Appel.
2o3 Requête civile.

201. Il se trouve des hommes assez audacieux pour employer les artifices du dol, même dans le sanctuaire de la justice; et qui, quelquefois, parviennent à y faire, par ce moyen odieux, prévaloir d'injustes prétentions. Aussi, quoique l'immutabilité des jugements soit une des bases essentielles de l'ordre social, il a fallu faire fléchir la règle, pour les cas où les magistrats auraient été trompés; alors s'il y a lésion d'un intérêt particulier, il y a encore outrage à la justice, et la société entière est intéressée à la répression de tant d'audace.

Quatre voies sont ouvertes aux parties lésées, l'appel, la requête civile, le désaveu et la tierce opposition. Nous allons examiner les deux premières, renvoyant l'examen des deux autres, à la partie de ce traité relative aux intérêts des tiers.

202. Les jugements en premier ressort pou-

vant être réformés par la voie de l'appel, lorsque les juges ont été trompés sur les faits, comme
quand ils se sont eux-mêmes trompés sur le
point de droit, le recours en requête civile est
interdit à leur égard; mais aussi tous les moyens
de dol qui peuvent rendre utile le recours en appel
sont les plus décisifs qu'on puisse présenter.

Nous nous bornerons à les examiner sous le
rapport de la requête civile.

203. Ce recours extraordinaire contre la chose
souverainement jugée, se retrouve dans les plus
anciens monuments de la législation. Chez les
Romains, le Préfet du prétoire jugeait souverainement. Ses décisions étaient réputées sacrées,
vice sacra principis judicabat. Cependant il
était permis par la loi unique, *Cod. de sent.
præf*, de se pourvoir, par supplique, contre ses
décisions : *non provocandi, sed supplicandi licentiam ministramus.* Telle est l'origine de la
requête civile, moyen admis pour faire rescinder
les jugements, dans diverses occurrences, mais
particulièrement lorsqu'ils ont été obtenus par
dol.

L'état actuel de notre législation à ce sujet,
est réglé par le titre 2ᵉ. du 4ᵉ. livre du Code de
procédure civile, et dans les onze moyens indiqués
par l'article 480, pour obtenir la rétractation
d'un jugement, le dol se présente trois fois;

1º. Le dol personnel ;

2º. Le dol matériel résultant de pièces fausses;

3º. Le dol personnel et matériel commis par la rétention de pièces décisives.

Après avoir développé ces trois ouvertures à requête civile, nous verrons quels sont les jugements contre lesquels ce recours peut avoir lieu; dans un cinquième paragraphe, le délai pendant lequel il doit être exercé, et dans le sixième, les preuves admissibles.

§. Iᵉʳ.

Dol personnel.

SOMMAIRE.

204. Notions préliminaires.
205. Mensonge.
206. Iᵉʳ. arrêt.
207. IIᵐᵉ. Arrêt.
208. Subornation de témoins.
209. Faux serment.
210. Suppression de pièces.
211. Jugement par défaut.
212. Dissimulation artificieuse.
213. Juge compromis.
214. Qualité nécessaire dans le demandeur.

204. La nouvelle loi, ainsi que celles qui l'ont précédée, se borne à signaler le dol personnel en général, et à l'indiquer comme le premier et le principal moyen, laissant aux juges le soin d'apprécier les circonstances qui doivent lui donner le caractère nécessaire, pour les déterminer à retracter un jugement.

L'orateur du gouvernement, dans son rapport au Corps Législatif, sur cette partie du Code de procédure, en fait apercevoir davantage les éléments : « Le jugement n'est que la déclaration de » ce qui est vrai et juste, sur les points contestés; » déclaration donnée par les organes de la loi, » il restera positivement établi qu'un jugement » surpris à la justice, par des attestations fausses » et mensongères, est considéré comme le produit » de ce dol, qui met toute décision judiciaire en » opposition avec ce qui est juste et vrai, et par » conséquent contre elle, un moyen de requête » civile. »

Mais c'est dans le Droit romain, cette mine féconde en toutes matières, que nous trouverons et des exemples, et des règles précieuses pour les appliquer.

205. La loi *Si prœtor, §. Marcellus,* 75, ff. *de judiciis,* fournit ce passage important : *Si per dolum sciens falso aliquid allegaverit, et hoc modo consecutum eum sententia prœtoris liquidò fuerit ad probatum : existimo debere judicem quœrelam rei admittere.*

Il importe de remarquer dans cette loi, les trois points dont elle exige le concours, pour que la plainte soit écoutée, il faut la preuve,

1º. Que des faits faux ont été allégués : *si....* *falso aliquid allegaverit;*

2º. Que celui qui les alléguait, savait qu'ils étaient faux, *si per dolum sciens;*

3o· Que le jugement ait été déterminé par ces faits, *et hoc modo conseculum, etc.*

Si, donc, des faits graves et décisifs avaient été exposés par une des parties, et non contestés par l'autre qui, les croyant vrais, se serait bornée à en contester les conséquences : si des juges avaient motivé leur jugement sur ces faits, et si on venait ensuite à découvrir qu'ils étaient faux, et que celui qui les articulait connaissait leur fausseté, il y aurait un dol personnel évident; la requête civile devrait être admise.

Cette première règle a reçu son application dans un arrêt de la Cour de Bruxelles, du 23 juillet 1810. (*Voy. le recueil de Sirey, vol. de 1814, 2e. partie, p.* 404.

206. En l'an xi, Saint-Génois, traitant avec ses créanciers, fut autorisé par eux, à vendre lui-même ses biens, pour leur en déléguer le prix, à condition que cette vente serait terminée dans un délai convenu. Elle ne le fut pas, et les créanciers se présentèrent à la Cour de Bruxelles, demandant à être autorisés à poursuivre cette vente. A l'audience, l'avocat de Saint-Génois imputa le retard involontaire de son client, à ce que le Conservateur des hypothèques avait été retardé lui-même, dans la radiation qu'il devait faire des inscriptions, avant la consommation de la vente; qu'il avait éprouvé ce retard de la part des créanciers eux-mêmes qui avaient

fait attendre pendant quelque temps la procuration d'un d'entr'eux. L'avocat des créanciers,
s'opposant à tout sursis, soutint que jamais le
Conservateur des hypothèques n'avait fait de difficultés, relativement à la radiation des inscriptions, et que l'assertion de Saint-Génois était
démentie par le certificat du Conservateur qu'il
remettait sur le burau.

L'avocat de Saint-Génois crut ne pas pouvoir
contester un fait qu'on disait appuyé de pièces
justificatives; la Cour elle-même, ne doutant pas
de la sincérité de ce fait, rejeta la demande en
sursis, et autorisa les créanciers à faire la vente.

Postérieurement, Saint-Génois, ayant la preuve
écrite de la fausseté de la dénégation opposée à
son avocat, se pourvut par requête civile devant
la même Cour, et obtint la rétractation de l'arrêt. Voici les motifs de cette nouvelle décision :
« Considérant que la dénégation articulée par
» les défendeurs, à l'audience du 13 fructidor
» an XII, que jamais le Conservateur n'avait fait
» difficulté à cet égard, c'est-à-dire, de ra-
» dier les inscriptions prises sur les biens, était
» contraire à la vérité; que cette vérité était
» portée à la connaissance des défendeurs, puis-
» qu'ils en avaient reçu la nouvelle de la maison
» Piat, leur correspondant à Tournai, du 13 ni-
» vôse an XII; que ce Conservateur avait élevé
» des difficultés relativement à la teneur de la

« procuration, qu'il prétendait être insuffisante,
» en ce qu'elle ne faisait aucune mention du
» sieur Meulacre, au nom duquel les inscriptions
» avaient été prises; de sorte qu'on n'a pu, dans
» l'intérêt de leur cause, articuler, sans trahir la
» vérité, une telle dénégation, non plus que l'ap-
» puyer de la pièce du 25 messidor an XII, pré-
» tendûment *qualifiée de certificat*, qui ne con-
» tenait pas la preuve du démenti de l'assertion
» que le Conservateur ait jamais fait des difficul-
» tés sur les radiations; que c'est cependant sur
» la foi de la sincérité de cette dénégation, de la
» part des défendeurs, que la Cour ne s'est pas
» déterminée à admettre les demandeurs à la vé-
» rification du fait par eux posé, que le retard
» des ventes et l'obstacle à leur continuation,
» étaient imputables aux défendeurs; que de ce
» qui précède, il résulte qu'il y a eu dans
« l'espèce *dol personnel*, suffisamment caracté-
» risé, pour prononcer l'admission des deman-
» deurs à la requête civile. »

207. La même règle est applicable dans le cas
où une partie articule des faits positifs, qui sont
niés par son adversaire; si, par la suite, la fausseté de la dénégation et la mauvaise foi de celui
qui l'a faite, se trouvaient complètement démon-
trées par écrit, le jugement obtenu, sur cette
dénégation, serait infailliblement rétracté.

Telle a été l'espèce d'un autre arrêt rendu par

la Cour de Colmar, le 20 mai 1820. (*Voy. le Re-cueil de Sirey*. *vol. de* 1820, *2ᵉ. partie, p.* 264.) En 1807, Widal avait entrepris la fourniture de cent soixante-quatorze chevaux pour un régi-ment de cuirassiers, et chargé Zipsel d'en rece-voir le prix. En 1808, Zipsel lui avait compté des sommes par lui reçues ; mais en 1814, Widal réclama de lui 20,591 fr., prix de quarante chevaux, dont il ne lui avait pas fait état. Zipsel reconnut qu'il ne lui avait pas compté de cette somme ; mais en prétendant qu'il n'y avait pas droit, parce que n'ayant pas pu fournir les qua-rante chevaux, un autre marchand les avait four-nis pour lui, et en avait été payé. Widal soutint ces faits faux ; et sur le fondement qu'il avait un titre écrit, il soutint la preuve testimoniale of-ferte par Zipsel inadmissible.

Le tribunal de première instance de Colmar avait admis Zipsel à prouver ses faits, tant par titre que par témoins ; mais le jugement fut ré-formé, le 22 avril 1819, par la Cour de la même ville, qui condamna Zipsel à payer à Widal les 20,591 fr. qu'il réclamait.

Quelque temps après, Zipsel parvint à se procurer deux lettres écrites par Widal lui-même, des 26 septembre 1807 et 26 mai 1808, énonçant formellement qu'effectivement, sur les cent soixante - quatorze chevaux qu'il avait dû fournir, quarante l'avaient été par un tiers qui avait dû en recevoir le prix , et s'empressa de se pourvoir par requête civile.

La Cour n'hésita pas à rétracter son arrêt. « Considérant, porte sa nouvelle décision , que » que les deux lettres , écrites par Widal, les » 26 septembre 1807, et 26 mai 1808 , sont » en contradiction manifeste avec le fait princi- » pal qui a servi de base à l'arrêt du 22 avril » 1819, avec l'allégation faite par Widal, lors de » cet arrêt, qu'il avait fourni les cent soixante- » quatorze chevaux stipulés au marché ;

» Que cette allégation sciemment mensongère, » ainsi faite à la justice par Widal dans son inté- » rêt personnel, constitue de sa part *un dol per-* » *sonnel,* à l'aide duquel il a trompé la justice , » et qui, par cela même , rentre dans les causes » de requête civile établies par l'article 480 du » Code de procédure civile ;

» Qu'à la vérité ces deux pièces , non pro- » duites lors du premier arrêt, ne peuvent pas » être considérées comme ayant été retenues par » le fait de l'adversaire de Zipsel, ni comme » pouvant, sous ce rapport, isolément et comme » pièces nouvellement découvertes , donner ou- » verture à requête civile ; mais que ce n'est pas » isolément et comme pièces nouvellement dé- » couvertes, pouvant influer sur le jugement de » la cause, que Zipsel les produit, mais bien et » uniquement comme preuve du dol personnel

» qu'il impute à Widal, et comme rentrant dans
» le nᵒ. 1ᵉʳ. de l'article 480;

» Qu'en effet, le dol personnel, la première et
» la plus péremptoire de toutes les causes de re-
» quête civile, peut être prouvé par tous moyens,
» par toutes pièces, et à bien plus forte raison, par
» des pièces émanées, même de la partie qui en
» est inculpée; que la loi laisse à la justice, la
» plus grande latitude pour apprécier et recon-
» naître les indices et les preuves du dol, et à
» bien plus forte raison, celle d'admettre la moins
» équivoque, ou plutôt la plus évidente de toutes
» les preuves, c'est-à-dire, des lettres positives
» écrites en entier de la main de Widal, par les-
» quelles, contrairement à ce qu'il a allégué, lors
» de l'arrêt du 22 avril 1819, il reconnaît que la
» totalité des cent soixante-quatorze chevaux n'a
» pas été livrée par lui; ce qui constitue un men-
» songe à justice, un dol personnel des plus ma-
» nifestes, qu'il est du devoir de la Cour de pro-
» clamer, en rapportant l'arrêt surpris à sa reli-
» gion, à la faveur de ce dol. »

A cette première règle, signalant, dans les allégations fallacieuses et les dénégations mensongères, bases d'une décision injuste, le dol personnel qui doit la faire rétracter, il faut joindre
celle que le dol existe et produit son effet, non-
seulement quand c'est à la partie elle-même qu'on
peut le reprocher, mais encore quand c'est par

l'organe de son avocat, ou de sou avoué, ou de tout autre mandataire, que les magistrats ont été trompés. Par cela seul qu'elle s'oppose à la rétractation du jugement, elle s'empare de l'avantage que le dol lui a procuré, et ratifie tout ce qui a été fait et dit pour l'obtenir; aussi MM. Pigeau et Carré, dans leurs Traités sur la procédure, ont-ils enseigné qu'il était indifférent que le dol personnel eût été commis par la partie ou par ses mandataires.

Lors de l'arrêt du 23 juillet 1810, que nous venons de rapporter, le moyen le plus spécieux qu'on opposât à la requête civile de Saint-Génois, était que les déclarations dont on se plaignait avaient été faites par l'avocat de la cause, en l'absence de ses cliens. Cette subtilité fit si peu d'impression sur la Cour de Bruxelles, qu'elle ne daigna pas en faire mention dans les motifs de son arrêt; mais M. Merex, substitut du procureur général, fit, à ce sujet, une réflexion très-judicieuse : « Le dol est devenu per- » sonnel à la partie, dès quelle s'est approprié, » comme elle l'a fait, l'arrêt qui en est résulté, et » qu'elle en a retité tous les avantages; sans » cela il faut supprimer le dol, comme moyen » de requête civile; car jamais plaideur ne vien- » dra l'employer en personne devant la Cour. »

208. Le second exemple fourni par le Droit romain, est celui d'un jugement surpris à la justice, par la subornation des témoins.

*Si tibi probaverit, conspiratione adversario-
rium et testibus pecuniâ corruptis oppressum se;
et rem severè vindica; et si qua à judice tam malo
exemplo circumscripto judicata sunt, in integrum restitue, l. Divus Hadrianus, 33, ff. de
re.jud.*

La même règle est reproduite dans la loi *Falsam, 3, Cod. si ex falsis inst.*

L'article 365 du Code pénal punit, de la peine
des travaux forcés, le coupable de subornation
de témoins. Si donc, après un jugement rendu
sur une preuve testimoniale, il y a plainte en subornation de témoins, et en faux témoignage
contre les témoins, et que l'une et l'autre culpabilité soient prononcées, la partie condamnée
par le jugement civil, pourra faire rétracter le
jugement; le dol personnel de son adversaire
étant devenu manifeste.

Despeisses, *tit.* 12, *sect.* 2, *art.* 1er., *n°.* 7,
en fait une des règles de notre droit.

Domat, 2e.*p. liv.* 4, *tit.* 9, *art.* 3, indique également la loi *Falsam*, comme contenant un des
principes qui doivent diriger en cette matière.

Nous ferons, sur ce sujet important, plusieurs
remarques essentielles.

1°. Ce n'est pas le faux témoignage seul qui
fait la base de ce moyen de rétractation, mais il
faut qu'il soit en même temps prouvé que ce
faux témoignage a été obtenu par la subornation,

.et que l'adversaire est le coupable de ce dernier crime; c'est pourquoi nous venons de dire que la rétractation est prononcée, *quand l'une et l'autre culpabilité sont jugées.*

La tentative de subornation qui aurait été sans succès, serait indifférente pour le procès civil.

Le faux témoignage, sans subornation de la part de la personne intéressée, comme il peut arriver dans la déposition de témoins méchants et vindicatifs, n'incriminerait point cette personne intéressée; *c'est son dol personnel* qui doit être prouvé; celui des tiers n'est d'aucun poids en cette circonstance; c'est pourquoi la rétention d'une pièce décisive, dol très-grave, ne fait ouverture à la requête civile que quand elle a été commise par l'adversaire. Aussi la loi *Divus Hadrianus,* que nous venons de citer, porte · *Si tibi probaverit conspiratione adversariorum et testibus pecuniâ corruptis, oppressum se.*

2°. Cette expression, *pecuniâ,* ne doit pas être regardée comme limitative; la perversité des hommes fait trop souvent reconnaître que l'argent n'est pas le seul moyen qui puisse suborner un âme dépravée. L'article 364 du Code pénal exprime plus généralement ces moyens : argent, récompenses quelconques ou promesses. Si la subornation a produit son effet, il y a eu dol personnel, c'est tout ce que la justice doit savoir pour rétracter sa décision.

3°. La réunion des deux circonstances, de la subornation et du faux témoignage obtenus par elle, ne suffirait pas encore, s'il ne devenait pas certain, pour les juges, que la décision attaquée n'a été déterminée que par les dispositions jugées fausses : *Si qua à judice tam malo exemplo circumscripto judicata sunt.* Il peut arriver , dans un procès compliqué, que les juges se soient décidés par d'autres notions que celles résultantes de l'enquête, ou qu'ayant pris cette enquête en considération, ce ne soit pas dans les dépositions jugées fausses qu'ils aient pris leur opinion. Pour rétracter le jugement, il faut que le magistrat trouve , dans sa conscience, la certitude qu'il aurait jugé autrement, si les témoins ne l'avaient pas trompé.

4°. La corruption des experts doit être assimilée à la subornation des témoins. Ils sont de véritables témoins du point de fait , qui doit amener, de la part des juges, l'application du point de droit. Comme les témoins , ils se lient par serment, en promettant la vérité; ils sont sujets à la récusation, comme les témoins à être reprochés. C'est sur la foi due à leurs rapports, que les décisions les plus importantes de la justice sont rendues ; nommés par les parties de concert, ou d'office par les juges, ils inspirent plus de confiance que des témoins amenés par celui qui en a besoin; leur corruption est donc un crime beaucoup plus grave que le faux témoignage. Si le Code pénal ne les ayant pas nominativement signalés, la question criminelle pouvait faire quelques difficultés, certes, en matière civile, il ne peut pas y en avoir de sérieuses : le dol personnel de celui qui les aurait corrompus serait évident.

209. La loi *Admonendi*, 31 ff. *de jurejurando,* donne un troisième exemple : Dans le cas où les juges, à défaut de preuves, auraient déféré d'office le serment à l'une des parties, dont ensuite le parjure serait prouvé, *Admonendi sumus., interdum etiam post jusjurandum exactum, permitti constitutionibus principum, ex integro causam agere; si quis nova instrumenta se invenisse dicat, quibus nunc solis usurus sit, sed hœ constitutiones tunc videntur locum habere cum a judice aliquis absolutus fuerit... quod si aliàs inter ipsos jurejurando transactum sit negotium, non conceditur eamdem causam retractare.*

Rebuffe dans son traité *de litteris civilibus, art. unique, gl.* 2, *n°.* 28, et Despeisses, *à l'endroit déjà cité, n°.* 6, rappellent cette loi comme précieuse à observer.

Pothier dans ses Pandectes, *lib.* 12, *tit.* 2, *sect.* 2, *art.* 51, *note* 9, s'exprime ainsi : *Hoc singulari casu quo inopiâ probationum, et jurejurando à judice delato, causa decisa est, ex integro restaurari potest propter instrumenta postea reperta : regulariter autem per instrumenta de novo reperta ex integro non retractatur res judicata.*

Pigeau, dans son Traité de procédure civile, *tom.* 1, *p.* 628, met également le faux serment parmi les moyens de rétractation des jugements ; mais il ajoute : « Pourvu que la preuve du par-« jure ne résulte pas d'une pièce gardée par le » condamné. »

Cette restriction est fort vague ; il n'est pas facile d'en apercevoir le véritable sens ; mais quel qu'il soit, on ne peut y voir qu'une grave erreur. On ne doit pas ainsi ajouter aux rigueurs de la loi, surtout quand elle a pour objet de réprimer la mauvaise foi, et de faire réparer une injustice.

L'article 480 du Code de procédure, comme l'ordonnance de 1667, comme la loi *Si prætor*, donne pour première ouverture à rétractation des jugements, *le dol personnel*, et cela sans res-triction ni condition. Si donc, il résulte d'une pièce la preuve qu'un jugement a été obtenu par le plus révoltant des mensonges, par un parjure, le dol personnel sera évident, et, sans déni de justice, les tribunaux ne pourront pas se refuser à révoquer la première décision. Il n'est certes, pas présumable que la personne lézée par le dol, eût cette pièce en sa possession, lors du jugement dont elle se plaint, et pourrait-on admettre le parjure, non pas à se justifier, mais à prouver que son adversaire pouvait, dès la première audience, confondre son imposture.

Probablement Figeau a confondu *le dol personnel*, faisant la première ouverture de requête civile, avec la dixième fondée sur les pièces décisives, découvertes depuis le jugement attaqué ; confusion qui a été faite devant la Cour de Colmar, et dont elle a parfaitement démontré le vice, par son arrêt du 20 mai 1820, nous n'ajouterons rien à sa démonstration. *Voy. ci-dessus*, n°. 207.

Nous rappellerons seulement que Zipsel, muni de lettres de Widal, prouvant l'injustice de la condamnation qu'il avait obtenue contre lui, en paiement de quarante chevaux, que faussement il prétendait avoir livrés, la condamnation fut révoquée, sans qu'on se soit occupé de savoir, quand et comment Zipsel s'était procuré ces lettres. A la vérité, Widal n'avait pas été admis au serment; mais sa déclaration, appuyée de l'acte dont il se prévalait, avait déterminé l'arrêt. Un mensonge fortifié par un crime, loin d'affaiblir la sévérité des magistrats, ne peut que l'exciter davantage.

. Comme on a pu le remarquer, tout ce qui vient d'être dit sur le faux serment n'a pour objet que le serment déféré par le juge, s'il l'a été par la partie, tout recours lui est interdit. Le

Code civil, porte, article 1363 : « Lorsque le ser-
» ment déféré ou référé a été fait, l'adversaire
» n'est pas recevable à en prouver la fausseté. »

C'est ainsi que cet article a été interprété
par M. Merlin, dans un de ses requisitoires rapporté dans le *Répertoire de Jurisprudence, au mot
Serment*, §. 2, art. 2, n° 8.

« Ils (les héritiers de Philippe André) n'en
» peuvent pas moins, si l'arrêt subsiste, s'en faire
» un moyen de requête civile contre le jugement
» en dernier ressort du 8 mai, et ils n'en tireront
» pas moins de cet arrêt le même fruit que s'ils
» l'avaient provoqué personnellement; il en se-
» rait autrement, sans doute, si le jugement du
» 8 mai avait été rendu d'après un serment qu'ils
» eussent eux-mêmes déférés à Merlin neveu :
» dans cette hypothèse, l'article 1363, leur fer-
» merait la porte à toute réclamation, dans leur
» intérêt privé, et ne laisserait qu'au ministère
» public, le soin de poursuivre le parjure. »

On doit d'autant plus s'attacher à cette interprétation que, par elle, la législation se trouve
conforme à celle antérieure.

210. Un quatrième exemple de dol personnel,
se trouve dans Boniface, *tom*. 4, *liv*. 1, *tit*. 12,
n°. 10. Lors de l'examen d'un procès important,
une pièce propre à déterminer les juges avait
disparu, et l'arrêt avait décidé dans un sens contraire à celui que cette pièce aurait fait adopter;

sur le recours en requête civile, la suppression de la pièce, du fait de celui qui avait obtenu le premier arrêt, fut établie, ainsi que les fausses conséquences qui en étaient résultées; le Parlement de Provence, le 23 juin 1644, rétracta l'arrêt.

211. Dans son traité de Procédure, *tom.* 1, *p.* 628, Pigeau donne un cinquième exemple. Il suppose deux personnes en procès qui conviennent de suspendre leurs hostilités pendant l'absence de l'une d'elles, absence dont l'autre profite pour obtenir un jugement par défaut, devenu fatal au retour de l'absent. Très-certainement il y aurait dans cette conduite un dol formel, et, si la partie condamnée avait de justes moyens sur le fonds, la première décision devrait être révoquée. Nous ferons cependant observer qu'on ne pourrait obtenir ce succès, qu'autant que la convention de suspension de procès serait prouvée par écrit : la preuve testimoniale étant difficilement admise en cette matière, surtout quand le dol consiste dans l'inobservation de promesses, dont on a pu se procurer la preuve littérale. *Voy. ci-dessus section Ire., chapitre III, et ci-après* §. 6.

212. Les décisions de la Cour de Dijon, et de celle de cassation, dans un instance du sieur de Tessé, contre la commune d'Ecuelle, fournissent un sixième exemple du dol personnel par

la simple dissimulation artificieuse , *Calliditas.*

La Commune d'Ecuelle avait obtenu , le 15 floréal an xi , contre le Gouvernement représentant le sieur de Tessé alors émigré , une sentence arbitrale qui lui restituait un pré , comme usurpé sur elle , par la puissance féodale. Le sieur de Tessé réintégré dans ses droits , s'était pourvu en cassation ; mais son pourvoi avait été rejeté le 3 ventôse an xi.

Quatre ans après , en 1807 , il prit contre cette même sentence , la voie de la tierce opposition devant la Cour de Dijon , et obtint , le 29 juillet 1809 , un arrêt qui le renvoya en possession du pré , attendu que la Commune ne justifiait pas de son ancienne possession , et que le sieur de Tessé représentait un titre d'acquisition.

Dix ans plus tard , la Commune, ayant découvert le pourvoi en cassation de l'an xi , et le rejet qu'avait éprouvé le sieur de Tessé , attaqua l'arrêt , du 29 juillet 1809 , par la requête civile. Son moyen fut que le sieur de Tessé n'avait obtenu cet arrêt qu'en dissimulant l'arrêt de cassation, qui avait rendu immuable la sentence arbitrale , du 15 floréal an xi , et qu'en cela il avait commis le dol personnel , signalé comme première ouverture de requête civile.

Par arrêt du 5 janvier 1810 , la Cour de Dijon admit la requête , et parmi ses nombreux motifs , nous ferons particulièrement remarquer celui-ci

« Considérant, en fait, que de Tessé sachant que
» la sentence arbitrale avait l'autorité de la chose
» jugée, et que la Commune était irrévocable-
» ment propriétaire du pré Triau, par la force
» de l'arrêt de rejet, au mépris de cet arrêt, qui
» lui était personnel, a introduit une instance
» qui eût été proscrite si l'arrêt eût été connu,
» et obtenu, à l'aide de cette dissimulation, le
» dépouillement de la Commune : que cette con-
» duite caractérise le dol, d'après la définition
» des lois : que le dol est en effet, *omnis calli-*
» *ditas, fallacia, machinatio ad circumve-*
» *niendum, fallendum, decipiendum alterum :*
» que *calliditas* signifie l'adresse à dissimuler ce
» qui est, d'où il suit que la fraude se commet,
» non-seulement en disant ce qui n'est pas, mais
» encore en taisant ce qui est. *Non solum qui*
» *obscure loquitur, verum etiam qui insidiose*
» *dissimulat :* qu'il suit de-là que de Tessé, en
» trompant sa partie adverse et la justice elle-
» même, par un silence frauduleux, a commis
» un dol, qui peut trouver une sorte d'excuse
» dans le for intérieur, à raison de l'extrême ri-
» gueur des lois qui l'avaient primitivement dé-
» possédé, mais qui, dans le for extérieur, n'en
» est pas moins expressément caractérisé par la
» loi, d'où la conséquence que l'ouverture de la
» requête civile est applicable. »

Le sieur de Tessé éprouva une égale sévérité

sur son pourvoi en cassation. L'arrêt de rejet est du 19 février 1823. (*Voy. le Recueil de M. Sirey* , *t.* 23 , *p.* 189.)·

213. Au surplus, ces divers exemples ne sont qu'indicatifs de ce qu'un homme fourbe et hardi peut se permettre, même dans le sanctuaire de la justice : toute autre machination qui aurait suggéré aux magistrats, un jugement indigne d'eux, donnerait utilement ouverture à requête civile.

Il faut en excepter le cas où ces machinations auraient été favorisées par des membres du tribunal, elles ne présenteraient pas un simple dol, mais le crime de corruption prévu par l'article 177 du Code pénal. Il est tellement de l'essence de la requête civile, de ne rien contenir qui soit personnel à ceux qui ont rendu le jugement, que c'est devant eux qu'elle doit être portée, et n'avoir pour but que de leur prouver l'erreur dans laquelle le dol les a placé, qu'elle est appelée *civile,* parce que la rédaction doit en être respectueuse, suivant les expressions de la loi *Si prœtor : non provocandi, sed supplicandi, licentiam administramus.*

214. Enfin, quelqu'ait été, dans un procès, le dol personnel d'une des parties., pour que l'autre puisse, en s'en prévalant, faire retracter le jugement, il faut qu'elle ait droit et qualité pour s'en plaindre.

Une dame Chibon se disant fille et unique hé-
tière de Rousselet-Beaucourt, et comme telle,
prétendant droit à la terre de Bernonville, avait
vendu ses droits au sieur Dupare. Plusieurs années après, en floréal an III, elle avait obtenu
contre lui, dans un des tribunaux de Paris, un
jugement qui annulait cette cession, tandis que
dans un autre, il l'avait fait condamner à lui remettre tous ses titres de la terre qu'elle lui avait
vendue. Sur leurs appels respectifs, le jugement
favorable à la dame Chibon avait été confirmé,
et celui favorable au sieur Dupare avait été réformé.

Le sieur Dupare se pourvut en requête civile,
muni de pièces dont il paraissait résulter que la
dame Chibon n'était qu'un enfant adultérin de
Rousselet-Beaucourt. Il en concluait qu'en usur-
pant une qualité qu'elle n'avait pas, elle avait
commis, à son égard et à l'égard des juges, un
dol personnel, pour conquérir une propriété, à
laquelle elle n'aurait aucun droit. Sa requête fut
rejetée par arrêt de la Cour de Paris, du 28 floréal an XII. Un des motifs de cet arrêt est « Que
» le sieur Dupare étant étranger à la famille de
» Rousselet-Beaucourt, n'était pas son héritier,
» et que l'action par lui dirigée contre la dame
» Chibon, quand elle serait fondée, ne lui pro-
» fiterait pas. » (*Voy. le Journal du Palais*, 2e.
sém., an XII, *p.* 365.)

§. 2.

Pièces fausses.

SOMMAIRE.

215. Caractère.
216. Auteur du faux.
217. Motifs du jugement.
218. Silence sur le faux lors du jugement.

215. La neuvième ouverture à requête civile, donnée par l'article 480 du Code de procédure, est pour le cas où le jugement est rendu *sur pièces reconnues ou déclarées fausses depuis.* Ce moyen est puisé dans les lois 1, 2 et dernière *cod. si falsis inst. et test. judicatum sit. Si ex falsis instrumentis circumventa fuerit religio judicantis, non obstat prescriptio rei judicatæ, et si quis falsis instrumentis victum se probaverit, etiam si non probaverit ex integro, de causâ auditur.*

Trois points essentiels sont à remarquer à ce sujet.

216. 1°. A la différence du dol personnel, qui n'est utile en requête civile, qu'autant qu'il a été commis par celui qui a obtenu le jugement, quelque soit l'auteur du faux de la pièce produite en justice, il suffit que ce dol matériel soit reconnu ou déclaré, pour que ceux-là mêmes qui ont rendu la décision s'empressent de la briser.

217. 2°. Ils ne prononceront cependant cette

révocation, que convaincus que la pièce fausse est celle qui a dicté leur opinion, et qu'en son absence ils auraient jugé autrement. Non-seulement les simples lumières de la raison leur font apercevoir cette règle ; mais elle est écrite dans ces expressions de la loi, *circumventa fuerit religio judicantis.... si. ..falsis instrumentis victum se probaverit.* On la retrouve encore dans la réponse de l'empereur Alexandre donnant la loi 3, *eod. tit. Nam causa judicati in irritum non devocatur, nisi probare poteris cum qui judicaverit, secutum ejus instrumenti fidem, quod falsum esse constiterit adversus te pronuntiasse.*

Le Prêtre dans son recueil, 2e *centurie chapitre* 69, rapporte un arrêt du Parlement de Paris de 1608, auquel il a participé comme magistrat, qui a confirmé cette règle.

Pontac soutenait la validité d'un testament contre lequel on articulait des faits de captation et suggestion, en argumentant surtout, d'un acte d'émancipation. Un premier arrêt avait admis la preuve des faits articulés. Pontac demanda la rétraction de cet arrêt, en prouvant que l'acte d'émancipation était faux. Ses efforts furent inutiles, les juges s'étant assurés que, quand cet acte n'eût pas été produit, ils auraient ordonné la preuve des faits.

Le même point de droit a servi de fondement à un arrêt de la Cour de Paris, du 23 juin 1810.

Le sieur Defrance avait formé plusieurs demandes contre les sieurs Witersheim, rejetées en définitive par un premier arrêt. Sur une plainte en faux par lui portée devant la Cour criminelle, il avait également succombé; mais cette Cour avait ordonné qu'un bordereau de vente, reconnu faux dans la date, qui avait été altérée, resterait au greffe. Ce bordereau ayant été produit dans le procès civil, le sieur Defrance se crut fondé à se pourvoir en requête civile contre l'arrêt qui avait rejeté ses demandes. Il succomba encore dans cette dernière tentative. «Attendu, porte l'arrêt, que le faux, déclaré » par la Cour criminelle, a été sans influence » sur l'arrêt présentement attaqué, ainsi qu'il » résulte des motifs de cet arrêt, qui sont plei- » nement indépendants de la date du borde- » reau. » (*Voy. le Journal du Palais*, 2e. sém., 1810, *p.* 355.)

218. Le faux est encore indifférent en requête civile, si, lors du jugement dont on demande la retractation, les pièces depuis jugées fausses avaient été attaquées comme telles, et si les juges, au lieu de suspendre la procédure civile, avaient statué : ils auraient, par là, suffisamment décidé que le point litigieux était indépendant de la réalité du faux annoncé. Despeisses fait cette judicieuse observation, *tom.* 2, *tit* 12, *sect* 2, *art.* 1, *n^o.* 5.

I.   26.

§. 3.

Pièces décisives retenues par le fait de la partie adverse.

SOMMAIRE.

219. Pièces décisives retenues par l'adversaire.
220. Arrêt.
221. Expédition d'acte retenu.
222. Fin de non recevoir, si on a pu se procurer la pièce.
223. Arrêt.

219. Les expressions de l'art. 480 du Code de procédure¹, à ce sujet, contiennent tous les développements nécessaires. Il faut que les pièces recouvrées soient décisives, c'est-à-dire, qu'il soit évident que leur apparition dans le procès aurait, très-certainement, conduit à une autre solution que celle prononcée.

Il faut encore qu'il soit prouvé qu'elles étaient retenues par le fait de la partie adverse. C'est effectivement cette seule circonstance qui constitue la partie adverse en état de dol, autrement la partie lésée ne peut s'en prendre qu'à elle-même, ou à une déplorable fatalité, qui n'a pas permis qu'elle les trouvât avant le jugement.

Le concours de ces deux circonstances, qui est indispensable, ne peut que très-rarement se rencontrer; aussi la loi 4, Cod. *de re jud.* s'exprime-t-elle ainsi : *sub specie novorum instrumentorum, postea repertorum, res judicatas restaurari, exemplo grave est.*

22o. La Cour de Paris a eu, le 1er. février
181o, occasion de juger une cause de grand intérêt, dans laquelle ces règles ont été approfon-
dies. Son arrêt peut jeter des lumières sur cette
matière difficile.

Hainguerlot, créancier des frères Michel, de
près d'un million, avait cédé sa créance au sieur
Laidier, avec la faculté de se servir de son nom
dans les contestations qui pourraient naître. Laidier avait fait notifier son transport à un des
frères Michel; et cependant il avait fait un compromis avec eux, sous le nom d'Hainguerlot. Sur
l'ordonnance d'*exequatur* du jugement arbitral,
un arrêt du 18 août 18o9, les avait définitivement condamnés, en rejetant leur opposition à
cette ordonnance. Demandeurs en requête civile, ils la fondaient sur ce que, depuis cet arrêt,
Laidier les poursuivait en son nom, et qu'avant
il avait caché son transport; tandis que, s'ils
l'eussent counu, ils lui auraient payé le prix.

Leur requête fut rejetée par divers motifs, et
notamment parce que le transport n'avait pas
été retenu, puisqu'il avait été notifié à un des
frères Michel; et que, d'ailleurs, eût-il été produit, il n'aurait pas déterminé une autre décision que celle rendue. (*Voy. le Journal du
Palais*, 1er. *sém.* 1811, *p.* 411.)

221. Un des autres motifs de cet arrêt mérite
une attention particulière; il porte : « On ne

» peut dire, dans aucun sens, que la pièce ait été
» retenue par le fait de la partie adverse , puis-
» que cette pièce est un acte authentique , fait
» avec minute chez un notaire, et transcrit dans
» le registre public. »

Faut-il donc tenir pour règle invariable que ,
quand la pièce retenue par le fait de l'adversaire
n'est que l'expédition d'un acte portant minute
et enregistré, il faudra toujours repousser le demandeur en requête civile? Nous sommes très-
éloignés de le penser; et il est très-probable que ,
si la Cour n'avait pas eu des motifs beaucoup
plus puissants, elle n'aurait pas adopté celui-là.

Nous pensons fermement, au contraire, qu'à
moins de circonstances donnant à penser que
le demandeur en rétractation a pu connaître
l'existence de l'acte, qu'il fût avec, ou sans minute privé ou authentique , s'il se trouve décisif,
et si la partie adverse, en le retenant, a plaidé
comme s'il n'existait pas , il y a ouverture à requête civile sous deux rapports : d'une part, dol
personnel très-caractérisé ; de l'autre, rétention
de pièce décisive.

Supposons deux frères , dont l'aîné est resté
dépositaire des titres de famille, qui plaident
sur la question de savoir si un héritage , possédé par cet aîné, dépend ou non de la succession de leur père. Le puiné ne prouvant pas suffisamment cette origine, voit rejeter sa demande.

Après le jugement, un inventaire a lieu chez l'aîné, et le contrat par lequel le père a acheté cet héritage est découvert.

La mauvaise foi du possesseur de ce titre commun, qui le possédait pour toute la famille, ne devrait-elle pas déterminer les juges à révoquer leur jugement? Opposer que cet acte était en minute chez le notaire et avait été enregistré, ne satisferait la conscience de personne; parce que ces dépôts sont publics, dans ce sens, qu'on a le droit d'y puiser lorsque déjà l'on sait, ou qu'au moins on soupçonne, qu'on peut y trouver ce qu'on désire; mais sans ces premières notions, ils ne sont d'aucun secours : tout ce qu'on pourrait dire de contraire ne serait que vaines subtilités.

222. Quand la loi autorise à provoquer la rétractation d'un jugement, parce qu'une pièce décisive a été retenue par la partie adverse, elle suppose le concours de deux circonstances, auxquelles elle attache ce secours extraordinaire : la première, que la partie lésée ignorait, lors du jugement, que cette pièce fût en la possession de son adversaire, ou n'avait aucun moyen de l'en convaincre; la seconde, que celui-ci avait mis dans sa défense une dissimulation artificieuse, constituant un véritable dol : c'est surtout cette déloyauté qui est supposée dans la disposition de l'article 480, et qui en fait le principal motif. En sorte que, si le demandeur en ré-

quête civile. a pu savoir que cette pièce était en
la possession de son adversaire, et s'il avait le droit
de se la faire représenter, il sera non recevable
à prétendre que la pièce était retenue par le fait
de cet adversaire.

Tel serait le sort d'un commettant, qui, plaidant contre son fondé de pouvoir, avant de s'être
fait remettre les pièces justificatives de la gestion,
et sans même les avoir demandées en commu-
nication, trouverait, après le jugement, une pièce
qui, connue plutôt, aurait pu faire résoudre tout
autrement les difficultés élevées entr'eux.

Il faudrait opposer la même rigueur à un co-
héritier, qui n'examinerait les titres de la succession qu'après qu'un jugement aurait liquidé et
irrévocablement fixé ses droits.

223. Cette question a été ainsi jugée par un
arrêt de la Cour de Paris, du 28 novembre 1810.
(*Voy. le recueil de Sirey* 1814, 2e. *partie,
p.* 406.) Les sieurs Vincent, Hervé et Huré,
entrepreneurs en société de l'éclairage de Paris,
plaidaient entr'eux, pour savoir si le sieur Sau-
grain avait un intérêt dans leur société. Jugés
d'abord par le tribunal de commerce, ils réglè-
rent leur procès sur appel, par un arrêt d'expédient. Après l'arrêt, les sieurs Vincent et Huré
trouvèrent dans les papiers de la société, qui
jusques-là étaient restés en la garde du sieur
Hervé, des pièces qui, suivant eux, leur don-

naient des droits beaucoup plus considérables
que ceux que l'arrêt leur attribuait : ils eurent
recours à la requête civile , mais sans succès.
« Les pièces représentées, porte l'arrêt , en les
» supposant décisives , n'ont point été retenues
» par le fait de la partie adverse. Ces pièces qui,
» par leur nature , étaient communes et appar-
» tenaient à toute la société , quoiqu'habituel-
» lement entre les mains d'Hervé et confiées à sa
» garde, pouvaient être réclamées et consultées
» à chaque instant par tous les associés ; rien
» ne justifie que les demandeurs, lors du procès
» jugé en l'an 13 , aient demandé la communi-
» cation de ces pièces, et qu'elle leur ait été
» refusée, ni qu'ils aient fait, à cet égard, aucune
» tentative pour vaincre la résistance d'Hervé. »

§. 4.

Jugements contre lesquels la requête civile est
admissible.

224. L'article 480 du Code de procédure, n'admet la requête civile que contre les jugements en
dernier ressort, *des tribunaux de première instance et des Cours royales.* Il est dès-lors évident que ceux des juges de paix ne peuvent pas
être atteints par ce recours; mais l'est-il également que ceux des tribunaux de commerce en
soient affranchis?

225. A l'égard des juges de paix, le motif de

leur exception est facile à apercevoir, dans l'exi-
guité des valeurs sur lesquelles ils ont à prononcer : il n'en est pas de même des tribunaux de
commerce ; leur compétence souveraine est égale
à celle des tribunaux civils. Si, d'un côté, leur
pouvoir paraît moindre, parce qu'il ne s'étend
pas sur les matières réelles, de l'autre, il a plus
d'importance, en ce qu'ils jugent beaucoup plus
souvent sans appel, que tel est le plus grand
nombre de leurs jugements, et qu'ils prononcent
toujours la contrainte par corps.

Néanmoins Pigeau n'hésite pas à les comprendre dans l'exception tacite de cet article.

Quand son interprétation devrait être suivie,
ce ne pourrait pas être par les considérations
qu'il a supposées.

Ces tribunaux, à l'entendre, n'ont pas les connaissances nécessaires pour statuer sur les questions que ce recours peut faire agiter. Quelles que
puissent être ces questions, si elles sont relatives
à la forme, elles ne peuvent pas être plus abs-
traites que celles sur la tierce opposition, dont
ces tribunaux sont investis comme les autres ; si
elles sortent du fond, la matière ne change pas
de nature, et ne cesse pas d'être commerciale.

Il ajoute, pour second motif, qu'il faut devant
les tribunaux éviter *les lenteurs et les entraves*.
Sans doute il faut éviter ce fâcheux inconvénient,
mais il faut, en le fuyant, se garder de tomber

dans un pire ; et c'est se tromper très-gravement,
que de ne voir que des lenteurs et des entraves
dans la précieuse faculté de faire réparer par la
justice, les erreurs que le dol a pu lui faire commettre : nous irons jusqu'à dire, que c'est surtout dans les tribunaux de commerce, que ces
surprises peuvent avoir lieu ; c'est là qu'arrivent
en foule les créances et les libérations sans écrit ;
c'est là aussi que, par une suite inévitable, le serment et la preuve testimoniale, (celle-ci presque
toujours y est admissible) sont prodigués ; c'est
donc là sur-tout qu'il importe de pouvoir réprimer les abus qu'on peut en faire.

Ce n'est pas protéger le commerce, que de le
livrer aux faussaires et aux parjures ; et on le leur
livrerait, si les succès obtenus à la faveur de
pièces fausses, de faux serments, de témoins ou
experts corrompus, étaient pour les coupables des
droits irrévocablement acquis ; en telle sorte que
la condamnation même de ces coupables par les
cours criminelles ne leur fit pas lâcher leur
proie.

En admettant, au contraire, dans ces cas là
requête civile, les lenteurs et les entraves sont
salutaires, et ne peuvent gêner que les fripons.

Il faut en convenir, aucune considération raisonnable n'a pu faire concevoir cette exception ;
mille considérations sérieuses auraient réclamé
une résolution contraire ; et si le texte de la loi

semble contenir l'exception, on ne peut l'attribuer qu'à l'imprévoyance.

Dans l'ancien ordre judiciaire, les juridictions
consulaires ne jugeaient jamais en dernier ressort; c'est pourquoi l'Ordonnance de 1667 ne
parle que des sentences présidiales et des arrêts
de la Cour. En préparant le Code de procédure,
et le calquant en grande partie sur cette Ordonnance, on ne se sera pas rappelé que la loi du
24 août 1790 avait donné aux tribunaux de
commerce la même compétence souveraine
qu'aux tribunaux civils; et de là, très-probablement, est venue leur exception implicite, s'il faut
entendre ainsi la rédaction de l'article 480; mais
nous pensons qu'on peut l'entendre autrement.

D'abord, l'exception fut-elle reconnue fondée,
on ne pourrait pas lui assigner pour cause la
nature des contestations commerciales, puisque
celles de ces contestations qui, sur appel, sont
portées devant les Cours royales, sont incontestablement soumises au recours en requête civile;
puisque dans les Arrondissements, ou, à défaut
de tribunal de commerce, ces contestations sont
jugées pas le tribunal civil, le recours est également admissible. Il faudrait donc le rejeter uniquement parce que les jugements attaqués auraient été
rendus par des juges de commerce. Cette bisa-
rerie serait moins une interprétation qu'une critique amère de la rédaction de la loi; et l'on ne

doit l'adopter qu'autant qu'il ne sera pas possible d'en reconnaître une autre.

Or, il nous semble que, dans l'article 480, la locution *tribunaux de première instance*, est générale, et comprend ceux de commerce, comme les tribunaux civils. Ils sont, les uns et les autres, tribunaux de première instance, et placés absolument sur la même ligne. Dans certains Arrondissements le pouvoir judiciaire, est exercé sans partage par les tribunaux civils; dans les autres, il est partagé entre les juges civils et les juges commerçants; mais avec la même mesure et les mêmes règles de compétence; qui les subordonnent aux mêmes Cours.

On peut ajouter que le Ministère public doit être entendu dans les instances sur requête civile, et qu'il n'y en a pas près des tribunaux de commerce; mais on doit observer que cette participation nécessaire du Ministère public n'est relative qu'aux tribunaux civils, puisque ceux de commerce, malgré l'absence de ce Ministère, jugent dans plusieurs cas où il devrait être entendu, notamment dans les déclinatoires et les causes des mineurs héritiers de commerçants, et dans les tierces oppositions.

Nous dirons enfin que si, sur cette question, la lettre de la loi doit être entendue comme Pigeau l'a enseigné, on ne peut pas trop se hâter de faire cesser dans notre législation cette fatale disparate.

§. 5.

Délais pour se pourvoir.

226. A l'égard des trois ouvertures à requête civile qui nous occupent, il y a deux espèces de délais; l'un, qui leur est commun avec les autres ouvertures, est de trois mois à compter de la signification du jugement, sauf les temps nécessaires pour les divers cas indiqués par les articles 483 et suivants : le second leur est particulier; il est également de trois mois, mais il ne court que du jour où, *soit le faux, soit le dol, auront été reconnus, ou les pièces découvertes; pourvu que, dans ces deux derniers cas, il y ait preuve par écrit du jour, et non autrement. Article* 488.

Cette disposition, renouvelée des plus anciens réglements, est de rigueur; aucun des commentateurs des anciennes Ordonnances n'y a apporté de restriction, et la Cour de cassation, avant le nouveau Code de procédure, par un arrêt du 17 pluviose an XII, a cassé un arrêt de la Cour d'Aix-la-Chapelle; qui s'était écarté de cette rigueur sous le prétexte d'un usage contraire. (*Voy*. *le Journal du Palais*, 1er. *sém.*, *an* XII, *p*. 529.)

Les cas, où ce recours peut être exercé, sont donc fort rares; des circonstances fortuites peuvent seules en fournir l'occasion.

Si, dans une instance, on produisait une pièce,
qui eût été décisive dans une première instance,
déjà jugée, sa découverte aurait une époque
certaine et établie par écrit.

Dans un procès-verbal de levée de scellés,
d'inventaire ou de perquisition, une pièce qui y
serait décrite donnerait le moyen de s'en prévaloir.

Si le dol personnel avait été commis par la
soustraction d'une pièce, ou par la subornation
de témoins, ce dol ne serait reputé reconnu que
du jour où les coupables auraient été condamnés.

§. 6.

Preuves admissibles.

SOMMAIRE.

227. Importance des décisions judiciaires.
228. Preuve vocale difficilement admissible.
229. 1er. cas d'exception.
230. 2e. Cas.

227. Celui qui, par quelques moyens que ce
soit, a obtenu un jugement prononçant, en dernier ressort, sa libération ou la condamnation
de son adversaire, a non-seulement un titre,
mais de tous les titres, le plus authentique, le
plus imposant. A la forme, c'est la Justice qui
est censée avoir parlé, par la bouche des hommes; au fond, c'est la vérité qui est réputée
révélée, *res judicata pro veritate habetur.* Pour

détruire un tel titre, si la preuve testimoniale peut, par fois, être admise, ce ne peut être que dans des cas rares; et, dans ces cas, avec une extrême circonspection. La première règle en cette matière est donc, qu'on ne peut se prévaloir que de preuves écrites.

228. « On ne doit pas fonder sa requête civile, » dit Despeisses, *t. 2, p.* 595, sur des faits non » justifiés par pièces; car on n'en doit pas ad-» mettre la preuve par témoins, comme il a été » jugé par un arrêt de la Cour des aides de Mont-» pellier, du 18 février 1618, contre un impé-» trant requête civile, qui la fondait sur un » accord qu'il voulait vérifier par témoins; il n'y » aurait quasi jamais arrêt assuré, si, en ce cas, » on admettait la preuve par témoins. »

229. Il faut cependant reconnaître plusieurs modifications à cette règle.

1°. Dans tous les cas où le dol a la gravité qui expose son auteur à des peines publiques, comme dans la subornation des témoins, le faux serment, la soustraction de pièces, etc.; la preuve vocale, qui, civilement et par action directe, serait inadmissible, peut être indirectement produite par une plainte et la voie criminelle. Si sur cette accusation, il intervenait une condamnation, la requête civile réussirait infailliblement.

230. 2°. Dans les autres cas de dol personnel,

il faut, sur l'admissibilité de ce genre de preuve, suivre les mêmes règles que nous avons développées nº. 93. Si les faits de dol consistent en conventions ou promesses dont on a pu se procurer la preuve par écrit', celle qu'on voudrait en faire par témoins serait rejetée. Nous donnerons pour exemple celui que présente Pigeau *tom.* 1, *p.* 628. Il suppose une partie qui, condamnée par défaut, et n'étant plus dans le délai de l'opposition, se pourvoit par requête civile, en articulant que son adversaire lui avait promis de ne pas prendre de jugement. L'auteur dit, avec raison, que cette conduite de l'adversaire est un dol suffisant pour faire rétracter le jugement; mais il aurait dû ajouter : pourvu que la personne ainsi trompée ait la preuve écrite de la promesse; car elle a pu, elle a du la demander; si elle ne l'a pas fait, elle s'est livrée imprudemment à la foi de son adversaire, et les tribunaux ne peuvent pas la relever de cette imprudence. C'est précisément l'espèce de l'arrêt rapporté par Despeisses.

Dans le sens contraire, nous donnerons cet autre exemple. Un héritier présomptif est assigné en paiement d'une dette de la succession. Le créancier, par des manœuvres frauduleuses, lui fait paraître cette succession opulente. Un jugement d'expédient le condamne; sur la requête civile, il articule des faits graves desquels, s'ils sont prouvés, il résulterait qu'il a été circonvenu; la preuve par témoins ne peut pas lui être refusée.

CHAPITRE II.

DOL DU JUGE.

SOMMAIRE.

23ı. Prise à partie.
232. Faute grave est assimilée au dol.
233. Effets de la prise à partie sur le jugement auquel le juge coupable a participé.

231. Les hommes sont tellement exposés à la tyrannie des passions, que, parvenus même aux premiers rangs de la société, ils n'en sont pas toujours affranchis. La loi, dont les tribunaux sont les organes, a donc du prévoir le cas où un individu investi de son autorité, au lieu de posséder les vertus qu'elle désire, c'est à dire le désintéressement le plus absolu, et la plus ferme impassibilité, s'abaisserait jusqu'à chercher dans ses fonctions des occasions de satisfaire ses passions.

Indépendamment des poursuites et des peines publiques auxquelles est exposé le juge qui oublie ses devoirs, au point d'encourir la sévérité des art. 173, 177, 181 et 183 du Code pénal, le Code de procédure a conservé aux parties lésées l'action civile appelée *prise à partie*. Elle peut avoir lieu en plusieurs cas; mais particulièrement aux termes de l'article 505, s'il y a dol, fraude ou concussion.

Cette disposition dérive de la loi 15, ff. *de judiciis. Judex tunc litem suam facere intelligitur, si dolo malo in fraudem legis sententiam dixerit. Dolo malo autem videtur hoc facere, si evidens arguatur ejus vel gratia, vel inimicitia, vel etiam sordes, ut veram æstimationem litis præstare cogatur.*

232. On doit dire, à l'honneur de la magistrature, que les annales des tribunaux ne rapportent qu'un très-petit nombre de causes de cette nature, et que la plupart n'ont été occasionnées que par d'imprudentes précipitations dans des causes criminelles.

Mais dans ces circonstances, comme dans beaucoup d'autres, les fautes du juge ont des effets tellement funestes qu'elles sont assimilées au dol. Devenu interprète des lois, il ne peut pas, comme le commun des hommes, se réfugier sous le prétexte d'ignorance. Malheur à l'imprudent qui parvient à la magistrature, sans avoir mesuré ses forces avec les devoirs qu'elle lui impose : si son insuffisance l'entraîne à des fautes graves, elles seront punies, comme s'il avait agi par dol.

La Cour de cassation a fait, en 1806, une sévère application de cette règle de droit public.

La veuve Padien, d'Abbeville, ayant pour conseil le sieur de Boileau, avocat, après avoir vendu sa maison au sieur Chabaille, moyennant 3 fr. de rente viagère par semaine, la revendit huit jours après à Foulon, son neveu, moyennant 3 fr. 5o c. aussi de rente viagère par semaine; Foulon ayant fait transcrire son contrat le premier, conserva la maison. Chabaille alors porta plainte en escroquerie contre la veuve Padien et Foulon. Le magistrat de sûreté et, après lui, le sieur Dubellay, directeur du jury, crurent apercevoir des preuves de délit et de complicité dans les conseils du sieur de Boileau. Le directeur du jury décerna en conséquence, contre ce dernier, un mandat d'amener, puis un mandat d'arrêt, qui furent ensuite annulés par le tribunal. Le sieur de Boileau faisait consister sa justification dans l'explication des conseils par lui donnés. Suivant lui, ils n'avaient eu pour but que d'éviter à la veuve Padien une action en dol, pour faire annuler la vente par elle faite au sieur Chabaille, par suite de manœuvres frauduleuses.

Le sieur de Boileau, rendu à la liberté forma contre le sieur Dubellay, une demande en prise à partie, et le traduisit devant la Cour de cassation, qui, le 23 juillet 1806, prononça ainsi : « Vu l'article 565 de la loi du 3 brumaire » an IV, portant, il y a lieu à la prise à partie

» contre un juge dans les cas suivants.... Lors-
» qu'il y a eu de la part du juge, dol, fraude
» ou prévarication commise par inimitié per-
» sonnelle : Vu la loi 226 *de verb. signif.* ainsi
» conçue : *magna negligentia culpa est : magna*
» *culpa dolus est....* Attendu qu'aux termes de
» l'article 565 précité, la prise à partie est au-
» torisée, lorsqu'il y a eu dol de la part d'un
» juge ; que lorsqu'il s'agit d'instances civiles en
» dommages et intérêts, les lois assimilent les
» fautes graves au dol...; que le conseil donné
» par le demandeur, dans les termes allégués par
» le défendeur, ne renferme pas même l'appa-
» rence d'un délit; d'où la conséquence que le
» mandat d'amener, la traduction à la police cor-
» rectionnelle et le mandat d'arrêt, constituent
» une faute grave de la part du défendeur ; at-
» tendu que cette faute ne peut être atténuée ni
» par un prétendu avis verbal du Procureur gé-
» néral impérial, près la Cour de justice crimi-
» nelle d'Amiens, ni par le certificat des juges
» et du greffier d'Abbeville, délivré pendant
» l'instance...; Déclare le défendeur bien pris à
» partie, le condamne en 6,000 fr. de dommages
» et intérêts envers le défendeur et aux dé-
» pens. » (*Voy. le recueil de Sirey, vol.* 6,
partie 1re.*, p.* 486.

Ces principes sur l'extrême circonspection que
doivent observer les juges dans l'exercice de leurs

fonctions, viennent d'être encore proclamés par
arrêt de la Cour d'Amiens, du 23 mars 1825.
(*Voy. le Journal du Palais, t.* 73, *p.* 184.

La prise à partie demande de mûres réflexions
avant d'y avoir recours, son issue devant être
terrible, ou pour le juge, ou pour son accusateur; et l'on ne peut espérer de succès qu'autant
que les faits sont graves et les preuves décisives.

233. Si elle n'a lieu que pour dol dans l'instruction d'un procès, et qu'elle soit accueillie
avant la décision, elle aura, sur cette décision,
toute l'influence que les faits avérés devront
produire; si elle n'est prise qu'après le jugement, et qu'il soit susceptible d'appel, son admission pourra également servir, comme moyen
d'appel, à faire réformer le jugement; mais si le
jugement est souverain, l'admission de la prise à
partie n'aura pas d'autre effet que de faire prononcer des dommages et intérêts proportionnés
au tort occasionné. Le jugement n'en conservera
pas moins toute sa force dans l'intérêt de celui
qui l'a obtenu.

C'est ce qui résulte implicitement du Code de
procédure qui n'autorise point à appeler en
cause, sur la prise à partie, la personne intéressée au maintien du jugement; or, les décisions
judiciaires, comme les conventions, ne peuvent
pas éprouver la moindre atteinte, sans le concours de ceux qui ont participé à lui donner
l'existence.

Il est d'ailleurs de principe invariable, en matière de dol, ainsi que nous l'avons déjà établi, qu'il n'est une cause de résolution d'un droit, que lorsqu'il a été commis par celui-là même à qui le droit appartient.

Cependant, en appliquant ce même principe, au cas où la partie a concouru avec le juge pour commettre le dol, la prise à partie fournira un moyen indirect de faire rétracter la décision injuste; il y aura dol personnel de la part de celui qui a obtenu le jugement, et la personne, victime de ce double dol, pourra, tout à-la-fois, agir par la prise à partie contre le juge, et par la requête civile contre son adversaire.

Si l'on en croyait Pigeau, la prise à partie suivie de succès, donnerait presque toujours la faculté de faire réformer, même les jugements souverains. Suivant lui, quand le jugement n'a été rendu que par le nombre indispensable de juges, celui d'entre eux qui se trouve bien pris à partie, ne devant plus être compté, le nombre nécessaire ne se trouve plus, et l'inobservation des formes étant une des ouvertures à requête civile, on doit en obtenir, par cette voie, l'annulation.

Mais la disposition qui fait de l'inobservation des formes, une ouverture à requête civile, ne les considère que sous leur rapport purement matériel : or, sous ce rapport, le juge coupable de dol dans un jugement, est très-certainement entré dans la composition du tribunal qui a rendu ce jugement, et toutes les subtilités possibles ne persuaderont pas que les formes n'ont pas été observées.

Pigeau, entraîné par son imagination, va jusqu'à prétendre que dans le cas même, où, sans compter ce juge, le jugement aurait été rendu par le nombre nécessaire de magistrats, il y aurait encore lieu de le faire annuler, pour inobservation des formes, parce que, si le dol eût été connu auparavant, on eût récusé le juge qui le commettait, ou on l'eût pris à partie ; que, dans l'un comme dans l'autre cas, ou il eût connu de la cause, et il y aurait eu nullité du jugement, ou il n'en eût pas connu, et le dol n'eût pas été consommé. De tous ces raisonnements hypothétiques, il conclut que la partie lésée ne doit pas avoir moins de droit pour avoir ignoré le dol que si elle l'avait découvert.

Sans nous occuper en détail de toutes les erreurs accumulées dans ce système, nous ferons observer seulement que celui qui, ignorant un moyen de récusation, n'en a pas fait usage, a perdu le droit qu'il eût conservé, si ce moyen lui eût été connu, puisque le Code de procédure, article 382 et 383, a fixé des délais, après lesquels les récusations ne peuvent plus être admises.

Nous ferons encore remarquer qu'ici l'auteur se contrarie lui-même, puisque, quelques directions obliques qu'il affecte de donner à ses argumentations, il n'en est pas moins vrai qu'elles n'ont pas d'autre base que le dol du juge ; et que, dans le même chapitre, il enseigne la règle générale, que ce dol ne peut priver la partie du bénéfice du jugement qu'elle a obtenu, que lorsqu'elle en a été complice.

FIN DU PREMIER VOLUME

TABLE ALPHABÉTIQUE

DES MATIÈRES

CONTENUES DANS CE VOLUME.

ACCEPTION des mots *Dol* et *Fraude*. Page 3.

Acquéreurs de meubles. 58.

Acquéreurs d'immeubles. 56.

Actes privés. 86. 139. 297.

Actes synnallagmatiques non faits doubles. 219.

Actions. 21. 48. 51.

— en captation. 356.

— en rescision. 48.

— en revendication. 51. 68.

— en stellionat. 188.

— rédhibitoire. 23. 82.

Annulation des traités. 22.

Appel. 376.

Atteintes à la faculté de tester. 324.

Aveu judiciaire. 248. 354.

Baux à loyer. 201

Billets non approuvés. 217. 273.

Bonne foi. — Possesseurs. 51.

Stellionat. 192.

Captation. 356.

Capucin épousé par erreur. 29.

Cause de la convention. — Dol. 17.

Chose d'autrui. *Page* 56.
— jugée. 91.
— volée. 61.
Commencement de preuve par écrit. 211.
Concours de deux acquéreurs d'immeubles. 56.
— de meubles. 59.
Concubinage. — Présomption de captation. 365.
Conseil judiciaire. 293.
Contrainte par corps. 77. 193.
Conventions commerciales. 236.
Découverte du dol. 80.
Définition du dol. 5.
Délais de l'action en dol. 80.
— de l'action rédhibitoire. 82.
— de la prise à partie 416.
— de la requête civile. 412.
Démence. 138.
Dénégation frauduleuse. 195.
Dépositaire infidèle. 246.
Différence entre le dol et la fraude. 3.
Divisibilité de l'aveu judiciaire. 248. 354.
Division du traité. 2.
Dol. 1.
— accidentel. 18.
— dans l'exécution des traités. 195.
— dans la formation des traités. 9.
— dans les jugements. 375.
— des deux contractants. 21.
— du juge. 416.
— par un tiers. 18.
— personnel. — Requête civile. 378.
— présumé. 112.
— reversé sur un autre. 72.
Dol. — Testament. 280.
Dommages et intérêts 43. 70. 81. 277.
Donations. 280.

Droits incorporels. *Page* 68.

Effets de commerce. 68.

— du dol sur les conventions. 84.

— de la prise à partie.

— publics. 68.

Empêchement de tester. 324. 329.

Empyriques. 315.

Epoque de la découverte du dol. 80.

Erreur occasionnée par le dol. 19.

Espèces différentes de dol. 158.

Esprit sain. 285.

Escroquerie. — Dol. 5.

Exception de dol. 84.

Exécution du traité. 109. 134.

— frauduleuse des conventions. 278.

Experts corrompus. — Requête civile. 389.

Eunuque marié. 33.

Faits constituant l'empêchement de tester. 335.

Faute grave du juge. 417.

Faux incident. 92.

— principal. 92.

— serment. 390.

Femmes. — Contrainte par corps. 77.

Fins de non recevoir. — Contre l'action en dol. 91.

— Contre la requête civile. 405.

Force majeure. — Preuve. 208.

Fraude. 3. 278.

Gravité des présomptions. 176.

Gravité nécessaire du dol. 11.

Héritiers. 79. 123. 144.

Imprudence. 11.

Impuissance manifeste. 30.

Indices. 177.

Interdits. — Dol. 139.

Interrogatoire sur faits et articles. 230.

Introduction du traité. 1.

Ivresse. — Nullité de convention.   *Page* 148.

         — de donation.   286.

Jacob — Dol.   19.

Juge. — Dol.   226. 416.

Juge-de-Paix. — Requête civile.   407.

Jugements — Exception contre l'action de dol.   91.

         — requête civile.   375.

Juridiction commerciale — Son origine.   236.

Libéralités.   279. 306.

Limites de la présomption légale de dol.   126.

Livres des marchands.   235. 259.

Maladie dernière.   313.

Manœuvres frauduleuses. — Empêchement de tester.   329.

         — Captation.   360.

Marchandises défectueuses.   152.

Mariage. — Dol.   25.

Mari médecin.   323.

Médecin. — Dol.   313.

Mensonges. — Dol.   5.

         — Requête civile.   379.

Meubles corporels.   59.

Michel. — Arrêt.   97.

Mineurs. — Dol.   76.

     — Actes qui lui sont interdits après son émancipation.   115.

     — qui lui sont permis.   114. 124.

— se faisant passer pour majeur.   128.

— traitant avec son tuteur.   115.

     — avec l'héritier de son tuteur.   123.

Ministres du culte.   316.

Minorité.   76. 113.

Parjure.   248.

Pièces décisives retenues.   402.

Pièces fausses.   399.

Possesseurs à titre lucratif.   54.

— à titre onéreux.   48. 56.

— de bonne foi.   51.

Prescription. *Page* 57. 80.

Présomptions légales de dol. 112.

— simples. 177.

Preuves. 21. 155.

— de démence dans l'acte attaqué. 146. 289.

— testimoniale des conventions et libérations non écrites. 195.

— notions historiques. 236.

— du dol 156.

Prières n'opèrent pas l'empêchement de tester. 329.

— ni la captation. 360.

Prise à partie. 416.

Promesses ne constituent pas l'empêchement de tester. 330.

Ratification. 109. 134.

Rédhibitoire. 23. 82.

Régnier et Michel. — Arrêt. 97.

Rentes sur l'état. 40. 68.

Requête civile. 376.

Rescision. 23.

Revendication. 51

Serment. 255.

— décisoire. 275.

— supplétif. 256.

Solidarité. 73.

Soustraction de testament. 340.

Stellionat. 188.

Subornation de témoins. 386.

Successeurs. 79. 123. 144.

Suppression de pièces. 393.

— de testament. 340.

Testament. — Dol. 280. 323. 373.

— détruit réputé régulier. 343.

— olographe. 291. 297.

Tort important nécessaire pour l'action en dol. 20.

Transaction. 25.

Tribunaux de commerce. — Requête civile. 408.

Tuteur traitant avec son pupille. 115.

— ne peut recevoir de libéralités de son pupille.   *Page* 306.

Valeurs n'excédant pas 150 fr.   197.

Vente de la chose d'autrui.   56.

Vente de marchandises défectueuses.   152.

— verbale d'immeubles.   198.

Vice rédhibitoire.   23. 82.

Vieillesse. — Testament.   288.

FIN DE LA TABLE DU PREMIER VOLUME.

3 9 9 - 17 ~

www.ingramcontent.com/pod-product-compliance
Lightning Source LLC
Chambersburg PA
CBHW060527220326
41599CB00022B/3452